臺灣歷史與文化 研究輯刊

四　編

第 2 冊

海外幾社三子研究（下）

郭秋顯 著

花木蘭文化出版社

國家圖書館出版品預行編目資料

海外幾社三子研究（下）／郭秋顯 著 — 初版 — 新北市：花
木蘭文化出版社，2013〔民 102〕
目 4+186 面；19×26 公分
（臺灣歷史與文化研究輯刊 四編：第 2 冊）
ISBN：978-986-322-483-9（精裝）
1. 中國詩 2. 臺灣詩 3. 詩評
733.08   102017324

ISBN-978-986-322-483-9

9 789863 224839

臺灣歷史與文化研究輯刊
四 編 第 二 冊   ISBN：978-986-322-483-9

海外幾社三子研究（下）

作　　者　郭秋顯
總 編 輯　杜潔祥
出　　版　花木蘭文化出版社
發 行 所　花木蘭文化出版社
發 行 人　高小娟
聯絡地址　235 新北市中和區中安街七二號十三樓
　　　　　電話：02-2923-1455／傳真：02-2923-1452
網　　址　http://www.huamulan.tw 信箱 sut81518@gmail.com
印　　刷　普羅文化出版廣告事業
初　　版　2013 年 9 月
定　　價　四編 22 冊（精裝）新臺幣 50,000 元
版權所有・請勿翻印

海外幾社三子研究(下)

郭秋顯　著

目

次

第五章　盧若騰島噫之詩

　　盧若騰爲明崇禎十三年（1640）進士，爲人潔己愛民，剔奸弊、抑勢豪，峻絕饋遺，輕省贖鍰，風裁凜凜；人稱其爲「盧菩薩」。清兵南下，任隆武都察院右副都御史。隆武敗亡，曾舉望山之師以抗清，失敗後乃投魯王。舟山陷後，隨魯王歸隱故里金門，鄭成功尊爲國老爲，永曆帝拜爲兵部尚書，爲海外幾社輩高顯宦詩人。鄭經金、廈撤退，隨軍入臺，病卒澎湖。

　　今存之《留庵詩文集》收有詩歌一百四十七首，爲盧若騰身世感遇、憂愁憤懣之什，其反映民情、記錄時代之作最爲佳構。觀其詩皆根於血性注灑，且因關係到當年史事，故頗能反映明鄭時代戎馬倥傯之社會實況，既爲其心聲，又可當史料讀，故彌足珍貴。

　　盧若騰詩歌內容以社會寫實爲主，主要目的在觀風問俗，考見得失。其詩歌主題涵類多方，或關心婦女遭遇、或留意民生疾苦、或流露儒家思想、或呈顯社會人心、或抒寫金門臺灣、或藉詠物以寫志，不一而足，故將就此數端加以探究之，以窺其所噫氣之究竟也。

　　《留庵詩文集》中之詩歌堪稱是人心之噫氣，又具詩史之價值，故可取之以正史、證史及補史，是以其功不可沒焉。

第一節　盧若騰遺著及創作旨趣

　　盧若騰之詩文頗具史料價值，然今僅存臺灣文獻叢刊於民國五十七年刊印之《島噫詩》〔註1〕及金門文獻委員會在民國五十八年時編的《留庵詩文

〔註1〕　明・盧若騰：《島噫詩》（臺北：臺灣銀行經濟研究室，1968 年 5 月 1 版，《臺

集》﹝註2﹞、道光年間刊行的《島居隨錄》二卷﹝註3﹞等三書，已難窺其著作之全豹，殊爲可惜。

一、詩文集流傳探討

盧若騰詩文及著作大都散佚，據道光初年金門林樹梅〈明自許先生傳〉云：「先君子宦遊所至，皆先生播遷經歷之區，樹梅因得蒐羅先生所箸《留菴文集》十五卷、《方輿互考》三十六卷、《互考補遺》一卷，篇帙繁重殘闕未全，當陸續付梓，仍註其搜采之人亦不沒善之義。」﹝註4﹞其實盧若騰一生所撰詩文及著作繁多，又據林焜熿在道光年間修纂之《金門志‧藝文志‧著述書目》載道：

> 《留菴文集》十八卷、《島噫詩》一卷：明盧若騰撰。舊題十八卷；里人林樹梅蒐得十五卷，末三卷久軼，尚存篇目。其遺詩一百四首，筆力清勁，迴非雕刻者所能。樹梅得自同安童宗瑩，爲校而刊之。

> 《方輿互考》四十卷：明盧若騰撰。自序稱四十卷，林樹梅《歗雲文抄》乃云三十六卷、補遺一卷；蓋屢遭兵燹，殘闕久矣。

> 《與畊堂值筆》七卷﹝註5﹞：明盧若騰撰。自天文、地理以逮一名一物，宏通博雅，鉅細靡遺。品藻古人，無不曲當。方之《容齋三筆》、《日知錄》等書，誠不多讓。

> 《浯洲節烈傳》：明盧若騰撰。皆敘次節孝貞烈，而各繫論斷；爲《通志》、《府、縣志》所取材。其持論尤爲不苟。

灣文獻叢刊》第245種）計收詩104首，後附錄有〈留庵文選〉24篇，係選輯自《留庵文集》。

﹝註2﹞ 明‧盧若騰撰、李怡來編：《留庵詩文集》（金門：金門縣文獻委員會，1969年9月1版）。

﹝註3﹞ 明‧盧若騰：《島居隨錄》（揚州：江蘇廣陵古籍刻印社，1983年1版，1995年5月2版，影上海進步書局《筆記小說大觀》），第6冊，頁468～497。

﹝註4﹞ 清‧林樹梅：《歗雲山人文鈔》（北京：九州出版社，2004年12月1版，《臺灣文獻匯刊》影鈔本，第4輯，第1冊），卷5〈明自許先生傳〉，頁216。

﹝註5﹞ 據林樹梅〈明自許先生傳〉云：「道光甲申（道光四年，1824）晤盧君九慊於安平，得讀先生《值筆》七卷，自天文地理以逮草木蟲魚，宏通淹博，品藻古人成敗得失，反覆詳盡，斷制嚴謹，其後半尚闕，蒐訪數年，忽見之楊立齋鎮軍幕府，殆貞魂所護持歟。」《歗雲山人文鈔》卷5，頁218。

　　《與畊堂印擬島上間清偶寄》：明盧若騰撰。若騰湛深六書之學，尤
工篆隸。自序謂：「兵燹之際，諸書悉燬，獨印章小篋負之而走」。
可以想其結習所在矣。

　　《島居隨錄》二卷：明盧若騰撰。書分十門：曰物生、曰物交、曰
生化、曰應求、曰制伏、曰反殊、曰偏持、曰物宜、曰瑰異、曰比
類。微引博洽，皆格物之作。林樹梅得自吳學元及其族人盧逢時，
為之刊行。〔註6〕

觀上述，知對盧若騰著作加以整理、刊行之最大功臣，當屬道光年間之著名
詩人林樹梅（1808～1851），而此一著錄即林樹梅所蒐集之成果。〔註7〕民國
十年左樹燮修、劉敬纂《金門縣志・藝文》所載亦同之。〔註8〕惟引用《林霍
詩話》對《島噫詩》之評價：「《島噫》一卷，身世感遇，其悲愁憤懣之什，
皆根於血性，注灑毫端，非無病而呻吟也。可與蔡忠毅公相伯仲。」〔註9〕除
此段文字外，其餘皆無異。

　　下文茲檢視盧若騰現存之著作，並探討之如下：

（一）《島居隨錄》

　　《島居隨錄》二卷，全書分十門，卷上為物生、物交、生化、應求。卷
下為制伏、反殊、偏持（金門方志皆作「偏持」）、物宜、瑰異、比類。此書
稿乃道光七年（1827）金門吳學元贈林樹梅者，然比類一門蠹蝕剝落，道光

〔註6〕　清・林焜熿纂：《金門志》（臺北：臺灣銀行經濟研究室，1960 年 10 月 1 版，
　　　　臺灣文獻叢刊第 80 種），卷 14〈藝文志・著述書目〉，頁 369。

〔註7〕　林樹梅〈澎湖留別〉四首其四自註：「在澎得盧牧洲先生遺文數冊。」清・林
　　　　樹梅：《歗雲詩鈔》（菲律濱宿務市：大眾印書館，1968 年 2 月重版，林策勳
　　　　輯刊本），卷 1，頁 6。另如林豪《澎湖廳志》云：「（林樹梅）在澎時搜羅鄉
　　　　先進盧牧洲遺書數種刊行之。」又云：「金門林瘦雲，從曠代百餘年後，搜得
　　　　其遺書數種，重校《島噫詩》一卷、《島居隨錄》二卷，刻之：惜散軼者尚多
　　　　耳。」分見清・林豪纂輯：《澎湖廳志》（臺北：臺灣銀行經濟研究室，1963
　　　　年 6 月 1 版，《臺灣文獻叢刊》第 164 種），卷 7〈人物（上）・寓賢〉，頁 253。
　　　　卷 11〈舊事・軼事〉，頁 379。按：〈澎湖留別〉詩題，《澎湖廳志》作〈乙酉
　　　　侍任澎湖，丙戌冬月言歸，賦詩志別〉，見《澎湖廳志》卷 14〈藝文（下）・
　　　　詩〉，頁 513～514。

〔註8〕　左樹燮修、劉敬纂：《金門縣志》（北京：九州出版社，2004 年 12 月 1 版，
　　　　《臺灣文獻匯刊》影 1921 年鈔本，第 5 輯，第 2 冊），卷 23〈藝文〉，頁 304
　　　　～305。

〔註9〕　左樹燮修、劉敬纂：《金門縣志》卷 23〈藝文〉，第 2 冊，頁 304。

十一年冬傳醇儒訪若騰族孫盧逢時，正訛補闕，遂得完璧之，道光十三年爲
之刊行。〔註10〕書前有道光十一年（1831）羅聯棠序。〈羅序〉推許曰：「獨
計先生當顛沛流離之際，憤時事之可爲，欲以澎湖作田橫之島，自託殷玩，
日與波臣爲伍，所見皆蠻煙瘴雨，鮫人蜑舍，可驚可愕之狀。羈孤家墓，傾
軼至八九不悔，而猶抱遺編究終始，非直比張華之《博物》，《齊諧》、《夷堅》
之志怪也。其〈離騷〉、〈天問〉之思乎。」〔註11〕現今坊間通行之《島居隨
錄》版本有二十世紀二十年代上海進步書局《筆記小說大觀》本〔註12〕、上
海文明書局本〔註13〕，然二者皆同一石印本。

（二）《島噫詩》

　　《島噫詩》一卷，遺詩一百四首，據林焜熿纂《金門志》云「林樹梅得
自同安童宗瑩，爲校而刊之。」〔註14〕今本《島噫詩》一書之發現及出版，
據陳漢光〈島噫詩弁言〉云：

> 民國四十八年春間，余與陳陛章先生合撰「盧若騰之詩文」，收詩三
> 十五首。同年冬，因金門明魯王塚發現，偕廖漢臣兄前往考查，得
> 知若騰《留菴文集》十八卷、《留菴詩集》二卷，《與畊堂學字》二
> 卷、《制義》一卷、《島噫詩》一卷等書尚存。返臺後，復得金門縣
> 立圖書館長吳騰雲及許如中先生協助，幸得寓目《島噫詩》，喜出望
> 外。閱後，得知所詠頗足反映明鄭時代戎馬倥傯中之社會狀況，可

〔註10〕 林樹梅〈明自許先生傳〉云：「《島居隨錄》一書，專爲格物之作，而未成，
　　　　蓋絕筆也。但隨時記錄，猥雜殊多，又不盡標其出處，道光丁亥（道光七年，
　　　　1827）吳君學元得原稿之半以贈樹梅，辛卯（道光十一年，1831）屬傅君醇
　　　　儒訪於盧君逢時，遂合完之，正訛刪複，排纂開雕，都爲上下二卷，分十門：
　　　　曰物生、曰物交、曰生化、曰應求、曰制伏、曰反殊、曰偏特、曰物宜、曰
　　　　瑰異、曰比類，庶便於檢閱云。」《歗雲山人文鈔》卷5，頁218。

〔註11〕 清·羅聯棠：〈島居隨錄序〉，見《島居隨錄》（揚州：江蘇廣陵古籍刻印社，
　　　　1983年1版，1995年5月2版，影上海進步書局《筆記小說大觀》），第6
　　　　冊，頁469。

〔註12〕 《島居隨錄》（揚州：江蘇廣陵古籍刻印社，1983年1版，1995年5月2版，
　　　　影上海進步書局《筆記小說大觀》），第6冊，頁468～497。

〔註13〕 《島居隨錄》（濟南：齊魯書社，2001年1月1版，《清代筆記叢刊》影上海
　　　　文明書局本），第1冊，頁81～110。

〔註14〕 清·林焜熿纂《金門志》卷14〈藝文志·著述書目〉，頁369。此乃據林樹梅
　　　　〈明自許先生傳〉，其云：「《島噫詩》一百四首，……童君宗瑩所贈。」《歗
　　　　雲山人文鈔》卷5，頁217。

作史料讀，亦可作文學作品讀。

原本封面書爲《明自許先生島噫集》，書內署「島噫詩」，並有「同安盧若騰閑之著，八世胞姪孫德資重錄」字樣；係舊抄本。全書三十七葉，每葉二十行，每行滿寫二十三字。第一葉「小引」，第二至四葉爲目錄，下爲本文，詩計一百零四首，九十八題。內「五言古」有三十四首，三十一題；「七言古」有三十三首，題如之；「五言律」有十四首，十三題（目錄中尚有「得馬」、「贈達宗上人」二首，原書漏錄；今併略）；「七言律」有二十三首，二十一題。……

若騰風情豪邁，當時士大夫俱幸願一識。晚年一意著述，上自天文地理，下逮蟲魚花草，無不宏通博雅。遺著達十數種，惟多已佚。

《島噫詩》之幸存，實爲珍貴；尚望讀者勿以等閒之作視之！書後，今加《留菴文選》若干篇，皆關當年史事。〔註15〕

可知今之所見《島噫詩》，其舊鈔本爲盧若騰八世胞姪孫盧德資所重錄，民國五十七年由陳漢光據以標點、編輯，且列爲《臺灣文獻叢刊》第 245 種。

今存《島噫詩》計一百零四首，九十八題，其細目如下：

卷　別	詩　體	數　量
島噫詩（一）	五言古詩	31 題、34 首
島噫詩（二）	七言古詩	33 題、33 首
島噫詩（三）	五言律詩	13 題、14 首
島噫詩（四）	七言律詩	21 題、23 首
附錄：《留菴文選》	序（10 篇）、書（2 篇）、疏（10 篇）、露布（1 篇）、傳（1 篇）	

民國九十二年吳島《島噫詩校釋》〔註 16〕，列爲《台灣古籍大觀》叢書之一，此書爲第一本對《島噫詩》文本作全面性註釋之書，內並附有〈盧若騰年譜〉。

（三）《留庵詩文集》

盧若騰《留庵文集》十八卷，道光初年林樹梅尚蒐得十五卷，末三卷久軼，但存篇目；此傳鈔本一直藏於先生後裔處。但民國四、五十年之間卻下

〔註15〕陳漢光：〈島噫詩弁言〉，見《島噫詩・弁言》，頁 1～2。
〔註16〕吳島：《島噫詩校釋》（臺北：台灣古籍出版公司，2003 年 3 月 1 版）。

落不明。故民國五十八年，金門李怡來蒐集盧若騰詩文，計收詩一百四十七首；文四十六篇及隆武帝敕詔四道，編纂成一冊，曰《留庵詩文集》，由金門縣文獻委員會刊行，列爲《金門叢書》之三。〔註17〕《留庵文集》十八卷及《留庵詩集》二卷在當代發生不可挽救之浩劫，雖經金門縣文獻委員會及時搶救，然天壤間卻僅剩此編，而盧若騰原著《留庵文集》與《留庵詩集》，已失去十之八九。

此事原委如何？先檢視民國五十六年陳漢光等修《金門縣志·藝文志》記載：

> 民國四十六年，紹興許如中編《新金門志》時，於先生後裔處，覓見留菴文集寫本，大半蠹殘。卷首有乾隆四十年上諭一道，言朱璘明紀輯略，並無誕妄不經字句，可毋庸禁燬。外省所以一體查激者，祇緣從前浙江省因此書附記明末三王年號，奏請銷燬云云。是則留菴文集，必亦遭受查繳，有抵觸忌諱處必以毀棄，殘本難睹全貌，未能考其究竟，惟見文應提及胡虜滿州等字之處，均係空白。從殘本考其佚文篇目，爲：諸葛士年預書遺囑後，記庚子星異，記楊翹楚事，記僧笑堂遺蹟，記辛卯三月事，記丙申三月六日事，記庚子五月十日事，記島上兵擾事，初第紀事，浙東罪狀，（餘不明）均關緊要之史實，殊可惜也。〔註18〕

可見民國四十六年時，《留庵文集》尚存賢聚村後裔處，許如中、陳漢光有幸尚得寓目，後爲編纂《新金門志》者攜去，而不知流落何處，從此遺失。再審李怡來《留庵詩文集·弁言》云：

> 若騰風情豪邁，志節凜然。生平著述甚富，多有關明鄭當年史實，其身世感遇，憂愁憤懣之什，皆根於血性注灑。惜遭時遷徙，遺稿大都散佚。惟聞《留庵文集》十八卷，《留庵詩集》二卷，《島噫詩》一卷等，迄民國四十六年尚存其賢聚後裔處，後爲編纂《新金門志》者攜去，今不知流落何處。五十四年編修縣志時，獲旅菲鄉僑林策勳先生抄寄留庵詩二十餘首，已予編載。茲值編印《金門文獻叢書》，爰摭錄散見於縣志及其他書之若騰詩文，計詩一百四十七首，文四

〔註17〕李怡來編：《留庵詩文集》（金門：金門縣文獻委員會，1969年9月1版，《金門叢書》之三）。

〔註18〕陳漢光等修：《金門縣志》（金門：金門縣文獻委員會，1967年2月1版），卷9〈藝文志·第一篇·藝文存目〉，頁613。

十六篇，襄成一集，付梓刊行。第此僅得其大海之一勺耳。〔註19〕
李怡來所編《留庵詩文集》計收詩一百四十七首，中含《島噫詩》一百零四
首，另四十三首詩爲輯佚所得，其中二十餘首爲金門旅菲華僑林策勳抄寄。
林策勳爲金門林樹梅之後代，1955 年曾蒐輯其伯祖林樹梅詩，編爲《歗雲
詩鈔》及《歗雲詩鈔·續編》〔註20〕，對學林貢獻甚鉅。其餘者應爲李怡來
摭錄散見於縣志及其他書之若騰詩文所得。然相較於若騰之原著《留庵文
集》十八卷，《留庵詩集》二卷，乃大海之一勺而已，此乃人爲文厄。其細目
如下：

卷　別	文　類	數　量
卷上詩集	五言古詩	40 題、43 首
卷上詩集	七言古詩	40 題、40 首
卷上詩集	五言律詩	25 題、29 首
卷上詩集	七言律詩	31 題、35 首
卷下文集	疏	13 篇
卷下文集	議	1 篇
卷下文集	書	9 篇
卷下文集	序	16 篇
卷下文集	布露	1 篇
卷下文集	傳	2 篇
卷下文集	記	4 篇
附錄	隆武詔、誥命	4 篇

然觀《留庵詩文集》所收之〈澎湖文石歌〉、〈澎湖〉（二首）及〈金雞曉
霞〉等四首，乃乾隆十六年（1751）任巡臺御史之錢琦所作，而非盧若騰之
詩作。此乃林豪於光緒十九年（1893）纂輯《澎湖廳志·藝文志下》時誤收
〔註21〕，而民國五十八年金門文獻委員會蒐集盧若騰遺文逸詩時又自《澎湖
廳志·藝文志下》誤輯而收入《留庵詩文集》之中。〈澎湖文石歌〉在乾隆

〔註19〕李怡來：〈留庵詩文集弁言〉，見《留庵詩文集·弁言》，頁 1～2。
〔註20〕清·林樹梅：《歗雲詩鈔》（菲律濱宿務市：大眾印書館，1968 年 2 月重版，
　　　　林策勳輯刊本）。
〔註21〕清·林豪纂輯：《澎湖廳志》卷 14〈藝文志下〉，頁 458～459。

三十一年（1766）胡建偉所修之《澎湖紀略・藝文紀》中，已清楚標明爲錢琦之作。〔註22〕《澎湖紀略》之〈序〉乃請錢琦撰寫，胡建偉絕不至於將盧若騰詩偷天換日擅改爲錢琦之作，故〈澎湖文石歌〉確爲錢琦之作，應無疑義。而〈澎湖〉二首及〈金雞曉霞〉，王必昌（乾隆十七年，1752）《重修臺灣縣志・藝文志二》收錢琦詩十一首，內即有〈金雞曉霞〉。〔註23〕余文儀（乾隆二十九年，1764）《續修臺灣府志・藝文志四》收錄錢琦詩十六首〔註24〕，〈澎湖〉及〈金雞曉霞〉均在其中，但〈澎湖〉僅錄其第二首，至於〈金雞曉霞〉乃錢琦〈臺陽八景詩〉中之第四首。謝金鑾、鄭兼才合纂（嘉慶十二年，1807）《續修臺灣縣志・藝文志三》錄錢琦詩十四首，有〈澎湖〉二首及〈金雞曉霞〉。〔註25〕故〈澎湖〉二首及〈金雞曉霞〉本是錢琦之作，已毋庸置疑矣。詳見吳言〈盧若騰的澎湖詩〉一文〔註26〕。

（四）《浯州節烈傳》

盧若騰《浯州節烈傳》一書內容，據永曆十六年（康熙元年，1662）年七月王忠孝所作〈浯州節烈傳序〉，指出「計五十餘人，人各有傳，情事犁然在目。」〔註27〕今全書已佚。然雍正年間金門貢生黃鏘補洪受《滄海紀遺》時，將盧若騰所著《浯州節烈傳》部分人物鈔補其中；查今黃鏘《滄海紀遺》鈔本卷三〈人才之紀〉附錄「貞烈節孝」引自《浯州節烈傳》內文共有四十五位。〔註28〕在此四十五位分「節婦」與「烈婦」兩大類，其區分標準爲「生守爲節，死殉爲烈」也。〔註29〕

〔註22〕 清・胡建偉纂輯：《澎湖紀略》（臺北：臺灣銀行經濟研究室，1961 年 7 月 1版，《臺灣文獻叢刊》第 109 種），卷 12〈藝文紀〉，頁 226。

〔註23〕 清・王必昌纂輯：《重修臺灣縣志》（臺北：臺灣銀行經濟研究室，1961 年 11月 1 版，《臺灣文獻叢刊》第 113 種），卷 14〈藝文志二〉，頁 492。

〔註24〕 清・余文儀纂輯：《續修臺灣府志》（臺北：臺灣銀行經濟研究室，1962 年 4月 1 版，《臺灣文獻叢刊》第 121 種），卷 23〈藝文志四〉，頁 951、953。

〔註25〕 清・謝金鑾、鄭兼才合纂：《續修臺灣縣志・藝文志三》（臺北：臺灣銀行經濟研究室，1962 年 6 月 1 版，《臺灣文獻叢刊》第 140 種），卷 8〈藝文志三〉，頁 583、585。

〔註26〕 詳見吳言：〈盧若騰的澎湖詩〉，《中央日報》，1970 年 10 月 29 日第 9 版。

〔註27〕 明・王忠孝：《惠安王忠孝公全集》（南投市：臺灣省文獻委員會，1993 年 12月 1 版），卷 1〈浯州節烈傳序〉，頁 10。

〔註28〕 明・洪受：《滄海紀遺》（金門：金門戰地政務委員會，1969 年 6 月 1 版，王秉垣、李怡來點校本），卷 3〈人才之紀〉附錄「貞烈節孝」，頁 28～45。

〔註29〕 《滄海紀遺》卷 3〈人才之紀〉附錄「貞烈節孝」，頁 32。

又據道光年間林焜熿纂《金門志》卷十三〈列女傳〉中「節孝」、「烈婦」中有註明引自、節錄或合參《浯州節烈傳》、《浯島節烈傳》者尚可補：黃學洙長女黃氏〔註30〕、官澳楊沖斗女楊氏〔註31〕等兩人。

另後浦許代女（盧牧洲作眞才女）許氏梅娘〔註32〕、王氏招娘〔註33〕等在《留庵文集》中應有立傳；後浦許文衡女許氏初娘《島噫詩》有〈哀烈歌，爲許初娘作〉詩頌之〔註34〕。審此，盧若騰《浯州節烈傳》尚存十之八九之多。

二、生平及其創作旨趣

（一）生平

盧若騰（1600～1664），字閑之，一字海運〔註35〕，福建同安金門賢聚人，因金門爲唐代時監牧地，故別號牧洲，晚號留庵，自稱「自許先生」〔註36〕。明思宗崇禎九年（1636）中舉，十三年（1640）成進士。因當時中

〔註30〕《金門志》卷13〈列女傳・節孝・黃氏〉，頁319。
〔註31〕《金門志》卷13〈列女傳・烈婦・楊氏〉，頁345～346。
〔註32〕《金門志》卷13〈列女傳・烈婦・許氏梅娘〉，頁347。
〔註33〕《金門志》卷13〈列女傳・烈婦・王氏招娘〉，頁356。按：王氏招娘即是《島噫詩》中〈刊名〉詩中之主人翁。見《島噫詩》〈五言古〉，頁10～11。
〔註34〕《金門志》卷13〈列女傳・烈婦・許氏初娘〉，頁357～358。〈哀烈歌，爲許初娘作〉，《島噫詩》〈七言古〉，頁19～20。另《浯州節烈傳・洪和娘》即是《島噫詩》〈殉衣篇，爲許爾繩妻洪氏作〉詩中之主人翁。見《島噫詩》〈七言古〉，頁25～26。《金門志》卷13〈列女傳・烈婦・洪氏和娘〉，頁353～354。《滄海紀遺》卷3〈人才之紀〉附錄「貞烈節孝」錄自《浯州節烈傳》之第十六位，頁32。
〔註35〕按盧氏族譜作「海韻」，許維民執行《盧若騰故宅及墓園之研究》計畫時，徵得盧氏後人同意，及向神主請示，曾起視盧若騰神主牌位，亦作「海韻」。見許維民等著：《盧若騰故宅及墓園之研究》（金門：金門文史工作室，1996年4月1版），第一章〈盧若騰的歷史研究〉，頁40，註一。
〔註36〕《金門志・分域略》云：「尚書盧若騰墓，在賢聚鄉。碑鑴有『明自許先生牧洲盧公之墓』，係從澎湖太武山下遷葬於此。」《金門志》卷2〈分域略・墳墓〉，頁25。又清・林樹梅〈謁盧牧洲先生墓〉詩有：「祇賸貞心堪自許，海天終古碧茫茫」之句。見《歗雲山人文鈔・詩鈔》卷1〈謁盧牧洲先生墓〉，頁400～401。又見林樹梅《歗雲詩鈔》卷2，頁3。此外，若騰孫盧勗吾〈通議公卜葬有年，近始或追尊，遺命琢石立於墓門，事峻述懷〉詩云：「何以不封樹，當時值播遷。重爲修馬鬣，未敢託牛眠。自許題貞石，孤忠慕昔賢。從今十二字，屹立萬千年。」（《戲餘草》）。另林樹梅有〈明自許先生傳〉，見《歗雲山人文鈔》卷5，頁206～222。

外多警，思宗雅意邊才，而若騰召對稱旨，乃授兵部主事，致其譽望大起，爲氣節之士黃道周、沈佺期、范方引爲同志。七月二十三日參劾督輔楊嗣昌身爲輔弼大臣，竟不能討賊而只圖佞佛，爲醒人心、維世道，遂上疏彈劾之。〔註 37〕思宗以新進小臣竟妄詆元輔，嚴旨切責；然時論壯之，遂陞若騰爲本部郎中並兼總京衛武學。其復三上疏，彈定西侯蔣維祿，或惡若騰太直者，竟外遷浙江布政使司左參議，分司寧紹巡海兵備道。瀕行，又於十五年（1642）八月二十八日，糾舉內臣田國興撓關政、妨漕運、辱朝廷、違明旨及戕民命等五大罪狀〔註 38〕。思宗乃下旨召回田國興，論如法。若騰至浙後，潔己愛民，剔奸弊、抑勢豪，峻絕餽遺、輕省贖鍰，風裁凜凜。且又平定山賊胡乘龍，使閭里間晏然，故浙人爲建祠以祭祀之，並稱其爲「盧菩薩」。

福王立，盧若騰被召爲僉都御史，督理江北屯田，巡撫盧鳳，提督操江。親見文武官員之相傾軋，因與〈劉宗周書〉云：

> 今日文武不和；而文又與文不和，武又與武不和，……世界盡汨沒於利欲之場，而絕不體認天理，此亂根也。士大夫只圖做官，不肯盡職。〔註 39〕

若騰之言可謂一針見血。果不其然，翌年夏，南都即亡滅。

唐王立福京，建元隆武，授若騰以都察院右副都御史，以巡撫浙東溫、處、寧、臺。其時唐王早已命孫嘉績、于穎巡撫浙東，復命若騰，致三撫一時並設，浙人無所適從，故若騰以事權不專，乃於隆武元年（1645）八月二十五日上疏請辭〔註 40〕；帝不許。將赴任，請以總兵賀君堯統靖海營水師，以族弟游擊將軍盧若驥守盤山關要害〔註 41〕。時紹興諸臣已奉魯王監國，誠意伯劉孔昭、總督楊文驄分據臺、寧、處州，並不奉唐王之命，且擬以兵窺伺溫州，頗有兼併意〔註 42〕；而盧若騰所撫，僅溫州一府而已。督師黃道周軍婺源，以沈有荔、徐柏齡隸其麾下，曾致書若騰曰：「聞至浙東，喜而不寐。

〔註 37〕 見〈參督輔楊嗣昌疏〉，《留庵詩文集》卷下〈文集〉，頁 50。
〔註 38〕 見〈參內使田國興疏〉，《留庵詩文集》卷下〈文集〉，頁 51～53。
〔註 39〕 〈與劉宗周書〉，《留庵詩文集》卷下〈文集〉，頁 70～71。
〔註 40〕 見〈懇請專任責成疏〉，《留庵詩文集》卷下〈文集〉，頁 55～56。
〔註 41〕 見《金門志》卷 11〈人物・武績・盧若驥傳〉，頁 272。
〔註 42〕 見〈敬陳不戰屈人之著，以爲善後良圖疏〉，《留庵詩文集》卷下〈文集〉，頁 63～64。

不特聲氣可通，亦且形勢相起。」隆武二年（1646），溫州大饑〔註43〕。若騰設法賑恤，加兵部尚書，手書「無不敬」三字賜之。秋，率師次平陽，清兵進逼，若騰七上疏請援，不應。溫民擁署呼曰：「願爲百萬生靈計」。若騰曰：「必欲降，幸先殺我」！百姓涕泣散。若騰夜半叩紳士王瑞栴、周應期門，議城守。對曰：「人心已死，非口舌所能挽回也。」六月初二，清兵渡江，魯王夜遁臺州。七月，城破，若騰偕賀君堯率家人巷戰，若騰腰臂各中一矢，力竭乃遁入江，遇水師救出。

隆武二年（1646）七月十四日，若騰上表請自劾〔註44〕，命族弟若驥赴行在。聞唐王敗於汀州，清兵入閩，痛憤赴水，同官拯起，裂眥曰：「是不欲成我也」！鄭鴻逵招若騰回閩。尋潛入舟山，投靠魯王監國，圖起兵；道出浙之寧波，父老迎謁，若騰垂涕遣之。見事不可爲，仍回閩之葛山，與郭大河、傅象晉輩舉義抗清並屯兵於望山〔註45〕，擬乘間圖取武安近寨。因宦裔林某絕其餉道，致興師戰不利。〔註46〕

永曆五年（順治八年，1651）舟山陷後，盧若騰追隨魯王依鄭成功，嗣同葉翼雲、陳鼎入安平鎮，轉徙鷺江，偕王忠孝、許吉火景、辜朝薦、徐孚遠、郭貞一、紀許國輩居故鄉浯島，自號「留庵」。桂王因閣部路振飛疏薦，召拜盧若騰爲兵部尚書〔註47〕，然因道阻不得達。永曆十六年（1662）五月，鄭成功卒，張煌言貽書盧若騰，謀復奉魯王監國，會十一月魯王薨於金門，乃罷。

永曆十八年（1664）鄭經銅山棄守，金廈遺老，隨軍渡臺，但若騰至澎湖即病亟，因寓澎湖太武山下，結寮以居。〔註48〕後夢見黃衣神持刺來謁，

〔註43〕見〈再懇更易督撫以惠地方疏〉，《留庵詩文集》卷下〈文集〉，頁60～62。
〔註44〕見〈泣陳失事緣由，仰請聖明處分疏〉，《留庵詩文集》卷下〈文集〉，頁65～66。
〔註45〕見〈望山義盟序〉，《留庵詩文集》卷下〈文集〉，頁88～89。
〔註46〕見〈傅象晉小傳〉，《留庵詩文集》卷下〈文集〉，頁101～103。
〔註47〕見〈上永曆皇帝疏〉，《留庵詩文集》卷下〈文集〉，頁66～68。
〔註48〕清·周凱〈勘災四首〉其四云：「有懷欲抵將軍澳，何處重尋菩薩寮。」見清·蔣鏞：《澎湖續編》（臺北：臺灣銀行經濟研究室，1961年8月1版，《臺灣文獻叢刊》第115種），卷下〈藝文紀〉，頁126。據《澎湖廳志·封域·山川·太武山》云：「太武山：在大山嶼林投澳太武社後，距廳治十四里。三峰圓秀，大小相伯仲。俗以大太武、二太武、三太武名之。大太武在北最高，東北舟來，先見陰、陽嶼，次見此山。山頂石多蠣房殼，理亦難解。明鼎革後，同安盧尚書若騰遁跡來澎，居此山下，卒葬山南，墓址尚存。」又林豪按語：「林

忽問今是何日？侍者以三月十九日對；若騰矍然曰：「是先帝殉難之日也」，一慟而絕。遺命題其墓曰「自許先生」，年六十六〔註49〕，旋葬太武山南。澎湖白沙衰草，其子饒研夢見若騰告寒，遂買舟至澎，歸葬於金門賢厝故居之旁，俗稱盧軍門墓。〔註50〕

　　盧若騰為人風情豪邁，視人生如寄，故未措意於身外物之營置；相較於當時士夫汲汲於建業置產，以博一宅第為務，故凡近地山海之饒，率被擁為世業；人或為之言，若騰卻夷然不屑為之。此可自其〈勸世〉詩所規勸世人：「莫涎他人田，莫覬他人屋。涎田為種獲，覬屋圖棲宿。人生如寄耳，修短安可卜；一物將不去，底事空勞碌？」〔註51〕見出梗概。

　　綜觀盧若騰一生抗清志節，如江日昇詩讚之：「世外孤涯托老身，從來自許漢朝臣。十年後死非無意，三代完名信有真！避地寧為浮海計？絕周不作採薇人。殘黎在在同聲哭，想像閒時舊角巾。」〔註52〕林樹梅〈明自許先生傳〉贊論之：「其天植清勁，蘊經世長才，遭時升沈，閒關浮海，迄於無成，至死猶拳念先帝，其志亦可哀已。」〔註53〕

　　歟雲稱：公子饒研，負骨歸葬，今在金門之賢住鄉；而澎湖太武山遺墓完固，倚山面海，形勢頗佳，土人傳為軍門墓。意者公子於遷葬後，就原處築成墓形歟？後人有盜葬者，皆不利，旋自移去。」《澎湖廳志》卷1〈封域‧山川‧太武山〉，頁17～18。

〔註49〕《小腆紀傳》云：「（盧若騰）後依朱成功於安平，成功待以上賓。避跡澎湖：辛卯（1651）三月病劇，大呼先皇帝而卒。」所言若騰卒於辛卯年明顯錯誤，因《島噫集》中有數首詩題皆題己亥（1659）、庚子（1660）、辛丑（1661），如〈己亥元旦喜雨〉、〈庚子元旦〉、〈辛丑仲夏恭賀魯王春秋〉皆屬之，如若騰已卒於辛卯年，何以詩題中之紀年又在其後乎？是知若騰之卒年應是甲辰年（1664）才是。清‧徐鼒：《小腆紀傳》（臺北：臺灣銀行經濟研究室，1963年7月1版，《臺灣文獻叢刊》第138種），卷57〈盧若騰傳〉，頁789。

〔註50〕據林樹梅〈明自許先生傳〉云：「先生之孫勗吾自譔其父〈饒研墓誌〉曰：『通議公之殯於澎也，屬紅夷之警。忽夢公告以寒，覺而心動；復買舟至澎，啓攢歸葬於浯』。《歟雲山人文鈔》卷5，頁215。按《金門志‧分域略》亦引此則史料。《金門志》卷2〈分域略〉，頁25。清乾隆年間周澍來臺掌海東書院，其《臺陽百詠》有「白沙衰草紛無數，寒食誰尋盧若騰」之句，以見其淒寒之景狀。清‧周澍：《臺陽百詠‧內編》（清鈔本），葉19A。

〔註51〕〈勸世〉，《島噫詩》〈五言古〉，頁2。

〔註52〕清‧江日昇：《臺灣外記》（臺北：臺灣銀行經濟研究室，1960年5月1版，《臺灣文獻叢刊》第60種），卷6〈康熙癸卯年至康熙甲寅年共十二年〉，頁231。

〔註53〕《歟雲山人文鈔》卷5〈明自許先生傳〉，頁213～214。

（二）創作旨趣

盧若騰晚年一意著述，上自天文地理、下逮蟲魚花草，博雅宏通；品藻古人成敗得失，反覆淋漓，斷制嚴謹。至於身世感遇、憂愁憤懣之什，皆根於血性，故人比況於有「蔡青天」之稱之蔡道憲。〔註54〕觀盧若騰著作雖夥，然多已亡佚，而《島噫詩》及《留庵詩文集》今仍幸存，因其皆關當年史事，能反映明鄭時代兵戎不斷之社會實況，可作為詩史並藉以補史書之闕罅，故極具價值，不容忽視。

盧若騰寫作《島噫詩》創作動機，旨在抒發滿腔之家仇國恨，冀能如痛者之呻、哀者之哭般，故若噫氣而已，據《島噫詩》自序〈小引〉中云：

> 詩之多，莫今日之島上若也。憂愁之詩、痛悼之詩、憤怨激烈之詩，
> 無所不有，無所不工。試問其所以工此之故？雖當極愁、極痛、極
> 憤激之時，有不自禁其啞然失笑者，余竊恥之！島居以來，雖屢有
> 感觸吟詠，未嘗作詩觀，未嘗作工詩想；如痛者之呻、哀者之哭，
> 噫氣而已。錄之赫蹏，寄之同志。異日有能諒余者曰：「此當日島上
> 之病人哀人也」！余其慰已。〔註55〕

此「噫氣」如其〈君常弟詩集序〉所云：「資質之異也，非其詩異而其氣異也。氣也者，可積而不可借之物也。借人之狂以為狂，態顛而韻則促；借人之病以為病，貌瘁而神反舒。如吾君常者，乃可謂真狂、真病，乃可謂之真詩也。」〔註56〕有此「噫氣」乃得性情之正也。

盧若騰強調真詩真人之境界，其〈聽人解律〉云：

> 讀書萬卷必讀律，此語偶自坡公出：其實二者匪殊觀，治心救世理
> 則一。書之注疏多於書，律亦如是貴詳悉。後生聰明且輕薄，瞥眼
> 看律如馳驛；句可割裂字可刪，頓令本文無完質。律文尚遭劊子手，
> 區區民命復何有！民命縱為君所輕，舞文無乃露其醜；君久自負讀
> 書人，只恐讀書亦失真。〔註57〕

東坡〈戲子由〉云：「讀書萬卷不讀律，致君堯舜知無術」〔註58〕，盧若騰以

〔註54〕見〈賜進士湖廣長沙府推官殉難贈太僕寺卿諡忠毅蔡公傳〉，《留庵詩文集》
　　　　卷下〈文集〉，頁103～111。
〔註55〕盧若騰：〈島噫詩小引〉，《島噫詩・小引》，頁3。
〔註56〕〈君常弟詩集序〉，《留庵詩文集》卷下〈文集〉，頁94。
〔註57〕〈聽人解律〉，《島噫詩》〈七言古〉，頁17。
〔註58〕北宋・蘇軾著、清・王文誥等輯註：《蘇軾詩集》（北京：中華書局，1982年

爲二者皆爲治心救世；而對後生以斷章取義之態度讀律，則以爲大謬不然，更直言不諱批評那些忽視民命，而以舞文弄墨自居之讀書人，實未得聖賢仁民愛物之心。更甚者心懷貳志之輩，遂施以筆墨爲護身之符，「今通邑大都之中，淪陷虜穢者，或戢影以明志、或奴顏而獻媚；至其摛詞播韻，率皆怨苦辛酸，忠義盈楮，然有識者，必不因是而略其立身遇變之本末。」〔註59〕審此，修辭立其誠，詩品與人品要高度諧和才是眞詩。故欽其友紀文疇「倔強偶儻之品」，盛讚其《尙華集》如「昔文文山集杜二百首，至今讀之，但覺其爲文山之詩，而不覺其爲少陵之詩。精誠噴薄筆墨間，無往不露其浩然之氣；豈獨〈正氣〉諸篇膾炙人口哉！南書固工詩，此時不復作文字想，而絕以忠義心血住灑毫端，雖以極庸、極儒人讀之，亦當慨然發其枕戈、擊楫之壯懷；故曰南書未死也！」〔註60〕

在盧若騰觀念中，文章以闡揚儒家仁義之道爲首要，著書立言首重獨到之創獲，而非信口雌黃、隨意結撰可就，否則在當時雖無公論，日後卻是文章之大厄，其〈文章〉詩云：

> 文章自有神，立言貴創獲。傖父浪結撰，視之如戲劇。不惜涴屏
> 障，兼嗜災木石。矢口任雌黃，名篇供指摘。非關膽氣麤，祗爲眼
> 界窄。秦世呂不韋，陽翟大賈客。懸書咸陽市，一字莫能易。人豈
> 不愛金，相國威自赫。目前無定價，未是文章厄。〔註61〕

詩中舉呂不韋懸書咸陽城，人莫能易一字爲例，人非不能易一字，蓋懾於呂相之威也！況爲詩不可以氣格聲調繩之，不可作文字想，詩從肺腑出，出語如流泉，如此行幅之間，自會生氣勃然。盧若騰認爲「與其以人自見，無如以詩自見」〔註62〕，蓋處戰亂之世，感時撫事，觸事成詠，「無詩不愛國」〔註63〕，乃具「詩史」精神，方爲宇內之眞文字也。

盧若騰身當顚沛流離之際，憤時事不可爲，欲以浯州作田橫之島，自託殷頑，胸中壘塊，咸洩之於詩，故自云「詩文窮愈富」〔註64〕。且其所爲

　　　2月1版，1992年4月3刷，孔凡禮點校本），卷7〈戲子由〉，頁325。

〔註59〕〈駱亦至詩集序〉，《留庵詩文集》卷下〈文集〉，頁96。

〔註60〕〈紀南書尙華集序〉，《留庵詩文集》卷下〈文集〉，頁87～88。

〔註61〕〈文章〉，《島噫詩》〈五言古〉，頁9。

〔註62〕〈駱亦至詩集序〉，《留庵詩文集》卷下〈文集〉，頁95。

〔註63〕〈次韻答駱亦至〉，《島噫詩》〈五言律〉，頁31。

〔註64〕〈次韻答莊友〉，《島噫詩》〈五言律〉，頁32。

詩，皆根心爲言，不待外借，無怪乎其後友林霍言其「皆根於血性注灑」。《林
霍詩話》載云：

> 若騰有島噫一集，身世感遇、其悲愁憤懣之什，皆根於血性注灑，
>
> 毫端非無病而呻吟也，可與蔡忠毅公相伯仲云。〔註65〕

因知盧若騰原無意於爲詩，但遭逢變故，蟄伏海濱，悲痛憤激之緒，纏綿糾
結，與日俱深，觸事成詠，乃欲藉詩以爲人心之噫氣耳！故其詩除足供楮墨
之外，更可窺見其文章氣節，亦可藉以印證「人重詩耳，詩豈能重人」之說
〔註66〕。

第二節　盧若騰詩歌主題

　　盧若騰於〈君常弟詩序〉中言及「君常柬余曰：『人亦有言，風者天地之
噫氣、詩者人心之噫氣』」〔註67〕。而《島噫詩》非僅是作者所藉以「噫氣而
已」〔註68〕，以其記載若騰所親歷與親聞見之時事，故足憑之以爲正史、證
史及補史之資，故其意義非凡，不容小覷。

　　綜觀盧若騰的詩歌頗具史料價值，堪稱是詩史，值得探究。因以臺灣文
獻叢刊於民國五十七年刊印的《島噫詩》及金門文獻委員會於民國五十八年
編的《留庵詩文集》作爲文本，進一步深究，但其所涉及的範圍非常廣，遂
多方尋索史乘、方志及相關書籍，並旁及其師友學侶，冀能更深入了解其詩
作也。

　　綜覽若騰詩中內容，知其所呈現之主題涵類多方，或關心婦女遭遇、或
留意民生疾苦、或呈顯歲寒志節、或觀風俗正得失、或對臺金地理書寫、或
藉詠物寫志寄情、或諷刺鄭彩軍軍紀敗壞，不一而足，下文即就此數端加以
探究之，以一窺若騰所噫氣之究竟也。

〔註65〕見林學增等修、吳錫璜纂：《同安縣志》（臺北，成文出版社，1967 年 12 月臺
　　　　1 版影 1929 年鉛印本），卷 41〈雜錄〉，頁 1325。

〔註66〕〈駱亦至詩集序〉，《留庵詩文集》卷下〈文集〉，頁 95～96。

〔註67〕〈君常弟詩序〉，明・盧若騰撰、李怡來編：《留庵詩文集》（金門：金門縣文
　　　　獻委員會，1969 年 9 月 1 版），卷下〈文集〉，頁 94。

〔註68〕盧若騰〈島噫詩小引〉云：「島居以來，雖屢有感觸吟詠，未嘗作詩觀，未嘗
　　　　作工詩想；如痛者之呻、哀者之哭，噫氣而已。」明・盧若騰：《島噫詩・小
　　　　引》（臺北：臺灣銀行經濟研究室，1968 年 5 月 1 版，《臺灣文獻叢刊》第 245
　　　　種），頁 3。

一、關心婦女遭遇

盧若騰著作甚夥，其中即有《浯洲節烈傳》一書，原書雖已不可見，然自《金門志》中猶可見其吉光片羽，若騰於〈序〉中，開宗明義道：「婦人以節烈著，非家之福也，而不可謂非世道之幸。蓋五倫之所以不毀者，其道視諸此，非獨婦人事也。」〔註69〕足見其對婦女之看重，而浯洲山川奇秀、地脈渾厚，士多光明俊偉、廉隅自飭；其婦女則守貞從一、視死如歸，其雅操畸行，表表人寰。然能登郡城記載者，十僅三四；能受當道褒旌者，十唯一二焉。深究其故，乃因風俗淳厚，人不尚聲華；加上地遙波阻畏憚投牒往還；其地貧瘠儉嗇以表門為累及衰亂相仍，無暇以采風四端。〔註70〕盧若騰睹此，一恐其因時久事滅，致生者損其觀感；再則為保存文獻，使婦女能聞風興起，若鬚眉者亦倍知所奮勵，遂作為此書，而其內容、宗旨如下：

（一）表彰節烈

表彰節烈乃表彰烈女與烈婦殉身之婦德〔註71〕，盧若騰對節烈行為之評定，不像一般人之流於苛刻而不近人情。如烈女陳大娘許聘於呂仲熙。萬曆三十八年（1620），仲熙歿，請奔喪，不許；適呂家婢餽奠餘，約其姑來，乃於夕俱往，夜寢枢側，後更賣簪珥舉奠。臘月朔，令人樹臺中庭，後自縊，雖已經二日，其面如生。知縣李青岱為之上狀請旌，然按察司以陳大娘架臺炫縊，情近好名，若騰獲悉後，頗不以為然，云：「登臺畢命，色笑從容，且不知死之為死，又安知死之為名乎？亦太刻矣！」〔註72〕盧若騰以為烈女陳大娘死尚且不惜，豈會在乎外在之聲名節烈乎？此外，若騰對詔安五都人王招娘殉夫之行，亦立碑加以表揚，其〈刊名〉云：

> 耿耿王烈婦，從容死就義；立碑表貞姱，敘述頗詳備。巍巍太武山，孕毓多瑰異；警句頌山靈，標之山頭寺。〔註73〕

〔註69〕〈浯洲節烈傳序〉，《留庵詩文集》卷下〈文集〉，頁89。又見清・林焜熿纂：《金門志》（臺北：臺灣銀行經濟研究室，1960年10月1版，臺灣文獻叢刊第80種），卷14〈藝文志〉，頁373。

〔註70〕〈浯洲節烈傳序〉，《留庵詩文集》卷下〈文集〉，頁89。又見《金門志》卷14〈藝文志〉，頁373～374。

〔註71〕盧若騰〈浯洲節烈傳序〉云：「未嫁殉夫，謂之烈女；已嫁殉夫，謂之烈婦。」見《留庵詩文集》卷下〈文集〉，頁90。

〔註72〕《金門志》卷13〈列女傳・烈婦・陳氏大娘〉，頁361。

〔註73〕〈刊名〉，《島噫詩》〈五言古〉，頁10～11。

據《金門志》載，王招娘嫁同里高對爲妻，對弱冠從戎，明季攜婦僑居金門。已而溺死北茄洋，訃聞，王昭娘從容自縊。寓島諸客，醵金葬之，盧若騰爲之撰記表彰其節烈，並立碑於太武山墓側。〔註74〕

另〈殉衣篇，爲許爾繩妻洪氏作〉一詩，則爲字字血淚之輓詩，寫甫嫁許爾繩半載之洪和娘之怨與願，其深情令人動容。其詩云：

> 妾爲君家數月婦，君輕別妾出門走；從軍遠涉大海東，向妾叮嚀代將母。妾事姑嫜如事君，操作承歡毫不苟。驚聞海東水土惡，征人疾疫十兩九；猶望遙傳事未眞，豈意君訃播人口！茫茫白浪拍天浮，誰爲負骨歸邱首？君骨不歸君衣存，攬衣招魂君知否？妾惟一死堪報君，那能隨姑長織罶。死怨君骨不同埋，死願君衣永相守；骨可灰兮怨不灰，衣可朽兮願不朽。妾怨、妾願只如此，節烈聲名妾何有！〔註75〕

據《金門志》載，後浦人許爾繩（元），因從戎東征而客死臺灣，噩耗傳來，洪和娘慟不欲生，顧姑防甚密，晝猶強爲笑語以鬆懈之；夜則私治殮服。一日，其姑往園中，洪和娘遂乘隙沐浴，服新衣，襲以爾繩遺衣，襲不盡者，束而負之背，意欲殮殉，後果以羅巾自縊，面色如生，年止二十耳，盧若騰特作〈殉衣篇〉以輓之。〔註76〕洪和娘僅能與夫之衣長相廝守，而期與君死同穴之宿願，則永不得償矣！無怪乎其「怨不灰」。

至於幼承儒訓、恪遵禮義之許初娘，盧若騰亦寫〈哀烈歌，爲許初娘作〉，其詩歌前段云：

> 哀矣乎！哀婦烈；烈婦之操霜比潔，烈婦之骨堅於鐵。烈婦之冤天地愁，鬼神環視皆泣血。幼承閨訓本儒風，長遵禮義無玷缺。結髮嫁得名家子，有志四方遠離別；別婿歸寧依父母，晨夕女紅忘疲茶。世亂窮鄉靡安居，豪家攬入爭巢穴；瞥見如花似玉人，多銜金珠買歡悅。不成歡悅反成嗔，羅敷有夫詞決絕；夜深豪客強相逼，拒戶罵賊聲不輟。一時喧譁鄰里驚，客翻賴主勾盜竊；舉家拷掠無完膚，女呼父母從茲訣：我死必訴上帝知，莫患仇家怨不雪！千箠萬楛不乞憐，甘心玉碎花摧折。〔註77〕

〔註74〕《金門志》卷13〈列女傳‧烈婦‧王氏昭娘〉，頁356。
〔註75〕〈殉衣篇，爲許爾繩妻洪氏作〉，《島噫詩》〈七言古〉，頁25～26。
〔註76〕《金門志》卷13〈列女傳‧烈婦‧洪氏和娘〉，頁353～354。
〔註77〕〈哀烈歌，爲許初娘作〉，《島噫詩》〈七言古〉，頁19～20。

若騰此詩乃表彰許初娘之節操比霜潔，如鐵堅。據盧若騰學生林霍《續閩書》云：

> 許氏初娘，後浦文衡女。美姿容；年十八，適陽翟陳京。京貧，順治十二年從軍去。初娘歸寧其父，父留焉。秋，大兵復晉江，安平諸豪攜家止後浦，奪民廬居之。文衡宅分前後院，前院爲鄭泰家奴所據。鄭泰者，僞遵義侯鄭鳴駿兄，尤橫暴；奴又泰心腹用事。初娘恐遭侮，啓文衡，扃其門，於屋後開戶出入。一日，奴窺初娘美，以告泰子續緒；續緒故無賴，大悅，遣女奴致金珠，通慇勤，初娘拒之。續緒度不可利誘，謀於奴，夜踰牆直抵其寢。初娘聞聲喚父，大呼有賊；鄰人皆縕火至，續緒懼而逸。旦日，命僕毀垣裂笥報泰，言室亡金，訪盜由文衡引。旋拘文衡，拷掠陷獄。續緒遣人諷初娘曰：『若順我，父命可活；不則，並逮若』。初娘叱之，續緒恚甚，紿母呂氏拘初娘至；初娘指呂罵曰：『爾子盜人妻不得，反誣人盜，眞盜不若也』。呂怒以白泰，命諸惡奴叢擊之。初娘流血被體，屬聲曰：『鄭助！爾家橫暴如此；我死當爲厲鬼，滅汝門』。助，泰小名也。泰益怒，踢之立死，屍無完膚。懼人見，出棺衾殮而瘞之。越數日，口語藉藉，泰始知續緒謀命，釋文衡。已而京歸，控於官；鄰里畏泰，莫敢言。京坐誣，得重譴。尋呂見初娘來索命，暴卒。越二年，泰自縊死、續緒爛喉死。〔註78〕

據此最初史料載錄，知許初娘爲後浦許文衡之女，陳京之妻。京家道貧，遂從軍。初娘歸寧其父，留娘家。清兵攻晉江，安平諸豪乃攜家入金門，止於後浦並強奪民屋居，許文衡宅前院爲鄭泰家奴所佔據。鄭泰者，遵義侯鄭鳴駿之兄，爲人橫暴。泰奴見初娘美，遂語鄭泰子續緒，主僕二人聯手，因造成如此慘絕人寰之慘案。其詩乃哀之云：

> 哀矣乎！哀烈婦；夫壻歸來訟婦冤，婦冤不白夫縲絏。道路有口官不聞，半附豪威半附熱。我欲伐下山頭十丈石，表章正氣勒碑碣；我欲磨礪匣中三尺劍，反縛凶人細磔劙。時當有待志未伸，慷慨歔欷歌一闋。哀矣乎！哀烈婦。〔註79〕

可見陳京歸鄉後，即向官府控訴，但閭里因畏懼鄭泰之權勢，莫敢仗義執言，

〔註78〕 林霍：《續閩書》，引自《金門志》卷13〈列女傳・烈婦・許氏初娘〉，頁357～358。

〔註79〕 〈哀烈歌，爲許初娘作〉，《島噫詩》〈七言古〉，頁20。

京因坐誣遭重譴，盧若騰聞此，義憤填膺，不僅表章許初娘之節烈，更擬磨礪匣中劍，將凶手千刀萬剁，以告慰死者在天之靈。然因果報應不爽，其後鄭泰夫婦及其子皆死於非命，此實天道得償也。

（二）譴責家暴

盧若騰除關心貞女、烈婦外，對遭虐致死之婢女，亦至表同情，如〈鬼鳥〉云：

> 鬼鳥、鬼鳥聲何悲，非鴉、非鵬又非鷗；何處飛來宿村樹，晨昏噪聒不暫移。忽復飛入病人屋，跳躍庭中啾啾哭；病人扶向堂前看，張嘴直欲啄其肉。群將矢石驅逐之，宛轉回翔無觳觫；假口神巫說冤情，舉家驚呼故婢名。鬼鳥應聲前相訝，似訴胸中大不平；病人惶恐對鳥祝：我願戒殺爾超生。鬼鳥飛去只三日，病人殘喘奄奄畢；知是冤魂怨恨深，拽赴冥司仔細質。年來人命輕鴻毛，動遭磔剁如牲牢；安得化成鬼鳥千萬億，聲聲叫止殺人刀！〔註80〕

詩前之序詳述其本事云：世家戚洪興佐，倚勢作威又兇暴成性，屢因小過殺婢僕。寓浯後，屠毒村民。永曆十五年（1661），婢女新兒觸怒之，被拷掠無完膚；復縛投入深潭，溺而殺之，裸瘞沙中。踰年，洪病，吐血垂危。有其狀殊異之短尾花色、紅目長嘴之鳥，宿洪屋後樹，日夜嘲唶聒擾之，使洪求睡不得。已，徑升其堂，視洪則鼓翼伸爪作啄攫狀；發矢放彈擊之，皆莫能中。間有巫能視鬼，召令視之，巫作鬼言曰：「吾新兒也，枉死不瞑；今化為鳥，索命耳」。於是家人呼「新兒」，鳥則隨聲應，洪始惶懼禱祝。鳥去三日而洪死，死之日，即去年殺婢之日也。盧若騰聞此悲嘆，如此世道，人命輕於鴻毛，似如牲牢，動輒遭磔剁。而對仗勢欺人者終於自食惡果，亦大快人心。換言之，盧若騰作此詩旨在勸人莫作惡，知所警惕。

（三）同情女眷

盧若騰對將士妻妾因不堪暈船，落海溺死者，亦表哀痛。其〈將士妻妾汎海，遇風不任眩嘔，自溺死者數人；作此哀之〉云：

> 少婦登舟去，風濤不可支；眩眸逢魍魎，豔質嫁蛟螭。盡室為遷客，招魂復望誰；化成精衛鳥，填海有餘悲。〔註81〕

從事反清復明大業之將士，飄泊海外，遷徙海嶼間，其妻妾不得已而乘舟以
隨軍轉進，然海上風強浪大導致暈船嘔吐，有不堪此折磨而跳海自殺者，將
士亦無能爲其招魂，故其魂魄只能化爲精衛，藉銜石以埋東海，來消解餘悲。
實則，隨軍女眷之事，確實存在，如鄭成功軍隊中即有此情況，此可自徐孚
遠詩集中找到佐證，如〈北伐命偏裨皆攜室行，因歌之〉三首云：

> 浪激風帆高入雲，相看一半石榴裙。簫聲宛轉鼓聲起，江左人稱娘
> 子軍。

> 長江鐵鎖一時開，旌旆飛揚羯鼓催。既喜將軍攜羽入，更看素女舞
> 霓來。

> 灰戈築壘雨花臺，左狎夫人右酒杯。笑指金陵佳麗地，只愁難帶荔
> 枝來。〔註82〕

此詩極力諷刺鄭軍北征長江時，令將士皆攜家室以行，從歡樂面寄寓其長江
之役所以失敗之緣由。又如〈再詠移家口〉云：

> 錦帆繡帳劃波開，一到江南更不回。寄語豪家巢燕道，明年社日莫
> 重來。〔註83〕

此詩則道出將士妻妾隨軍轉進，海上風濤危險，命運難卜。

　　綜上所舉各詩，知無論是何種身份之婦女，盧若騰皆對其遭遇深致關心
之忱。自此亦見盧若騰確實仁愛根於天性。

二、關懷民生疾苦

　　盧若騰爲人正直敢諫，居浙時，廉潔惠民，爲民除惡、抑止豪強，峻拒
餽贈、減輕贖鍰，故閭里安然，浙人譽之爲「盧菩薩」。

　　綜觀盧若騰一生行跡，大都處於明清兩朝爭奪極激烈之閩、浙間，舉凡
生活、思想皆與政治及百姓之存亡息息相關。故其對民生疾苦，瞭若指掌，
且感同身受，故其情感不自覺盈溢於字裡行間，下文僅就天災頻仍與人爲禍
患二端，加以探討之。

（一）天災頻仍

　　中國自古即以農業社會爲主，因此百姓全靠老天爺吃飯，故俗諺有「風

〔註82〕明・徐孚遠：《釣璜堂存稿》（民國十五年金山姚光懷舊樓刻本），卷20〈北伐
　　　　命偏裨皆攜室行，因歌之〉，葉15。
〔註83〕《釣璜堂存稿》卷20〈再詠移家口〉，葉15。

調雨順，國泰民安」；反之，若風雨不調，則民難度日。在當時，一旦乾旱，則賴以維生之農圃，首遭其殃，是以百姓爲搶救之，乃辛勤抱甕灌畦，盧若騰〈甘蔗謠〉云：

> 嗟我村民居瘠土，生計強半在農圃；連阡種蒔因地宜，甘蔗之利敵黍稷。年來旱魃狠爲災，自春徂冬暵不雨；晨昏抱甕爭灌畦，辛勤救蔗如救父。救得一蔗值一文，家家喜色見眉宇。〔註84〕

旱魃爲災，自春至冬不雨，土地龜裂，鄉民搶水救蔗，無非企盼能有一些收成。再如〈春寒〉云：

> 去冬已立春，共喜春來早；今春寒過冬，卻疑冬未老。寒風凄且烈，漁舟多翻倒；不雨空陰晦，麰麥垂枯槁。天意欲何如，惻惻傷懷抱！〔註85〕

不僅甘蔗歉收，麰麥亦因春寒不雨而枯槁。令人擔憂者何止田園農事，海洋漁業亦戚戚懷悲憫，冬日寒風凄烈，漁舟多翻覆致不敢出海捕魚。另其〈小寒日大雷雨〉又云：

> 今日小寒節，雷雨互相奔；雷聲如伐鼓，雨水若傾盆。惜此麰麥苗，芊芊滿平原；秀實未可保，何以足饔飧。吾家倍八口，聞之欲斷魂。況乃時令忒，天心類晦昏；生民亂未已，豈獨憂田園！戚戚懷悲憫，孤情孰與言？

有時則又雷雨交加，致甫種下之麰麥苗被摧殘殆盡，一家八口，無以爲繼。天災加上戰火，叫黎民情何以堪？

除了乾旱饑荒、大雨釀災外，又有颶風爲患，如〈石尤風〉云：

> 石尤風，吹捲海雲如轉蓬；連艘載米一萬石，巨浪打頭不得東。東征將士饑欲死，西望糧船來不馳；再遭石尤阻幾程，索我枯魚之肆矣。噫！吁嘘！人生慘毒莫如饑；沿海生靈慘毒遍，今日也教將士知。〔註86〕

金門附近海域氣象變化極大，時有大風大霧，此所謂石尤風者，這種打頭逆風，專阻海上舟船行程。〔註87〕石尤風之典流傳久遠，如南朝宋孝武帝劉駿

〔註84〕〈甘蔗謠〉，《島噫詩》〈七言古〉，頁16。

〔註85〕〈春寒〉，《島噫詩》〈五言古〉，頁12。

〔註86〕〈石尤風〉，《島噫詩》〈七言古〉，頁25。

〔註87〕洪邁《容齋隨筆・五筆》，〈石尤風〉云：「石尤風，不知其義，意其爲打頭逆風也。唐人詩好用之。陳子昂〈入峽苦風〉云：『故鄉今日友，歡會坐應同。

〈丁督護歌〉六首之五云：「督護征初時，儂亦惡初聞，願作石尤風，四面斷行旅。」〔註88〕本詩創作背景當在永曆十五年（順治十八年，1661）八月，是年三月鄭成功自金門料羅灣誓師東征臺灣，鄭荷戰事卻膠著於熱蘭遮城之圍，糧食不足成為鄭軍最大隱憂，鄭軍除了寓兵於農，積極墾荒種植外，並以龐大資金購買福建沿海糧米，以解決缺糧之急。據楊英《從征實錄》載：「七月，藩駕駐承天府。戶官運糧船不至，官兵乏糧，每鄉斗價至四、五錢不等。……八月，戶官運糧船猶不至，官兵至食木子充飢，日憂脫巾之變。……時糧米不接，官兵日只二餐，多有病沒，兵心嗷嗷。」〔註89〕盧若騰本詩道出七、八月間「連艘載米一萬石」，卻為石尤風所阻，「巨浪打頭不得東」，金廈運糧船艦未能及時接濟圍荷之軍事行動〔註90〕，致引頸翹盼米糧救饑之東征將士，發出索我枯魚之肆矣之吶喊。詩之末章寄託感慨，寫出金門百姓在天災與駐軍之交迫下，生靈塗炭，饑饉頻仍，今日石尤風災，也教東征將士體會饑餓滋味之淒慘。

漁民靠海維生，其最畏懼者乃颶風為虐；不幸，卻又時常發生，〈哀漁父〉云：

> 哀哉漁父性命輕，扁舟似葉泛滄瀛。釣絲垂下收未盡，颶風乍起浪
> 縱橫。月落天昏迷南北，衝濤觸石飽鯢鯨；是時正值歲除夜，家家

寧知巴峽路，辛苦石尤風。』戴叔倫〈送裴明州〉云：『瀟水連湘水，千波萬浪中。知君未得去，慚愧石尤風。』司空文明〈留盧秦卿〉云：『知有前期在，難分此夜中。無將故人酒，不及石尤風。』」南宋·洪邁：《容齋隨筆·五筆》（上海：上海古籍出版社，1978年7月1版，上海師範大學古籍整理組校點本），卷3〈石尤風〉，頁835。按：陳子昂〈入峽苦風〉即〈初入峽苦風寄故鄉親友〉詩，唐·陳子昂：《陳子昂集·雜詩》（臺北：世界書局，1980年11月2版），卷2，頁23。又伊世珍《瑯嬛記》引《江湖紀聞》云：「石尤風者，傳聞為石氏女嫁為尤郎，婦情好甚篤，為商遠行，妻阻之，不從。尤出不歸，妻憶之病亡，臨亡長嘆曰：『吾恨不能阻其行，以至于此。今凡有商旅遠行，吾當作大風為天下婦人阻之。』自後商旅發船值打頭逆風，則曰此石尤風也，遂止不行。」元·伊世珍：《瑯嬛記》（揚州：江蘇廣陵古籍刻印社，1990年10月1版，《學津討原》第13冊），卷中，頁27～28。

〔註88〕 南朝宋孝武帝劉駿〈丁督護歌〉，見逯欽立輯校《先秦漢魏晉南北朝詩·宋詩》（北京：中華書局，1983年9月1版），卷5〈宋孝武帝劉駿〉，頁1219。

〔註89〕 明·楊英：《從征實錄》（臺北：臺灣銀行經濟研究室，1958年11月1版，《臺灣文獻叢刊》第332種），頁191。

〔註90〕 參見鄧孔昭：〈從盧若騰詩文看有關鄭成功史事〉，《臺灣研究集刊》，1996年第1期，頁93～96。

聚首酣酒炙。惟有漁父去不歸，妻子終宵憂且訝；元旦江頭問歸舟，方知覆溺葬東流。二十餘舟百餘命，妻靠誰養子誰收！人言島上希殺掠，隔斷胡馬賴海若。那料海若漸不仁，一年幾度風波惡。風波之惡可奈何，島上漁父已無多。〔註91〕

颶風乍起，瞬間大浪翻滾，漁父即淪為波臣，而最不堪者，此竟發生於家家戶戶歡聚吃團圓飯之除夕夜。原以為金門島上少殺掠，是賴海洋隔斷胡馬侵略，故百姓得以安居樂業，孰料海象險惡，波濤無情，致漁父多葬身海底，島上漁父僅存者稀。

若風雨不以時至，歲收必差，而民難免於饑饉之患，致有冷灶斷燒之窘境，如〈冷竈〉云：

猶憶十年前，糯飯足飽焦；六七年以來，但糜亦歡笑。去年艱粒食，饑賴山薯療；今年薯也無，冷灶頻斷燒。有田不得耕，耕熟復遭勦；若望人解推，譬之瓠無竅。〔註92〕

十年間金門島上之經濟形成強烈對比，由糯飯而糜而山薯，可謂每下愈況，至冷竈斷燒，則民不聊生矣！此情此景，盧若騰焉能視而不見，無怪乎其要仰天長嘆。

（二）人禍為患

除天災導致民不聊生外，人為禍患亦不可小覷。而此人禍則涵蓋惡客暴客、富人豪家、海盜烏鬼南洋賊及胡虜，茲述之如後。

1. 海上惡客

海上惡兵暴客不請自來，乃是生民之一大苦痛。茲以〈借屋〉一詩為例，初本言明暫住耳，俄頃，竟反客為主，或驅逐主人，或以之為僕役，聽任其驅使，甚或賣屋、卜築，為所欲為，毫無顧忌；四鄰亦遭受池魚之殃，任其予取予求，儼然據地為王，難怪居民浩嘆，「此地聚廬數百年，貧富相安無觳觫。自從惡客逼此處，丁壯老稚淚盈目。人言胡虜如長蛇，豈知惡客是短蝮！」〔註93〕又〈夜驚〉云：

瀕海諸村落，處處聞夜驚；暴客暗窺襲，出沒何縱橫！所恃槳力疾，加以船身輕；輕疾在舟楫，製造豈難成。鳩工兼募士，旬日得

〔註91〕〈哀漁父〉，《島噫詩》〈七言古〉，頁26～27。
〔註92〕〈冷竈〉，《島噫詩》〈五言古〉，頁7。
〔註93〕〈借屋〉，《島噫詩》〈七言古〉，頁17～18。

> 勝兵；撲滅赴火蛾，何須刁斗鳴。惜茲小勞費，坐令賊勢勍；竊恐
> 載北騎，夜渡寂無聲。弗摧虺爲蛇，貴有先見明。〔註94〕

至若瀕海村落，更聞有海賊暴客恃舟槳力疾，常趁夜半時分，乘輕舟偷襲，故盧若騰呼籲當局應有先見之明，及早防範，勿俟其羽翼已就，則爲大禍矣！

其實盧若騰於永曆十六年（1662）九月初五日夜，就曾遭暴客光顧，因其爲官清廉，致環堵蕭然，唯一財產乃兩箱敝衣，因慷慨相贈。若騰作〈暴客行〉記其事，詩云：

> 青燈熒熒照讀書，暴客惠然入吾廬。吾廬蕭索何所有，兩篋敝衣盡
> 贈渠；主人不怒客不喜，一場得失僅爾耳。人言廉士只虛聲，今日
> 幸有君知己；按劍相盼戲耶眞，我本非君之仇人。〔註95〕

若騰苦中作樂，以幽默口吻自我消遣，唯有暴客窮力搜括而無長物，故能印證我是廉士。

2.富人豪家

如陳京妻許初娘，因不從豪家子鄭纘緒之脅迫，活活被虐致死，鄭泰一門，最終亦遭天譴〔註96〕。由此可見當時豪家仗勢欺人，爲所欲爲；富人爲富不仁之惡行。最爲可憐者乃處其淫威下之良民，無處可伸冤，盧若騰〈石丈〉云：

> 石丈、石丈！何不化形輕舉便來往；呼之即行叱即止，推之即下引
> 即上。爲山、爲塢、爲亭臺，豪家頤指給欣賞。胡爲月費千夫力，
> 長途輦運飛塵塊。金谷、平泉不讓奢，役人豈惜千萬鎰；可憐青青
> 麰麥田，邪許聲中成腐壞。石丈過處田父哭，誰能聞之不痛癢！方
> 知此石眞頑物，虛說爲怪變魍魎。〔註97〕

田父僅能幻想奢豪之家所愛之石丈能化形輕舉，指揮隨意，而不破壞其辛苦種植之麰麥。然石崇、李德裕在建造史上有名之金谷園、平泉別墅時，又豈會設想及此？故田父之無奈，溢於言表。又〈古樹〉二首其一云：

〔註94〕〈夜驚〉，《島噫詩》〈五言古〉，頁3。
〔註95〕〈暴客行〉，《島噫詩》〈七言古〉，頁28～29。
〔註96〕據林霍《續閩書》云：「尋呂見初娘來索命，暴辛。越二年，泰自縊死，纘緒爛喉死。」林霍：《續閩書》引自《金門志》卷13〈列女傳・烈婦・洪氏和娘〉，頁358。
〔註97〕〈石丈〉，《島噫詩》〈七言古〉，頁26。

古樹不計春，其中應有神；傲兀立道傍，豈解媚富人。富人侈遊觀，精舍結構新；不重嘉賓集，惟羞花木貧。於花愛美麗，於木愛輪囷；古樹遭物色，那能安其身。百鍤一時舉，根柢離岸垠；樹神俄震怒，役夫壓不呻。二命易一樹，道路悲且嗔；移樹入精舍，主人動笑嚬。植之軒墀前，詫獲瓊琪珍；哀樂與人殊，天道豈泯泯！

〔註98〕

富人爲滿足其遊觀之奢侈心，不惜勞師動眾搬移古樹，終至犧牲民命，以二命換一樹，但富人猶視若無睹，僅陶醉於得此奇樹之樂，反倒是路人路見不平，而生悲嗔之心，故盧若騰不禁懷疑，這種哀樂異於常人之富人，其內心是否還有天道存在？

3. 海盜烏鬼南洋賊

明思宗崇禎二年（1629），海盜李魁奇，縱橫海上，四處劫掠；是年春，攻陷金門後浦堡，民眾慘死與被俘者百餘人，海盜大掠後聯艘而去。〔註99〕

〔註98〕〈古樹〉（二首其一），《島噫詩》〈五言古〉，頁9～10。

〔註99〕盧若騰〈哭許雲衢、夢樑二庠友遇害〉詩序記爲「己巳年七月初五日，海寇李魁奇破後浦土堡，殺數百人。」按：《金門志・舊事志・紀兵》載：「崇禎二年，海寇李魁奇縱橫海上。魁奇惠安人，向與芝龍同黨，芝龍忌之。是年春，攻後浦堡，堡陷，死與被執者百餘人，大掠聯艘而去。已而芝龍及毓英統船追捕，官軍從城仔角出援，追下澳洋被陳秀刺死，餘船悉降。」《金門志》卷16〈舊事志・紀兵〉，頁401。《靖海志》載：「春二月，海寇李魁奇伏誅。魁奇本鄭芝龍同黨，芝龍忌之，擊斬粵中。」清・彭孫貽：《靖海志》（臺北：臺灣銀行經濟研究室，1959年1月1版，《臺灣文獻叢刊》第35種），卷1〈己巳崇禎二年〉，頁3。審此，疑「七月初五日」是否爲「二月初五日」之形誤。然其他史籍亦有載李魁奇伏誅於崇禎二年冬，如林繩武《海濱大事記・閩海海寇始末記》云：「崇禎元年（戊辰）九月，鄭芝龍降於巡撫熊文燦。工科給事中顏繼祖言芝龍既降，當責其報效，從之。時芝龍與李魁奇俱就撫。芝龍授遊擊，盤踞海濱，上至溫、臺、吳淞，下至湖廣近海州郡，皆報水如故。同時有蕭香、白毛並橫行海上，後俱爲芝龍所併。崇禎二年（己巳）四月，寇犯中左所。廣東副總兵陳廷對約芝龍勦寇。芝龍戰不利，歸閩。不數日，寇大至，犯中左所近港，芝龍又敗。寇夜薄中左所。六月，遊擊鄭芝龍斬叛寇楊六、楊七於金門洋。撫寇李魁奇復叛，寇海澄，知縣余應桂遣兵擊敗之。秋，巡撫熊文燦率舟師擊賊於吉了，敗績，海寇周三焚艷。芝龍初受撫，桀驁難馴，議者以驕子奉之。文燦屏姑息之謀，施反間之策，嗾同黨李魁奇叛，芝龍氣稍折。魁奇復合周三、鍾六以抗之，芝龍始大敗求援。冬，李魁奇伏誅。魁奇爲芝龍所忌，因合鍾六擊斬之於粵海。」林繩武：《海濱大事記・閩海海寇始末記》（臺北：臺灣銀行經濟研究室，1965年6月1版，《臺灣文獻叢刊》第213種），頁10～11。

而盧若騰的同學許雲衢與許夢棨即於是役中遇害。其〈哭許雲衢、夢棨二庠友遇害〉云：

> 不識桃源路，竟逢草澤氛。干戈曠代變，玉石同時焚。血化城頭碧，愁連海角雲。哭君還仰笑，天道總紛紜。〔註100〕

天啓年間海盜群起，各據海島爲地，李魁奇本鄭芝龍同黨，崇禎元年與芝龍俱就撫，授游擊，然仍盤踞海濱，其後復叛；崇禎二年春，大掠金門後浦土堡，掠殺數百人，使一向民風純樸之金門，竟成人間煉獄，玉石俱焚，若騰摯友許雲衢、許夢棨亦罹難。

實則鼎沸乾坤中，不徒海寇爲禍，尚有捲髮碧眼全身漆黑，善於潛水啖魚蝦之烏鬼，盧若騰〈烏鬼〉云：

> 烏鬼烏肉、烏骨骼，鬈髮旋捲雙眼碧；慣沒鹹水啖魚蝦，腥臊直觸人鼻嗑。汎海商夷掠將來，逼令火食充廝役；輾轉鬻入中華土，得居時貴之肘腋。出則驅辟道上人，入則誰何門前客；濟濟衣冠誤經過，翩翩車蓋遭裂擘。此輩殊無饒勇材，不任戰鬪揮戈戟；獨以猙獰鬼狀貌，使人見之自辟易。厚糈豢養作爪牙，威嚴遂與世人隔；如此威嚴眞可畏，棄人用鬼亦可惜！〔註101〕

烏鬼乃紅夷（荷蘭）之黑人役使，因被俘而賣入中國充任火食之役，其本非勇夫，只緣狀貌猙獰可怖，使人見之害怕而自辟易耳！然時貴竟豢養之以欺壓百姓，因此盧若騰諷刺烏鬼面目可畏，只能豢養作爪牙，將烏鬼棄之人道，用之鬼途，實在可歎。

除烏鬼之外，尚有從海上強權勢力集團者，亦即南洋賊是也。其年年侵逼我商漁，擄殺我妻女，且還大言不慚，居然作賊還大喊抓賊，眞乃厚顏。盧若騰〈南洋賊〉云：

> 可恨南洋賊，爾在南、我在北，何事年年相侵逼，戕我商漁不休息！天厭爾虐今爲俘，駢首疊軀受誅殛。賊亦譁不慚，爾在北、我在南，屢搗我巢飽爾貪，擄我妻女殺我男。我呼爾賊爾不應，爾罵我賊我何堪。噫嘻！晚矣乎！南洋之水衣帶邇，防微杜漸疏於始；爲虺爲蛇勢既成，互相屠戮何時已。我願仁人大發好生心，招彼飛

〔註100〕《留庵詩文集》卷上〈哭許雲衢、夢棨二庠友遇害〉，頁35。明・盧若騰撰、李怡來編：《留庵詩文集》（金門：金門縣文獻委員會，1969年9月1版），卷上〈詩集・五言律〉，頁35。

〔註101〕〈烏鬼〉，《島噫詩》〈七言古〉，頁24。

　　鴟食桑葚。〔註102〕

據鄧孔昭〈從盧若騰詩文看有關鄭成功史事〉〔註103〕認為〈南洋賊〉一詩就是描寫鄭成功與粵海許龍之間的矛盾，「南洋賊」非指以爪哇為根據地之荷蘭人或其他西方東來之殖民者，而是指海澄縣南洋寨城之海盜，換言之，南洋賊乃指當時盤踞在海澄縣南洋，以許龍為首之海上武裝集團。據《東南紀事・張名振傳》載：「鄭芝龍之北也，遺書戒成功曰：眾不可散，城不可攻，南有許龍、北有名振，汝必圖之。」〔註104〕在鄭芝龍時代鄭氏集團與許氏集團之間就已存在矛盾，鄭成功起兵抗清之後，許龍一開始就與鄭軍分庭抗禮，後又依附滿清，雙方矛盾愈演愈烈。因此互相攻伐，永無寧日，對此盧若騰表達不願看到這樣之矛盾激化，乃提出因應之道，提醒當局必須防微杜漸，勿等禍患既成，才互相屠戮，否則冤冤相報，何時能了？

4. 胡虜

　　當時影響生民最巨者，自應屬胡虜之禍，亦即滿清侵中土。戰亂連年，但見「波驚濤亂蛟螭飛，苦雨淒風日夜吹；洲島晦冥滿天愁，蓬萊復淺思悠悠」〔註105〕、「兵革三秋淚，琴書四海囊」〔註106〕、「那堪日暮處，雲水盡悲酸」〔註107〕。百姓顛沛流離，「浮家雖淨土，措足總荒榛」〔註108〕、而每日「何以支晨夕，占晴又卜陰」〔註109〕，並非為天候變化操心，乃是翹望戰亂何時能平。「隔海鼓鼙猶日競，勤王羽檄幾時閒」〔註110〕，「最喜客傳朝報至，捷書新自秦中還」〔註111〕，「洗兵應識天心切」〔註112〕，「須信天心能轉換」

〔註102〕〈南洋賊〉，《島噫詩》〈七言古〉，頁23。

〔註103〕鄧孔昭：〈從盧若騰詩文看有關鄭成功史事〉，《臺灣研究集刊》，1996年第1期，頁93～96。

〔註104〕清・邵廷采：《東南紀事》（臺北：臺灣銀行經濟研究室，1961年1月1版，《臺灣文獻叢刊》第35種），卷10〈張名振〉，頁127～128。

〔註105〕〈寄答蔡仲修，時與其友洪阿士同避思山〉，《島噫詩》〈七言古〉，頁15。

〔註106〕〈許毓江自朝陽歸，過丹詔賦別〉，《留庵詩文集》卷上〈詩集・五言律〉，頁37。

〔註107〕〈丹詔別陳錫爾〉，《留庵詩文集》卷上〈詩集・五言律〉，頁37。

〔註108〕〈次韻和興安王傷亂詩〉四首其三，《留庵詩文集》卷上〈詩集・五言律〉，頁40。

〔註109〕〈次韻和興安王傷亂詩〉四首其二，《留庵詩文集》卷上〈詩集・五言律〉，頁40。

〔註110〕〈太武巖次丁少鶴刻石韻〉二首其一，《留庵詩文集》卷上〈詩集・七言律〉，頁44。

〔註111〕〈太武巖次丁少鶴刻石韻〉二首其二，《留庵詩文集》卷上〈詩集・七言律〉，

〔註113〕，「會須迅掃烽煙絕」〔註114〕，「何時便作太平逸，長此茗甌又酒杯」〔註115〕。然此心願端賴具有一匡天下，九合諸侯之才者出，方可達成，乃望「定須江左夷吾出，高展中興第一籌」〔註116〕。

滿清入主中原，進而掃蕩東南沿海反清勢力；義師則仗義復明，與胡虜長期鬥戰不休。義師輜糧無不取自百姓，因此之故，亡國喪家之痛，社會最基層之尋常百姓遭殃不可不謂深。義師與胡虜為禍之烈，自〈老乞翁〉詩中可盡知之：

> 老翁號乞喧，手攜幼稚孫；問渠來何許，哽咽不能言。久之拭淚訴，世居瀕海村；義師與狂虜，抄掠每更番。一掠無衣穀，再掠無雞豚；甚至焚室宇，豈但毀籬藩。時俘男女去，索賂贖驚魂；倍息貸富戶，減價鬻田園。幸得完骨肉，何暇計饔飧；彼此賦役重，名色並雜繁。苦為兩姑婦，莫肯念疲奔；朝方脫繫圂，夕已呼在門。株守供敲朴，殘喘豈能存！舉家遠逃徙，秋蓬不戀根；渡海事行乞，冀可活晨昏。〔註117〕

詩中主人翁乞喧祖孫原世居濱海之村，因義師及胡虜輪流打劫，致食衣住無著，甚至為贖回被綁架之親人而不得不賤賣田園。無食無產之身，尚有各種繁雜賦役臨身，眼見無法苟延殘喘，遂舉家遷徙，漂洋過海，過著行乞度日之生活，盧若騰見此慘劇，感慨言之，「我聽老翁語，五內痛煩冤；人乃禽獸等，弱肉而強吞。出師律不肅，牧民法不尊；縱無惻隱心，因果亦宜論。年來生殺報，皎皎如朝暾；胡為自作孽，空負天地恩！」〔註118〕，自此足見百姓困頓無依之情景，已躍然紙上矣。

然滿清對百姓之欺凌，非僅止此耳，順治十七年（永曆十四年，1660）九月，閩督李率泰奏請「遷界」，從同安縣、海澄縣開始實施遷界。順治十八

頁44。

〔註112〕〈己亥元旦喜雨〉，《島噫詩》〈七言律〉，頁39。

〔註113〕〈次韻答卞生〉（其二），《島噫詩》〈七言律〉，頁37。

〔註114〕〈乙酉孟夏將赴中都，次大橫驛壁諸公韻〉，《留庵詩文集》卷上〈詩集‧七言律〉，頁42。

〔註115〕〈同沈復齋、黃石菴、張希文遊萬石巖，次壁間韻〉，《島噫詩》〈七言律〉，頁35。

〔註116〕〈乙酉仲夏舟次錢塘，邂逅田孺雋年丈，周旋數日；聞南都之變，悲而有賦，奉呈為別〉，《留庵詩文集》卷上〈詩集‧七言律〉，頁42。

〔註117〕〈老乞翁〉，《島噫詩》〈五言古〉，頁8～9。

〔註118〕〈老乞翁〉，《島噫詩》〈五言古〉，頁8～9。

年（永曆十五年，1661）其又斷然實施大規模強制遷徙濱海居民之政策，史稱「遷海」。八月，派官員前往各省巡視「立界移民」。九月，雷厲風行，命令沿海三十里之居民，盡徙內地，旨在斷絕沿海居民對鄭成功軍隊之物資供應，以收不攻自破之效。而清廷竟將此說成爲「保全民生」之德政，實則是以極蠻橫之手段驅趕沿海居民遷入內地，限期三日，逾期則派官兵驅趕，且爲斷遷民後顧之心，界外之房屋盡皆焚毀，致民惶惶鳥獸散，而火則累月不熄，因此數千里沃壤，盡捐作蓬蒿。〔註119〕而一向以打漁耕作度日之遷民，耕漁不得，又將何以爲生？滿清豈會念及沿海百姓身家性命，答案自是否定，難怪盧若騰盼豪傑趁機起事，拯其於水火。其〈虜遷沿海居民〉云：

> 天寒日又西，男婦相扶攜。去去將安適，掩面道傍啼。胡騎嚴驅遣，剋日不容稽。務使濱海上，鞠爲茂草萋。富者忽焉貧，貧者誰提撕。欲漁無深淵，欲耕無廣畦。內地憂人滿，婦姑應勃豀。聚眾易生亂，剋爲飢所擠。聞將鑿長塹，置戍列鼓鼙。防海如防邊，勞苦及旄倪。既喪樂生心，潰決誰能隄。虜運當衰歇，運籌自眩迷。豪傑好從事，時哉此階梯。〔註120〕

清廷下遷海令，把沿海四省：山東、浙江、福建、廣東近海居民各移內地三十里，不允許人民居住在沿海地區，並設立邊界，加以佈置防守。將所有船隻，全數燒燬，寸板不許下海，凡溪河樹立椿柵，貨物不許越界，時刻瞭望，違者死無赦。百姓燔宅舍、棼積聚、伐樹木、荒田地，富者盡棄其貲，貧者謀生無策，顛沛流離，坐以待斃，人命頓成螻蟻，任人踐踏，可謂慘不忍睹。然而遷移之民貧者不過數日之糧，而富者亦但數月之儲，逼處內地，無家可依，無糧可食，餓寒逼而奸生，不爲海寇，即爲山賊，此清廷之失策也。沿海百姓棄田宅、撤家產、別墳墓，婦泣嬰啼，流民塞路，民死過半，是委民於溝洫，清廷倒行逆施，實助長反清力量之集結。再者，配合義軍自海而入，可長驅內地，直抵城邑，誠爲反清勢力集結之大好時機，凡豪傑之士應順勢

〔註119〕參見顧誠：《南明史》（北京：中國青年出版社，1997年5月1版），頁1059～1069。

〔註120〕〈虜遷沿海居民〉，《留庵詩文集》卷上〈詩集·五言古〉，頁16。按：陳漢光等修《金門縣志》將此詩繫於永曆十七年（康熙二，1663）十二月，清兵入島，墮金門城，焚其屋，棄其地，遷沿海遺眾於界內。但細審詩意，當爲永曆十五年清廷下遷海令之事爲確。陳漢光等修：《金門縣志》（金門：金門縣文獻委員會，1967年2月1版），卷6〈歷代兵事〉，頁26。

應時而起。

　　盧若騰對於清廷遷海之事，認爲「豪傑好從事」，實與魯王遺老意見合轍。如張煌言〈上延平王書〉：「虜勢已居強弩之末，畏海如虎；不得已而遷徙沿海爲堅壁清野之計，致萬姓棄田園、焚廬舍，宵啼露處，蠢蠢思動，望我師何異饑渴！我若稍爲激發，此並起亡秦之候也。」〔註121〕另如王忠孝〈與張玄著書〉亦云：「傾者，虜又虐徙海濱，所在騷然。乘此時一呼而集，事半功倍。」而鄭成功「僻據海東，不圖根本，眞不知其解也。」〔註122〕審此，盧若騰與張、王之言可謂爲英雄所見略同。

　　綜觀上述，盧若騰之社會寫實詩對當時之民生疾苦實能充份反映，藉由詩歌書寫，得知生民之苦，不禁爲之喟歎不已。

三、呈顯歲寒志節

　　盧若騰身處時事日非、顚躓失所之世，或間關勤王、或流離勵節，皆稜稜風骨，不改其歲寒本色；雖有饑饉之患，猶能守君子固窮之義，而以禮義忠孝自守，視富貴功名如浮雲，不加措意焉，惟以民生疾苦爲念，故處處流露民胞物與、悲天憫人之胸懷，從他糾舉輔臣楊嗣昌奏請刊布《法華經》，以祈求雨降蝗絕之文可見梗概，其文曰：

> 伏懇皇上嚴敕中外大小臣工，凡不根據聖賢經傳，不關繫切實經
> 濟，而以荒唐詭異之談，冒昧入告者，必以誣上誣民之罪罪之。則
> 道德一，風俗同，而太平之業可以垂之永久矣。〔註123〕

凡此，皆源於儒家思想之濡染，故下文即就此加以探究之。

（一）堅持儒業

　　根據《金門志》記載，浯洲雖以彈丸島居海中，然其風俗儉樸恬退、習於禮儀，大率男務耕稼、女勤績紡，而業儒者多，故科第輩出，事詩書者爲最，事法律者次之；且不獨以文章重，凡德業可師者，亦足以示儀型而風後

〔註121〕張煌言：〈上延平王書〉，明・張煌言撰、張壽鏞編：《張蒼水集》（臺北：新文豐出版公司，1988年4月臺1版，《四明叢書》，第5冊），卷5《冰槎集》，頁249～251。張行周編：《張蒼水先生專集・遺著文・冰槎集》（臺北：臺北寧波同鄉月刊社，1984年11月1版），頁163～165。

〔註122〕〈與張玄著書〉，明・王忠孝：《惠安王忠孝公全集》（南投市：臺灣省文獻委員會，1993年12月1版），卷8〈書翰類〉，頁195。

〔註123〕〈參督輔楊嗣昌疏〉，《留庵詩文集》卷下〈文集〉，頁50。

進〔註124〕。盧若騰見當時金門豪家子弟卻出現惡儒業而喜狎倡優之怪現象，究其因乃是緣於儒學教育之效用緩慢而難售也，因此遂百般阻撓，直至遣散師生方罷休。其〈村塾〉云：

> 彈丸海中島，淳風鄒魯儔；雖經喪亂餘，絃誦聲尚留。村村延塾師，各有童蒙求。鄰寓豪家子，般樂狎倡優；揮金市狡童，蜩沸習歌謳。歌聲與筆聲，異調乃相仇；驅遣師生散，不肯容謹咻。村人問塾師，怪事前有不？塾師曰固然，儒術今所尤。相彼倡優輩，揚揚冠沐猴。或握軍旅符，或司會計籌；多有衣冠者，交驩不爲羞。學書效迂緩，學優利速售；今日分手去，及早善爲謀。村人笑相謝，先生滑稽流；吾兒不學書，只可事鋤櫌。〔註125〕

然塾師仍堅守其耕讀傳家之志，兒子縱不能學書，尚可事田畝鋤櫌，亦不願其狎倡優、圖捷徑。詩中一方面稱許塾師之高節，另一方面則批判急功近利之思想。其〈稱謂〉又云：

> 自有達尊三，交接情方啓；尋常通名刺，稱謂存典禮。等級肅森森，風俗淳濟濟；陋矣輕薄子，觀天坐井底。矜其富貴容，幾同漫刺禰；時或謁尊者，傲然相兄弟。不聞廟之詩，相鼠猶有體。〔註126〕

審此，盧若騰對人倫儀節亦甚爲重視，尤其自稱謂間更可清楚看出風俗之好壞，因此其對憑恃自己出身富貴，而對尊者稱兄道弟，無禮行徑之輕薄子，也發出「不聞廟之詩，相鼠猶有體」之斥責。再如〈腐儒吟〉云：

> 藏舟於壑夜半走，藏珠於腹珠在否？大凡有藏必有亡，幸我身外毫無有。我本海濱一腐儒，平生志與溫飽殊；寒遭百六害氣集，荏苒廿年國恩辜。未忘報國棲荒島，恐慎嫌疑不草草；逢人休恨眼無青，覽鏡自憐髮已皓。髮短心長欲問天，祖德宗功合綿延；二十四郡有義士，普天率土豈寂然。天定勝人良可必，孤臣夢夾虞淵日；西山薇蕨採未空，夷齊安忍軀命畢。〔註127〕

盧若騰深受儒家思想薰陶，本身即爲典型之儒者，雖生於國事蜩螗之世，仍嚴春秋夷夏之辨，且胸懷恢復壯志，縱使自己已是廉頗老矣，仍自詡爲義士，並不消極頹喪，故其雖棲身荒島，猶不忘報國。眼見周遭皆充斥「處窮難固而易

〔註124〕《金門志》卷15〈風俗記〉，頁392。
〔註125〕〈村塾〉，《島噫詩》〈五言古〉，頁6。
〔註126〕〈稱謂〉，《島噫詩》〈五言古〉，頁5～6。
〔註127〕〈腐儒吟〉，《島噫詩》〈七言古〉，頁21。

濫，涉世喜譽而畏譏，詭隨者多，特立者少」之人〔註128〕，盧若騰猶能砥礪名節，守「君子固窮」之義，不因困窮而易節，故其詩中有「雖饑未肯食嗟來，仍留瘦骨待君至」〔註129〕、「我雖不得食，何愧首陽夫」〔註130〕，縱使外在環境惡劣，仍如松柏屹立不搖，「不肯畏秋風」〔註131〕。反之，富貴功名亦不能縈懷，以致自道「達人自覺心如水，貧賤富貴皆爾耳」〔註132〕，而若騰所珍視者為靈明之本心，故視「黃金青史都無用，惟有靈明足自珍」〔註133〕。

（二）忠厚傳家

戰亂之際，舉世崇尚武功，大興干戈，盧若騰仍致力紙筆，並責其子饒研，克紹箕裘，而其孫勗吾，亦能繼承其志〔註134〕。其〈責子詩，次陶淵明韻〉云：

> 臧、穀均亡羊，達人考名實。世亂重干戈，空復事紙筆。嗟予及衰
> 憊，子焉寡儔匹。爾力幸方剛，克家貴擇術。所見鄰里人，從軍去
> 十七。各各庇阿翁，睚眥人股栗。爾猶讀父書，定知是蠹物。〔註135〕

金門當時從軍風氣之盛，竟高居七成，盧若騰見「里中細人從軍，其父咆哮無忌，感而賦此」，家中有兒從軍，其父可藉此狐假虎威，享有特權，足見人心道德之崩潰。

即使社會風氣日下，盧若騰也要秉持忠厚傳家之道，其〈多悔〉詩云：

> 平生多悔事，尤多文字悔；樂道人之善，筆墨無匿彩。所期勵姱
> 修，臭味芬蘭茝；乃因習俗移，面目幻傀儡。遠者十餘年，近僅三
> 兩載；多少深情者，抵掌笑吾駭。人具聖賢資，詎可逆憶待；吾自
> 存吾厚，雖悔不忍改。〔註136〕

〔註128〕〈駱亦至詩序〉，《留庵詩文集》卷下〈文集〉，頁95。
〔註129〕〈駱亦至將歸錦田，以詩告別；次韻送之〉，《島噫詩》〈七言古〉，頁18。
〔註130〕〈荒蕪〉，《島噫詩》〈五言古〉，頁4。
〔註131〕〈秋日庚子答時人〉，《島噫詩》〈五言律〉，頁33。
〔註132〕〈市人行〉，《島噫詩》〈七言古〉，頁21。
〔註133〕〈庚子元旦〉二首其一，《島噫詩》〈七言律〉，頁40。
〔註134〕《金門志》載：「盧饒研，賢聚人；尚書若騰子。若騰間關東海，勵節以終；饒研承先志，為釋衲裝，灌園自給，不問榮辱。子勗吾；字載群，淡進取；不求試，讀書不學制藝。以詩文自娛，日取祖父所著書校讎裝潢。」《金門志》卷9〈人物列傳（一）〉，頁225。
〔註135〕〈責子詩，次陶淵明韻〉，《島噫詩》〈五言古〉，頁2。
〔註136〕〈多悔〉，《島噫詩》〈五言古〉，頁3～4。

盧若騰仍一本初衷，服膺孔孟之道，樂道人之美，並不因習俗轉移而改其常度，或笑其愚駿，仍自存仁厚之心。而〈感歎〉云：

> 顏淵食埃墨，子貢望見之；豈非仁廉士，而以竊食疑。同在大聖門，註誤猶若斯；況於世人目，易為形跡移。杯中弓蛇影，誰能辨毫釐！君子自信心，禮義無欠虧；雖有流俗謗，啞然付一嗤。〔註137〕

雖是孔子門徒猶可能因誤會而受質疑，況是一般之世俗，故若騰面對流俗之毀謗，自問於禮義無虧，則坦然而付之一笑耳！因其平素信守中庸之道，故樂天知命，且認為修短隨化，不必太在乎，其〈卻病〉云：

> 昔歲遇異人，嘻笑談卻病；不必覓醫藥，不必勞祭禜。外身而身存，此方用不竟；夜睡先睡心，百念畫清淨。心睡夢不驚，念淨物何競；水既能勝火，遂脫陰陽穽。閒中時體驗，良是養生鏡；揆之聖賢教，理未金中正。有樂亦有憂，胞與在吾性；神仙縱不死，不及吾孔孟。〔註138〕

知若騰堅持儒家信仰，是以當異人教以養生卻病之祕方，為「外身而身存」時，若騰因其違背聖賢中正之道，而寧以孔孟憂樂終身、民胞物與之懷自守，亦不願求神仙長生不死之道。〈林子濩別後見懷寄詩，次韻酬之，用相勉勵共保歲寒〉二首其二云：

> 依然碧水與青山，城郭人民改昔顏；畏爾後生如鶴立，慚余疏拙伴鷗閒。文章字字關倫理，寤寐時時可往還；識得安身立命處，何妨辛苦寄人間。〔註139〕

若騰將儒家之倫理思想，視做為學之宗旨，故對其小友林霍，能做到文章字字關倫理，甚為嘉許，並期勉共保歲寒。宋明理學在窮究天人，洞徹性理，但盧若騰認為「為學莫急於明理，明理莫大於維倫」〔註140〕，天下一切大事業、大學問皆根源於倫理之實踐，故對同邑宋遺民丘釣磯之抗節不回，稱讚其倫完理愜，行誼堪為後世楷模，縱不著書立言，固足以俎豆學宮而無愧。〔註141〕

〔註137〕〈感歎〉，《島噫詩》〈五言古〉，頁 11。
〔註138〕〈卻病〉，《島噫詩》〈五言古〉，頁 12。
〔註139〕〈林子濩別後見懷寄詩，次韻酬之，用相勉勵共保歲寒〉二首其二，《島噫詩》〈七言律〉，頁 37。
〔註140〕〈丘釣磯詩序〉，《留庵詩文集》卷下〈文集〉，頁 83。
〔註141〕〈丘釣磯詩序〉，《留庵詩文集》卷下〈文集〉，頁 83。

四、觀風俗正得失

社會風俗良窳，繫乎人心之美惡，人心好猜忌、反覆無常、貪求無饜、黨同伐異，則俗必澆薄。長此以往，國家豈有不亡之理？若騰處「世態紛紜任沸羹」〔註142〕、「世事梦難定」之亂世〔註143〕，自更容易看出社會人心之遷變，故其將人心之變化、人情之變幻無常，捕捉入詩文。因之，從其詩文，可了解當時社會人心，進而一窺當時社會衝突之劇烈，及一般庶民之艱苦。

（一）世衰道微

盧若騰於〈焚餘小引〉一文，敘及其屋與書被焚，緣於鄰居因細故構釁，大姓震怒縱火，致遭波及，印證「利害相摩，生火甚多，眾人焚和」之語〔註144〕。而自盧若騰〈薄俗〉詩可知當時世風日下：

> 居無宿糧出無馬，久安義命伏草野；鼎沸乾坤未廓清，豈有短長爭難舍。……如今薄俗殊不然，加大凌貴等土苴；伯夷盜跖無定名，信口翻掀唇舌哆。……為小為賤何敢爾，發縱恃有大力者；厥性既殊毒復陰，鼎不能鑄圖難寫。招群引類排所憎，鬼彈狐沙暗中打；頃刻之間市虎成，欲令白璧同碎瓦。瓦礫珠玉終自分，萬目未眯口未啞。〔註145〕

自時人加大凌貴、皂白不分、信口雌黃、黨同伐異及暗箭傷人之惡行，可見當時社會道德感薄弱，價值觀混淆，致已淪落到是非不分，人倫綱紀淪喪之境地矣。

（二）兼併之劇

社會愈動亂，貧富差距愈嚴重，盧若騰〈荒蕪〉乃寫兼併之劇云：

> 薄田僅數畝，而不免荒蕪；世亂多豪彊，兼并恣狂圖。膏腴連阡陌，猶復爭區區；我雖不得食，何愧首陽夫！視彼飽欲死，無乃類侏儒。傷哉時與命，誰肯辨賢愚。〔註146〕

〔註142〕〈辛丑仲秋初度，王孟鄰茂才以詩寄贈；次韻答之〉，《島噫詩》〈七言律〉，頁40。
〔註143〕〈留雲洞，次前人刻石韻〉，《島噫詩》〈五言律〉，頁34。
〔註144〕〈焚餘小引〉，《留庵詩文集》卷下〈文集〉，頁98。
〔註145〕〈薄俗〉，《島噫詩》〈七言古〉，頁16。
〔註146〕〈荒蕪〉，《島噫詩》〈五言古〉，頁4。

時人貪求無饜，兼并之事亦屢見不鮮。如已坐擁膏腴阡陌之豪強，猶與貧民爭數畝薄田。相較於自己如伯夷清風亮節，俯仰無愧，餓死何妨，因此難怪盧若騰要唾罵其與侏儒無異。再如〈拗歌〉云：

> 拗叟性拗好必天，天可必乎恐未然；若道天終不可必，何以今年異去年。去年爭構連雲宅，去年爭置膏腴田；去年二八娉婷女，明珠爭買不論錢。得隴望蜀意未足，營謀最巧禍最先；良田廣宅皆易主，娉婷伴宿阿誰邊！狐死兔悲亦何益，後視今猶今視前；此翁留得記性在，雖無急性總無偏。轉禍爲福固有道，惟應刻刻念好還；人敢欺天天必怒，人解畏天天自憐。聽我長歌洩天秘，莫笑拗叟拗而顛！〔註147〕

此對汲汲於構置豪宅膏田、美女明珠之貪求無饜者，盧若騰提醒其應知福兮禍所伏及物極必反之道理，並規勸其須時時刻刻心存善念，以轉禍爲福；否則，膽敢欺天必得天譴。至若〈發塚〉一詩，乃是當時社會強凌弱之實例：

> 發塚復發塚，無數白骨委荒茸；高堂大廈密於鱗，更奪鬼區架柱栱。輪奐構成歌舞喧，夜深卻聞鬼聲訽；此屋主人皆壯士，聞之怗然稀怖恐。壯士一去不復還，血濺原草無邱壟；生存華屋幾何時，俄見因果同一種。新鬼歸覓來故居，舊鬼揶揄笑且踴。〔註148〕

貪求無饜者，動手挖墳與死人爭地，並將挖出之無數白骨任意委棄於荒草中，侵奪鬼域以構建華廈，後因舊鬼報復而命喪九泉，此誠所謂自作孽，不可活者也。

（三）人情反覆

世衰道微之時代，邪說暴行司空見慣，盧若騰感慨「人情太似石尤風，偏向急程阻去篷」〔註149〕，人性自私無情，真如頂頭逆風專打急程行人。緣此，亂世之際，世道之難行，如其〈行路難〉云：

> 行路難，不待人情反覆間。人情有正方有反，有仰方有覆；當其未反未覆時，尚覺彼此兩相關。如今人情首尾都險絕，安有正反、仰覆之二端。呼天談節俠，指水結盟壇；芬芳可以佩，甘美可以餐。

〔註147〕〈拗歌〉，《島噫詩》〈七言古〉，頁19。
〔註148〕〈發塚〉，《島噫詩》〈七言古〉，頁18。
〔註149〕〈再贈林子濩，用前韻〉，《島噫詩》〈七言律〉，頁36。

此時蜜中已藏劍，豈有肝膽許所歡。吁嗟乎！吾不能如鹿豕之蠢、
木石之頑，安能與人無往還；往還未竟凶隙成，閉門靜坐不得安。
行路難，念之使人心膽寒。〔註150〕

世風日下，人情變幻之快速，一如盧若騰於〈觀劇偶作〉中云：「嗔喜之變在
斯須，倏而狰獰倏嫵媚。抵掌談論風生舌，慷慨悲歌泉湧淚；豈有性情在其
間，妝點習慣滋便利。」〔註151〕乍看之下，似批判劇中人，實乃影射現實人
生，故盧若騰有「相識白頭渾似新，識他誰假又誰真」之感慨〔註152〕，悲嘆
人生之路難行，並將白居易歌中所云「行路難，不在水、不在山，祇在人情
反覆間」加以翻案，因當時人情首尾已險絕，又豈有正反仰覆之二端？聞之，
真令人不寒而慄。而〈見鬼〉又提及人情反覆之快云：

昨人剛見人，今日忽見鬼；猛然悟我愚，遲矣知人匪。人情深於
淵，人貌厚於雲氣；劇談天下事，顧盼一何偉！小小得喪間，便同
蟇蠭螳；假令臨死生，能無犯不韙。鬚眉本丈夫，胡為畏首尾；松
柏獨也青，歲寒今存幾？〔註153〕

人與人間不可能無往還，故對人心險惡須有所警醒，否則，若不諳於知人，
而受虛假面目所瞞騙，縱使僅是小小之利益，都極可能使對方趨之若鶩，更
遑論面臨生死存亡時，對方不會犯下大不韙之事，屆時察覺真相，才恍然大
悟，驚嚇如見鬼般，則已太遲，而這種現象在當時甚多，無怪乎盧若騰要問
後凋於歲寒之松柏今存幾？

（四）呼籲淳俗

觀風問俗之目的，在正得失，盧若騰在〈駱亦至詩序〉一文中，批評寡
廉鮮恥者其心難測，慣做牆頭草：

數年之內，初終兩截者，亦至亦既屢見其人矣。更有不凝滯於物
者，虜至則首為父老草降牒，虜退則復向侯門曳長裾；末也則又有
效郗曇之知幾，營程留之薦剡者，線索搋深、機局極秘，能使覿面
交臂者，墮其雲霧之中，而無從發辨奸之論。〔註154〕

〔註150〕〈行路難〉，《島噫詩》〈七言古〉，頁22。
〔註151〕〈觀劇偶作〉，《島噫詩》〈七言古〉，頁15。
〔註152〕〈相識〉，《島噫詩》〈七言律〉，頁41。
〔註153〕〈見鬼〉，《島噫詩》〈五言古〉，頁13。
〔註154〕〈駱亦至詩序〉，《留庵詩文集》卷下〈文集〉，頁96。

當時有唯利是圖，毫無民族氣節可言之人；亦有城府甚深，使人墮入其圈套中而不自覺之人，然而忠奸之辨，大節分際，乃在疾風知勁草，板蕩識忠臣，高節者如松柏後凋於歲寒，或似梅花香，故其〈識務〉云：

> 凡識時務者，共稱爲俊傑；瞻風而望氣，則鄙其卑劣。請問兩種人，從何處分別？時務重補救，正道天所閱；風氣在好尚，邪運人所竊。惟此天人界，辨之苦不晢。一從人起見，何事不決裂；繁華能幾時，千秋汙名節。亦或騁巧慧，邪正皆締結。平居無事日，逢人美詞說；及其臨利害，判然分兩截。獨有耿介士，不肯灰心血。
> 念念與天知，誰能相毀缺！〔註155〕

此所謂識時務之俊傑與牆頭草之別，擇善固執與瞻望風氣之分；前者乃重在補救時務，而後者則專在迎合風氣。二者淄澠難辨，易魚目混珠，然一旦涉及利害，則判然可見矣！此耿介之士如雞鳴不已於風雨之用心。

忠善之人難爲，其〈唾面〉一詩道出人要忍辱負重，不隨波逐流：

> 唾面拭之逆人意，不拭笑受人亦忌；謂怒常情笑不測，曲曲揣我心中事。當其揣我我已危，我心虛舟知者誰；祇宜匿影深林裏，莫將此面與人窺。不見我面自不唾，感君此意頻道破（屢有諷余嚴棲者）；可憐骨肉都不關，單單躲下面一個。〔註156〕

可見當時社會出處進退甚不易，因「頑鈍者，忌之所不至；柔媚者，怨之所不生。二者不全，則溷污內侵」〔註157〕。若性非頑鈍或柔媚，則動輒得咎，甚是爲難。以唾面爲例，拭亦不是，不拭亦不是，解脫之道，惟「莫將此面與人窺」一途，難怪盧若騰感嘆人心背離道德良知之道。又其〈獨醒〉云：

> 人於天地間，號爲萬物靈。禍福所倚伏，貴在睹未形；未形眾所忽，而我偶獨醒。彼醉醉視我，我言詎足聽；彼醉醒視我，我乃眼中釘。徒令明哲士，勸誦金人銘。交態閱歷遍，何殊水上萍；頃刻聚還散，風來不得寧。昔者阮嗣宗，率意轍靡停；當其路窮處，哭聲震雷霆。道傍人大笑，何事太伶仃！寸心不相踰，雙眼幾時青。
> 擬作哭笑圖，張之堂上屏。〔註158〕

阮籍窮途路哭，蓋天下多故，盧若騰雖深知禍福相倚之理，亦有靈明之性以

〔註155〕〈識務〉，《島噫詩》〈五言古〉，頁11。
〔註156〕〈唾面〉，《島噫詩》〈七言古〉，頁23。
〔註157〕見〈白業自序〉，《留庵詩文集》卷下〈文集〉，頁96～97。
〔註158〕〈獨醒〉，《島噫詩》〈五言古〉，頁8。

睹未形，然置身舉世皆濁我獨清、眾人皆醉我獨醒之世，仍難免成為別人之眼中釘，在此處境中誠然左右為難、哭笑不得也！而其〈勸世〉，勸人莫貪他人田產：

> 莫涎他人田，莫覬他人屋。涎田為種穫，覬屋圖棲宿。人生如寄耳，修短安可卜；一物將不去，底事空勞碌？況奪人所寶，內外咸怨讟。或云田屋在，堪作兒孫福；豈知機心萌，已中鬼神鏃。縱使營置多，終當破敗速。但看已前人，後車勿再覆！〔註159〕

若騰仍苦口婆心，勸諫世人，勿覬覦他人田、莫垂涎他人屋，因人生苦短，且死後亦兩手空空，帶不走任何一物，何苦白忙一場？何況營謀多，破敗也快，因此須牢記前車之鑑，莫重蹈覆轍。

綜觀上述，知當時社會人心已起巨大變化，不復昔日之淳樸無邪，而代之以汲汲營營、口腹蜜劍、貪求無饜；故盧若騰身處其間，感觸自深，拈之為詩、筆之成文，遂不自覺而呈顯出當時之社會人心矣。

五、臺金地理書寫

有關臺灣、金門，盧若騰於詩中亦予以抒寫。然因其晚年大都居住於金門，故詩中所提及有關臺灣之事，皆為耳聞；至於金門為其故鄉，親身經歷，頗為珍貴，下文將就此二者加以探討之。

（一）想像臺灣

關於臺灣，盧若騰詩中有六首言及，惟當時多以「海東」稱之，如前文述及烈婦洪和之夫許爾繩，即是「從軍遠涉大海東」，後因罹疾而客死臺灣者〔註160〕。

臺灣於拓墾之初，備嘗艱辛，實篳路藍縷，以啓山林，〈海東屯卒歌〉即寫明鄭屯卒與移民開闢臺灣之不易：

> 故鄉無粥饘，來墾海東田。海東野牛未馴習，三人驅之兩人牽；驅之不前牽不直，償轅破犁跳如織。使我一鋤翻一土，一尺、兩尺已乏力；那知草根數尺深，揮鋤終日不得息。除草一年草不荒，教牛

〔註159〕〈勸世〉，《島噫詩》〈五言古〉，頁2。
〔註160〕《澎湖廳志・藝文・詩》錄有盧若騰〈殉節篇，為烈婦洪和作〉，其詩後有按語道：「按鄭氏進取臺澎，沿海民多從之。此詩所云『從軍遠涉大海東』，即詠其事，錄之以參。」而此詩即《島噫詩》所收之〈殉衣篇為許爾繩妻洪氏作〉。《澎湖廳志》卷14〈藝文（下）・詩〉，頁458。

　　一年牛不犴；今年成田明年種，明年自不費官糧。如今官糧不充腹，

　　嚴令刻期食新穀；新穀何曾種一莖，饑死海東無人哭。〔註161〕

詩中描述海東之地雜草叢生、野牛難馴，因此雖終年揮鋤不休，草仍不除；而野牛亦不聽使喚，更遑提播種新穀，冀望秋收，故難免饑饉之患，遂有「饑死海東無人哭」之嘆，此亦反映出鄭軍亟需糧食之窘況。再者，臺灣洪水猛獸甚多，如〈長蛇篇〉云：

　　聞道海東之蛇百尋長，阿誰曾向蛇身量；蛇身伏藏不可見，來時但

　　覺勃窣腥風颺。人馬不能盈其吻，牛車安足礙其肮！鎧甲劍矛諸銅

　　鐵，嚼之靡碎似兔獐。遙傳此語疑虛誕，取證前事亦尋常；君不見

　　巴蛇瘞骨成邱岡，岳陽羿跡未銷亡。當時洞庭已有此異物，況於萬

　　古閉塞之夷荒；夷荒久作長蛇窟，技非神羿孰能傷。天地不絕此種

　　類，人來爭之犯不祥；往往活葬長蛇腹，何不翩然還故鄉！〔註162〕

可見除了荒地拓墾艱難之外，尚聞海東有巨蛇，其長百尋，來無影、去無蹤，唯聞一股腥臭味，且其胃口奇大無比，舉凡鎧甲劍矛諸銅鐵，莫不像兔獐般被嚼碎，更遑論牛車、人馬，根本無法塞其牙縫，也因此常常有被其吞噬者，因此盧若騰質疑若無后羿射巴蛇之神技，何以消滅海東長蛇，與其葬身長蛇腹，何不乾脆還故鄉！

　　《明史‧許孚遠傳》載其於萬曆二十年（1592）福建巡撫任內曾「募民墾海壇地八萬三千有奇，築城建營舍，聚兵以守；因請推行於南日、彭湖及浙中陳錢、金塘、玉環、南麂諸島。」〔註163〕此時臺灣仍不屬漢人版圖，直至鄭成功取臺，才真正建立漢人政權。而盧若騰乃較早詩寫「臺灣」者，其出現「臺灣」字眼，則見於〈東都行序〉，其云：

　　澎湖之東有島，前代未通中國，今謂之東番。其地之要害處，名臺

　　灣，紅夷築城貿易，垂四十年。近當事率師據其全島，議開墾立國，

　　先號為東都明京云。〔註164〕

明季國事日非，荷蘭人自天啓四年（1624）據臺，建臺灣城貿易，迄永曆十五年（1661）鄭成功率師驅荷復臺，建立東都明京止，荷人據臺近四十年之

〔註161〕〈海東屯卒歌〉，《島噫詩》〈七言古〉，頁24。

〔註162〕〈長蛇篇〉，《島噫詩》〈七言古〉，頁25。

〔註163〕清‧張廷玉等撰：《明史》（臺北：鼎文書局，1991年5月5版，影北京中華
　　　　書局點校本），卷283〈許孚遠傳〉，頁7285。

〔註164〕〈東都行〉，《留庵詩文集》卷上〈詩集‧五言古〉，頁12。

久，因知是詩當作於鄭成功驅荷復臺之初，故此乃臺灣文學史上極爲重要之作。〈東都行〉首段云：

> 海東有巨島，華人舊不爭。南對惠潮境，北儘溫麻程。紅夷浮大舶，來築數雉城。稍有中國人，互市集經營。〔註165〕

詩首先敘述臺灣之地理位置；荷蘭犯臺、築城貿易之事及漢人經營。次云：

> 虜亂十餘載，中原事變更。豪傑規速效，擁眾涉滄瀛。於此闢天荒，標立東都名。或自東都來，備說東都情。官司嚴督趣，令人墾且耕。〔註166〕

直至鄭成功驅荷復臺，改名「東都」，以與永曆帝之西都「肇慶」對望，並行寓兵於農政策開墾立國。其詩復云：

> 土壤非不腴，區畫非不平。灌木蔽人視，蔓草窘人行。木杪懸蛇虺，草根穴狸鼪。毒蟲同寢處，瘴泉供飪烹。病者十四五，聒耳呻吟聲。況皆苦枵腹，鍬鋙孰能擎。自夏而徂秋，尺土墾未成。紅夷怯戰鬥，獨恃火器精。城中一砲發，城下百屍橫。林箐深密處，土夷更猙獰。射人每命中，竹箭鐵鏢並。〔註167〕

續述臺灣之環境險惡，觸目所及皆灌木、蔓草、蛇虺、狸鼪、毒蟲及瘴泉，故拓墾極艱難；此外，荷蘭人又以火銃負隅頑抗，致鄭軍傷亡慘重；益以臺灣當地之原住民，又躲在叢林內以竹箭鐵鏢射殺漢人，阻撓其擴地開墾，故困難重重。實則，盧若騰所述並非誇大之辭，因證之以追隨延平王征戰之戶官楊英《從征實錄》書中記載可知：

> （永曆）十五年辛丑（1611）正月，藩駕駐思明州。……二月，藩提師札金門城，候理船隻，進平臺灣。……三月初十日，藩駕駐料羅，候順風開駕，時官兵多以過洋爲難，思逃者多。……（四月）初三日，宣毅前鎮下官兵札營北線尾，夷長揆一城上見我北線尾官兵未備，遣戰將拔鬼仔率鳥銃兵數百前來衝殺。……各近社土番頭目，俱來迎附。……緣（由）是南北路土社聞風歸附者接踵而至，各照例宴賜之，土社悉平懷服。……臺灣城未攻，官兵乏糧。……禮武鎮林福被紅夷銃傷。……改赤崁地方爲東都明京，設一府二

〔註165〕〈東都行〉，《留庵詩文集》卷上〈詩集・五言古〉，頁12。
〔註166〕〈東都行〉，《留庵詩文集》卷上〈詩集・五言古〉，頁12。
〔註167〕〈東都行〉，《留庵詩文集》卷上〈詩集・五言古〉，頁12。

縣。以府爲承天府，天興縣、萬年縣。……改臺灣爲安平鎮。……
七月，藩駕駐承天府。戶官運糧船不至，官兵乏糧，每鄉斗價至
四、五錢不等。……八月，戶官運糧船猶不至，官兵至食木子充
飢，日憂脫巾之變。……時糧米不接，官兵日只二餐，多有病沒，
兵心嗷嗷。〔註168〕

可知當時臺灣不但環境險惡，益以紅夷及原住民抵抗，漢民族在此新天地屯
墾不易。盧若騰得知此情景，慨嘆道：

相期適樂土，受廛各爲氓；而今戰血濺，空山燐火盈。浯島老杞
人，聽此憂悍悍；到處逢殺運，何時見息兵！天意雖難測，人謀自
匪輕；苟能圖匡復，豈必務遠征！〔註169〕

詩人憂心忡忡，仰頭問天「到處逢殺運，何時見息兵」？其儒家悲憫之心油
然升起，一如前詩所質疑：「何不翩然還故鄉」？遂極力反對鄭成功遠至臺灣
開疆拓土，認爲「苟能圖匡復，豈必務遠征」！

實則，明末遺老大都反對鄭成功經略臺灣，如與盧若騰私交甚篤，彼此
常有詩文往來〔註170〕，同爲「海外幾社六子」之張煌言即是。鄭成功取臺灣，
張煌言〈感事四首〉云：

箕子明夷後，還從徼外居；端然殊宋恪，終莫挽殷墟！青海浮天
闊，黃山裂地虛。豈應千載下，摹擬到扶餘！

〔註168〕明・楊英：《從征實錄》（臺北：臺灣銀行經濟研究室，1958年11月1版，《臺
　　　　灣文獻叢刊》第332種），頁184～192。《從征實錄》中朱希祖按云：「本書
　　　　書取臺灣時之困苦艱難，皆他書所未見，蓋非身歷其境，不能道也。」……
　　　　阮旻錫記此事亦有足補此書之缺者。如云：『永曆十五年十二月，改臺灣名東
　　　　寧。時以各社土田分給與水陸諸提鎮，而令各搬其家眷至東寧居住，令兵丁
　　　　俱各屯墾。初至水土不服，疫癘大作，病者十之七八，死者甚多，加以用法
　　　　嚴峻，果於誅殺；於是人心惶惶，諸將解體。』（《海上見聞錄》卷二）。……
　　　　本書又於永曆十五年三月、七月、八月屢記糧米匱乏事，……蓋至十六年正
　　　　月，思明、金門不發一船至臺灣，則臺灣已受經濟封鎖。其時開墾未多，且
　　　　未至收穫之時，自當坐以待斃矣。觀上列二事，已足見成功開闢臺灣之不易。
　　　　加以疾疫喪亡，番社叛變，其平定荷蘭二城之困難，尚不與焉。」見《從征
　　　　實錄》，頁192。按：《從征實錄》本稱《先王實錄》。
〔註169〕〈東都行〉，《留庵詩文集》卷上〈詩集・五言古〉，頁12。
〔註170〕盧若騰有〈與張煌言書〉、〈又答張煌言書〉，見《留庵詩文集》卷下〈文集〉，
　　　　頁81～82。而張煌言有〈復盧牧舟司馬若騰書〉，見明・張煌言撰、張壽鏞
　　　　編《張蒼水集》（臺北：新文豐出版公司，1988年4月臺1版，《四明叢書》，
　　　　第2集，總第5冊），卷7〈外編・遺文〉，頁267下。

閒說扶桑國，依稀弱水東；人皆傳燕語，地亦鬭蠻叢。華路曾無
異，桃源恐不同。鯨波萬里外，倘是大王風！

田橫嘗避漢，徐福亦逃秦；試問三千女，何如五百人！槎歸應有
恨，劍在豈無嗔！慚愧荊蠻長，空文採藥身。

古曾稱白狄，今乃紀紅夷；蠻觸誰相鬭，雌雄未可知！鳩居粗得
計，蜃市轉生疑。獨惜炎洲路，春來斷子規。〔註171〕

詩中明顯指責鄭成功逃離當前抗清戰鬥行列，遠遯海外臺灣。然亦婉言勸其
回師，再造逐鹿中原之機，進而掃除敵氛，故〈送羅子木往臺灣二首〉云：

中原方逐鹿，何暇問虹梁！欲攬南溟勝，聊隨北雁翔。鶯帆天外
落，蝦島水中央。應笑青河客，輸君是望洋！

羽書經歲杳，猶說袞衣東。此莫非王土，胡爲用遠攻？圍師原將
略，墨守亦夷風。別有芻蕘見，回戈定犬戎！〔註172〕

又〈得故人書至自臺灣二首〉云：

炎州東望伏波船，海燕銜來五色箋；聞有象耕芝朮地，愁無雁渡荻
蘆天。息機可是逋臣意？棄杖誰應夸父憐！只恐幼安肥遯老，藜床
阜帽亦徒然！

杞憂天墜屬誰支，九鼎如何繫一絲？鰲柱斷來新氣象，蜃樓留得漢
威儀。故人尚感褰裳夢，老我難忘伏櫪詩。寄語避秦島上客，衣冠
黃綺總堪疑！〔註173〕

張煌言與鄭成功在軍事上互爲支援，尤其以永曆十二年（1658）北征進軍長江
之役，煌言爲軍隊先導，深入安徽等地策反，克復四府、三州、二十四縣，直
至鄭軍大敗出海，煌言進退維谷，遂沈巨艦於江，焚棄輜重，由霍山山路行
二千餘里，逃歸浙江寧海。〔註174〕張與鄭誠爲反清復明最後之二股力量，但
自「中原方逐鹿，何暇問虹梁」、「此莫非王土，胡爲用遠攻」、「只恐幼安肥遯
老，藜床阜帽亦徒然」、「寄語避秦島上客，衣冠黃綺總堪疑」數句，皆諷諫
鄭成功遠逸於臺灣，可見張煌言極力反對鄭成功經略臺灣之一斑。〔註175〕

〔註171〕〈感事四首〉，《張蒼水集》卷3《奇零草》（三），頁232。
〔註172〕〈送羅子木往臺灣二首〉，《張蒼水集》卷3《奇零草》（三），頁232下。
〔註173〕〈得故人書至自臺灣二首〉，《張蒼水集》卷6《外編‧遺詩》，頁259。
〔註174〕詳見張煌言〈北征得失紀略〉，《張蒼水集》卷8，頁274～280。
〔註175〕鄭成功與張煌言對於是否攻取臺灣做爲抗清基地之見解，兩位抗清陣營領袖

盧若騰〈送人之臺灣〉一詩，首見「臺灣」二字出現於盧若騰詩題及詩歌中，其詩云：

> 臺灣萬里外，此際事紛紜。物力耕漁裕，兵威戰伐勤。水低多見
> 日，涯遠欲無雲。指顧華夷合，歸來動聽聞。〔註176〕

詩中指出臺灣遠在萬里外，物力耕漁皆富裕，然征戰頻繁，故盧若騰勉其應與臺灣土著和平共處，並希望戰爭能趕快結束。此外，其〈寄門人戴某〉（時在臺灣）云：

> 憐子經年別，遠遊良苦辛。定交多俠客，流恨託波臣！厭亂人情
> 劇，亡胡天意新。從戎舊有約，莫待魚書頻。〔註177〕

盧若騰和遠在臺灣之門人戴捷通信，略言戴捷隨鄭成功至臺已一年，慰其遠征之苦辛。仁人志士爲復國大業，拓荒海外，流恨波臣，實亦無奈。而今清虜遷海，人情厭亂，亡虜可期，故提醒其莫忘匡復濟世之初衷。

以上乃盧若騰抒寫臺灣之詩，此於其詩中所佔比例雖低，然其在臺灣文學史上之地位，則極爲重要，故不容忽視。

（二）在地金門

盧若騰於永曆十八年離開家鄉金門隨鄭經軍隊抵澎湖，曾寓居太武山下〔註178〕，金門與澎湖皆有太武山，故使人懷疑凡詩題有「太武山」者皆爲描

各有不同立場，陳洙認爲：「成功不聽煌言之言，遂取台灣，實爲上策；否則，株守金廈，雖竭全力以抗清兵，於事豈濟？吾恐鄭氏之亡，不待克塽時矣。吾於此益歎煌言之孤忠亮節，可以希蹤張、陸；而更喟然於成功者，始不愧一代之豪也！」見陳乃乾、陳洙纂輯：《徐闇公先生年譜》（臺北：臺灣銀行經濟研究室，1961年10月1版，《臺灣文獻叢刊》第123種），頁47～48。

〔註176〕〈送人之臺灣〉，《留庵詩文集》卷上〈詩集·五言律〉，頁41。

〔註177〕〈寄門人戴某〉（時在臺灣），《留庵詩文集》卷上〈詩集·五言律〉，頁41。戴某即戴捷，泉州人，永曆六年（1652）四月，鄭成功督師進攻漳城，設二十八宿營，領角宿鎮。永曆八年四月，統援勤前鎮。永曆十五年三月參與東征臺灣之役。

〔註178〕蔡守愚〈登太武山高會〉云：「所稱太武，係浯嶼鎮山，其上有十八奇諸勝。澎湖亦有此山，故傳聞之誤耳。明鼎革後，侍御盧若騰流寓來澎，隱此山下，舊有《太武遊仙詩集》今亡」，見蔣鏞：《澎湖續編》（臺北：臺灣銀行經濟研究室，1961年8月1版，《臺灣文獻叢刊》第115種），卷下〈藝文紀〉，頁93。又林樹海〈乙酉侍任澎湖，丙戌冬月言歸，賦詩誌別〉詩云：「古劍磨肝膽，奇書浴性靈（余在澎訪得盧牧洲先生遺文數冊）」。見《澎湖續編》卷下〈藝文紀〉，頁158。

寫澎湖之詩。其實不然，從詩作內容判斷應皆為金門之作。

　　浯洲稱海國，中有太武山，海拔二百五十餘公尺，特立島上，實為奇觀所萃之地。洪受《滄海紀遺》載道：「太武山雄偉莊厚，獨冠嶼上，海上人別呼為仙山。其脈由鴻漸穿波出海，至青嶼突起三小阜，逶迤凝結神區，嶒崚皆石。」〔註179〕蓋太武山自麓徂頂蓋有十餘里，近觀之狀若古戰士頭盔「兜鍪」，故以太武名之；其紛糾縈紆，若印章篆刻，故又為謂之海印。海印寺又稱太武巖寺，位於太武山東麓，坐東朝西，主祀樂山通遠仙翁，宋咸淳年間（1265～1274）建，「明萬曆九年，劇賊越獄遁，邑侯金公躬度海詣祠禱焉，賊旋受縛，亟捐俸倡紳士新之」〔註180〕，萬曆二十八年（1600）曾整修，永曆十五年（1661）春忠振伯洪旭倡議重修，時盧若騰有〈募建太武寺疏〉，周全斌、戴捷等率先捐俸響應，是年秋寺成，若騰又作〈重建太武寺碑記〉勒石其間。盧若騰於永曆十五年冬閏月又與寓島諸老同遊海印寺，有〈辛丑春重建海印巖，其秋落成矣。冬閏，洪鐘特姻丈招王愧兩、諸葛士年二先生來遊，次蔡清憲先生舊韻〉〔註181〕「洪鐘特」即洪旭，旭號念袁，「鐘特」可能其字。〔註182〕「清憲」為蔡復一諡號，清憲〈九日登太武巖〉詩為：「仙嶼孤

<hr/>

〔註179〕　明・洪受：《滄海紀遺》（金門：金門戰地政務委員會，1969年6月1版，王秉垣、李怡來點校本），卷1〈山川之紀〉，頁2。又見清・林焜熿纂：《金門志》（臺北：臺灣銀行經濟研究室，1960年10月1版，《臺灣文獻叢刊》第80種），卷2〈分域略・山川・太武山〉，頁8～9。盧若騰〈募建太武寺疏〉云：「古所稱海上三神山，以其在人世之外，故神之也。若夫人世之內，海上之奇稱者，我浯而外無兩焉。鴻漸一龍，奔入大海，天霽水澄，石骨稜稜可辨。蜿蜒起伏，挺為巨岩，盤結十餘里，全體皆石，狀類兜鍪，尊嚴莊重之勢，不屑與翠阜蒼巒爭妍競秀，名曰太武，厥有繇也。」見《留庵詩文集》卷下〈文集・疏〉，頁68。

〔註180〕　〈募建太武寺疏〉，《留庵詩文集》卷下〈文集・疏〉，頁69。

〔註181〕　《島噫詩》〈七言律〉，頁40～41。按：《留庵詩文集》，〈遊太武巖〉詩序作：「辛丑春重建太武海印巖，其秋落成矣。冬閏洪鐘，特姻丈招王愧兩、諸葛士年來遊，次蔡清憲先生舊韻」〉此標點有誤。筆參考王忠孝〈同忠振伯洪鐘特招司馬盧牧州、光祿諸葛士年遊太儔山漫題〉，知洪鐘特即忠振伯洪旭。見明・王忠孝：《惠安王忠孝公全集》（南投市：臺灣省文獻委員會，1993年12月1版），卷10〈詩類〉，頁229。

〔註182〕　按：金門縣文獻委員會編《金門先賢錄・洪念袁明鄭股肱》云：「洪旭，字念袁，或謂字念蓋，號九峰。」見金門縣文獻委員會編：《金門先賢錄》（金門：金門縣文獻委員會，1972年6月1版），頁51。然據林焜熿《金門志・人物列傳・武績・洪公掄傳》引《留庵文集》云：「（洪公掄）子旭，號念袁。唐王時以軍功得官，鄭成功甚重之。累官中提督，封太子太師、忠振伯。次子

懸雪浪春，桑麻舊話課鄉鄰。飲從十日抽身暇，山別多年入眼新。小鳥呼名時報客，幽花迷徑卻依人。雲岩月照香泉好，一酌松風濯世塵。」〔註183〕盧若騰次其韻云：

> 勝賞雖遲猶小春，同遊況復有芳鄰。不深花木枝枝秀，無大洞天曲曲新。泉故噴香迎茗客，石爭呈面待詩人。雨奇晴好都經眼，（時久旱喜雨旋即晴霽）澆盡世間萬斛塵。〔註184〕

本詩首聯點出諸人遊海印寺之季節與原由：永曆十五秋海印寺重修落成，冬閏月，若騰姻丈洪旭招王忠孝、諸葛倬同遊；故冬閏月「猶小春」，亦是「芳鄰同遊」之本事也。頷聯描寫太武山地靈人傑，海印寺旁花木扶疏，處處洞天寶穴。頸聯之「泉」指蟹眼泉，「石」指丁一中題詩眠雲石上（下詳）。尾聯「雨奇晴好都經眼」轉化蘇軾〈飲湖上初晴後雨〉「水光瀲灔晴方好，山色空濛雨亦奇」之意〔註185〕，盛讚太武山之美。是時久旱逢雨，天降甘霖，企望如法雨廣佈，洗滌人心。

太武山最著名石刻乃眠雲石上「丁少鶴登太武山詩碑」，其旁風動石有「鳴鶴」二字刻石，二石刻為明穆宗隆慶六年（1572）泉州同知丹陽丁一中

暄，字調五；為水澎遊擊。」《金門志》卷11〈人物列傳·武績·洪公掄傳〉，頁271。洪旭為金門後豐港人，詩題中盧若騰稱洪旭為姻丈，二人關切極親，所言自應不致有誤。

〔註183〕蔡復一：〈九日登太武巖〉，見《金門志》卷14〈藝文志·詩〉，頁380。蔡復一（1576～1625），金門蔡厝人，字敬夫，號元履。幼絕慧，年十二，作〈范蠡傳〉萬餘言；父用明見之；驚曰：「幾失吾兒！」萬曆二十二年（1594）舉人；二十三年乙未科進士。年十九，給假歸娶。授刑部主事；即疏劾石星冒殺，平民要功狀，御審處死，中外憚之。歷員外郎；丁兩艱，服除補兵部車駕，遷武庫郎中。每籌邊事，司馬採以入告前；後疏凡十餘上。天啟二年（1622），以右副都御史撫治鄖陽兼制三省，尋以都察院右僉都御史總督貴州、雲南、湖廣軍務兼巡撫貴州，賜尚方劍，便宜從事，節制五省。聞命，即提師走遵義六廣河搗其腹，咨蜀設疑兵牽之；乃駐沅州召集將吏，遣總理魯欽等救凱里，斬賊眾，進克岩頭寨。後卒於平越軍中，熹宗嘉其忠勤，贈兵部尚書，賜祭葬，諡「清憲」。復一學博才高，諸著作皆崇論宏議；至書牘奏議之文，慷慨談天下事，切中時弊。而詩則出入漢、魏、唐、宋間，居然一代名作。生平耿直，負大節，有志聖賢之學；經濟文章，特其緒餘，著有《遯庵文集》、《遯庵詩集》等。

〔註184〕〈遊太武巖〉，《留庵詩文集》卷上〈詩集·七言律〉，頁48。

〔註185〕北宋·蘇軾著、清·王文誥等輯註：《蘇軾詩集》（北京：中華書局，1982年2月1版，1992年4月3刷，孔凡禮點校本），卷9〈飲湖上初晴後雨〉二首其二，頁430。

與柳遇春、蔡存淵（蔡獻臣族兄）等十餘人同遊太武山所刻，其〈登太武山〉二律云：「泉南萍跡偏群山，太武由來尚未攀。此日乾坤一俯仰，浮生身世幾間關。碧池浸月諸天淨，白石眠雲萬慮閒。獨坐翠微空闊甚，夕陽吟嘯不知還。」「奇勝誰登絕徼山，嶙峋偏自愛躋攀。蒼波四面浮瓊島，青壁千重護玉關。北望五雲天闕遠，南瞻萬里海濤閒。令威舊識蓬瀛路，便擬乘風駕鶴還。」〔註186〕盧若騰登太武山乃有《太武巖次丁二守刻石韻》二首，其詩云：

> 溟渤之奇萃此山，欲舒望眼一躋攀。幽巖舊是神仙窟，絕島今為虎豹關。隔海鼓鼙猶日競，勤王羽檄幾時閒。山靈未厭懷柔德，應護周家故物還。

> 悲秋思動強登山，峭壁懸崖次第攀；拂桂看詩憐苦韻，逢人閒論破愁關。見猜猿鶴偏因亂，遍識石泉總未閒。最喜客傳朝報至，捷書新自秦中還！〔註187〕

盧若騰和丁一中詩韻，卻反用其意：前者乃藉登覽萃奇之太武山，而興起故國山河變色、戰鼓不息之感慨，並冀望早日偃鼓息兵，收復疆土。後者則敘其秋日登太武山，然因戰亂而悲愁滿懷，故最喜秦中傳來捷報。二詩似寫太武山，實乃藉之以詠懷。

盧若騰又有〈仲秋初度登太武巖，次蔡發吾韻〉云：

> 奇觀十二豈虛哉，衰亂誰矜能賦才。興到狂歌頻看劍，人來載酒且銜杯。夜闌獨伴雞聲舞，曉望何多蜃氣臺。弧矢半生成底事，可堪白髮鬢邊催。〔註188〕

本詩所次韻乃蔡發吾〈太武山登眺〉五首其一：「縹渺之峰亦壯哉，登臨況復

〔註186〕「丁少鶴登太武山詩碑」，見何培夫主編：《金門・馬祖地區現存碑碣圖誌》（臺北：國立中央圖書館臺灣分館，1999年6月1版），頁137～138。該書作「丁少鶴攀太武山詩碑」。「浮生身世幾間關」，該書釋文作「浮生身世幾闋關」，不確。《滄海紀遺》作：「泉南萍跡偏群山，太武從來猶未攀。此日乾坤一俯仰，浮生身世幾間關。碧池浸月諸天靜，白石眠雲萬慮閒。獨坐翠微空闊甚，夕陽吟嘯不知還。」「奇勝誰登絕頂山，嶙峋偏自愛躋攀。滄波四顧浮瓊島，青壁千尋護玉關。北望五雲天闕遠，南瞻萬里海濤閒。令威舊識蓬萊路，便擬乘風駕鶴還。」見《滄海紀遺》卷9〈詞翰之紀〉，頁63。

〔註187〕〈太武巖次丁二守刻石韻〉二首，《留庵詩文集》卷上〈詩集・七言律〉，頁44。

〔註188〕〈仲秋初度登太武巖，次蔡發吾韻〉，《島噫詩》〈七言律〉，頁35。

有群才。十年馳騁餘雙眼，萬事浮沉共一杯。日照山嵐飛錦繡，霧收海氣起樓臺。與君重約知何日，爲報暮鐘且莫催。」〔註189〕太武山有十二奇景：海印巖、玉几案、浸月池、眠雲石、偃蓋松、跨鰲石、石門關、蟹眼泉、倒影塔、千丈壁、古石室、一覽亭。自古文人雅士愛吟詠之，如洪受〈次丁公韻排成十二景〉云：「武巖玉几羨名山，此日跨鰲頂上攀。一號蟹泉通石室，千尋翠壁鎖門關。中峰有塔天猶近，眠石無心雲自閒。覽罷歸來池醮月，松風籟籟人自還。」〔註190〕但自喪亂以來，江山寂寥，風雅不再。盧若騰仲秋登臨太武山，風景不殊，卻人事全非。詩人載酒狂歌，或挑燈看劍，或聞雞起舞，志在中興。最後則以沉痛之慨嘆，舒發壯志難酬之悲憤，想到清虜之逼侵屠掠，想到反清陣營之分崩離析、想到百姓之苦難、想到所有愛國志士之遺民苦節，理想與現實形成強烈之對照，眞如辛稼軒所云：「了卻君王天下事，贏得生前身後名。可憐白髮生！」〔註191〕

　　盧若騰與太武山尙有一段公案未解，其緣於爲王烈婦太武山立碑之事。其〈刊名〉：

> 我生大亂際，不幸兼兩累；人識我姓名，我復識文字。雖無金石
> 詞，亦或動痼嗜；而皮裏陽秋，未免觸猜忌。耿耿王烈婦，從容死
> 就義；立碑表貞媀，敍述頗詳備。巍巍太武山，孕毓多瑰異；警句
> 頌山靈，標之山頭寺。我名署其後，今皆遭剗刊。若笑文字劣，何

〔註189〕蔡發吾：〈太武山登眺〉，見《滄海紀遺》卷9〈詞翰之紀〉，頁65。蔡守愚，字體言，號發吾；金門平林人。萬曆十三年（1585）舉人；十四年乙酉科進士。授南儀制司主事，後丁內艱，歸葬；服除，授工部屯田司主事，督理易州、龍灣二廠。是時方急殿工，物力告詘，力贊大司空疏借內帑，以郡國贖輸補償之。得報，命升四川副使，分巡上川。土酋肆掠，播州尤甚，討平之。晉參政，旋擢按察司，升右布政，皆分道川南。會六詔不靖，中丞喬公薦守愚以原官移節。復畫善後諸策，爲建南綏安計，備殫心力。數年間，小犯小勝，大犯大勝。以積勞成痞病，報滿乞休者三；而兩臺苦留之。邊雲南左布政，致仕。諸番肖守愚像於宏化寺。守愚嘗署藩篆一月，籍羨金千餘無所取。嘗曰：「吾居蜀十四年，不敢受各屬一果一菜，不敢取地方一粟一絲，不敢任喜怒而出入一罪，不敢聽囑託而臧否一人、不敢傳舍官府，不敢秦越軍民。」守愚爲詩有魏、唐風味，文出入經史，自足名家；具載《百一齋稿》中。年七十卒。

〔註190〕〈次丁公韻排成十二景〉、〈詠太武山十二奇〉，分見《滄海紀遺》卷9〈詞翰之紀〉，頁63、66。

〔註191〕南宋·辛棄疾撰、鄧廣銘箋注：《稼軒詞編年箋注》（上海：上海古籍出版社，1993年10月增訂1版），卷2〈破陣子〉爲陳同甫賦壯詞以寄，頁242。

不以名示？姓名果不祥，何不並人棄？陰陽避就間，畢竟同兒戲。

　　木伐跡且削，大聖有斯事；似我今所遭，未須生忿志。〔註192〕

盧若騰曾為王氏招娘撰記，立碑在太武山之山頭寺王氏墓側，稱頌王招娘能
從容殉夫之行。文亦存於《留庵文集》中，可惜今已遺佚，然據《金門志‧
列女傳‧烈婦》之引述可知其詳。〔註193〕孰料立碑之後，盧若騰所撰碑文及
署名，竟遭他人剷削，此行徑極為卑劣。發生此等惡行，對一向民風淳樸之
金門，造成議論紛紛，而盧若騰卻曠達以對，覺得不須因此氣憤難平。不過
當時金門島上，何人故意將盧若騰所撰碑文損毀，則不得而知；而此太武山
殘碑今已不存。

　　再者，金門有四大名泉，泉水皆出自花崗岩層中，曰蟹眼第一、龍井第
二、將軍第三、華嚴第四。盧若騰〈浯洲四泉記〉云：「浯之為洲，大海環之。
地本斥鹵，泉鮮清甘，茗飲者病焉。蓋茗之香味，不得佳泉不發；而島上之
泉，非出自石中者不佳。予不能酒，而有茗癖，終日與泉作緣。」〔註194〕上
引〈遊太武巖〉詩中「泉故噴香迎茗客」乃指太武山蟹眼泉，「蟹眼出太武山
巔，泉竅噓吸，象蟹眼之轉動」〔註195〕。而華嚴泉者，若騰之〈華嚴泉〉詩
序曰：「浯中佳泉，蟹眼、將軍與華嚴而三耳；華嚴地僻名隱，偶過淪茗，賦
以表之」，其詩云：

　　石罅流涓涓，幽香自可憐；未經嘗七碗，幾失第三泉。跡古僧銘
　　在，源深海眼傳；冷然逢夙契，欲去更流連。〔註196〕

此為永曆十二年（1659）秋，盧若騰偶過華嚴菴，試其天井中石泉，而善之

〔註192〕〈刊名〉，《島噫詩》〈五言古〉，頁10～11。
〔註193〕《金門志‧列女傳‧王氏招娘》云：「王氏招娘，詔安五都人；嫁同里高對（按
　　　　「縣志」，昭娘遺其姓，王對妻。茲據《留庵集》補之）。對弱冠從戎，明季
　　　　攜婦僦居金門。已而對溺死北茄洋；訃聞，以死自誓。或勸之曰「若娘五月
　　　　矣，為而夫血食計，盍俟諸？」昭娘泣曰：「即產，男女不可知，且吾一拙婦
　　　　人耳，內外伶仃，飄泊異鄉，藉手以撫呱呱者安在乎？異日者毀節以存孤，
　　　　孰與蚤自引決之為無憾也。」周七日，追薦亡夫並舅姑，以舊衣餘物分遺鄰
　　　　婦，從容縊死。寓島諸客，醵金葬之；復立碑墓側，盧若騰撰記（《留庵文集》）。」
　　　　《金門志》卷13〈列女傳‧烈婦‧王氏招娘〉，頁356。
〔註194〕〈浯洲四泉記〉，《留庵詩文集》卷下〈文集‧記〉，頁112。
〔註195〕〈浯洲四泉記〉，《留庵詩文集》卷下〈文集‧記〉，頁112。
〔註196〕〈華嚴泉〉詩序云：「浯中佳泉，蟹眼、將軍與華嚴而三耳；華嚴地僻名隱，
　　　　偶過淪茗賦以表之。」見《留庵詩文集》卷上〈詩集‧五言律〉，頁37。按
　　　　《島噫詩》以詩序為詩題，作〈浯中佳泉，蟹眼、將軍與華嚴而三耳；華嚴
　　　　地僻名隱，偶過淪茗，賦以表之〉，《島噫詩》〈五言律〉，頁33。

曰：「蟹眼、將軍而外，此其鼎之一足乎？」〔註197〕遂題壁紀事，即本詩也。

以上爲盧若騰所描寫有關臺灣、金門之詩，自詩中亦可見其描寫二者之著重點不同，故所顯現出之風格自異。

六、詠物寫志寄情

詩以詠物，蓋以其最足以興懷，如《文心雕龍・明詩》所云：「人稟七情，應物斯感，感物吟志，莫非自然。」〔註198〕《文心雕龍・物色》又云：「是以詩人感物，聯類不窮，流連萬象之際，沉吟視聽之區；寫氣圖貌，既隨物以宛轉；屬采附聲，亦與心而徘徊。」〔註199〕康熙御敕〈佩文齋詠物詩選序〉云：「故夫詩者，極其至，足以通天地、類萬物，而不越乎蟲魚草木之微，詩之詠物，自三百篇而已然矣。孔子曰：『邇之事父，遠之事君，多識於鳥獸草木之名。』夫事君事父，忠孝大節也，鳥獸草木，至微也；吾夫子並舉而極言之。然則詩之道，其稱名也小，其取類也大。即一物之情，而關乎忠孝之旨，繼自騷賦以來，未之有易也。此昔人詠物之詩所由作也歟。」〔註200〕詠物詩不應只停留於「寫物圖貌」，單純刻劃所詠之物的外在形貌，應作更深層之情感呈現與意義開掘，尤其著重作者主觀精神，或審美體驗，藉由物象來傳達特殊之歷史文化內涵，故優秀之詠物詩在於託物寄懷。

盧若騰詠物詩，舉凡馬、古樹、桀犬、石、石尤風、甘蔗、番薯、鬼鳥及長蛇等皆在歌詠之列，而其指物而詠者，並非單純詠物而已，乃「取比象者」〔註201〕，藉物以寫志，甚至帶有比興寄託之意，故下文將就此加以探析，

〔註197〕〈浯洲四泉記〉，《留庵詩文集》卷下〈文集・記〉，頁112。

〔註198〕《文心雕龍・明詩》，南朝梁・劉勰撰、范文瀾注：《文心雕龍注》（臺北：宏業書局，1975年2月1版），卷2〈明詩〉，頁65。

〔註199〕《文心雕龍・物色》，《文心雕龍注》卷10〈物色〉，頁693。俞琰〈詠物詩選序〉云：「詩感於物，而其體物不可以不工，狀物者不可以不切。於是詩有詠物一體，以窮物之情，盡物之態。」清・俞琰編選：《詠物詩選》（成都：成都古籍書店，1987年訂正1版），頁2。

〔註200〕〈佩文齋詠物詩選序〉，清・張玉書等編：《御定佩文齋詠物詩選》（臺北：臺灣商務印書館，1986年3月1版，影印文淵閣《四庫全書》，第1432冊），頁1下。

〔註201〕范仲淹〈賦林衡鑑序〉認爲：「指物而詠者，謂之詠物，……取比象者，謂之體物。」北宋・范仲淹：《范仲淹全集・別集》（成都：四川大學出版社，2002年9月1版，李勇先等校點本），卷4〈賦林衡鑑序〉，頁509。

惟自石尤風之後四者，前文已言及，請參看之，此處不贅。

（一）詠動物

　　盧若騰詠物題材中，以詠馬最多，可見其與馬之深厚情感，間作馬語，以代寫心聲，更顯現彼此兩相得之情景，故極為生動。如〈病馬〉即寫人與馬同病相憐，流露出民胞物與之胸懷，情深意摯，令人動容，其詩云：

　　　　入門作病人，出門騎病馬；可堪貧如洗，兩病都著啞。我馬不能
　　　　言，主人筆代寫；所病病在饑，消瘦剩兩踝。無復霜雪蹄，遲遲行
　　　　其野；感主相憐意，垂鞭不忍打。他人富芻粟，食多恩恐寡；願守
　　　　主人貧，忍饑伏櫪下。〔註202〕

「我馬不能言，主人筆代寫」已寫出馬之心聲，說明此馬之所以消瘦剩兩踝、不能昂揚奮蠶馳騁千里，只能遲遲行其野之故，乃因饑也。其實，馬之饑乃暗寫盧若騰之窘困，故而〈馬語〉云：

　　　　士卒方閒暇，清野窮晝夜；獨有嚴令下，牧馬禁傷稼。均是百姓之
　　　　膏脂，士飽欲死馬偏饑；民謂縱士枵我腹，馬謂借我塗民目。民聲
　　　　悢，馬語誹；誰解者，陽翁偉。〔註203〕

是否舉世皆饑，非也，惟民與馬耳！至若兵卒則撐飽欲死，無怪乎「民聲哀，馬聲誹」。此盧若騰借寫馬以寄寓士卒搜刮民脂民膏之意。

　　主人無力供馬糧，不忍愛馬挨餓消瘦，故惟有遣去一途，其〈遣馬〉云：

　　　　久矣勞爾力，不能充爾食；爾意亦良厚，忍饑依我側。我貧日以
　　　　甚，爾饑日以逼；中夜聞悲鳴，使我心淒惻。我無媚俗骨，宜與窮
　　　　餓即；忍併爾軀命，市我弊帷德。贈將愛馬人，剪拂生氣色；努力
　　　　酬勞養，馳驅盡若職。道途倘相逢，長嘶認舊識。〔註204〕

在人病馬饑之情況下，彼此雖惺惺相惜，終不忍見馬因己固窮而餓死，在無可奈何之下，遂有遣馬之舉。將之贈與愛馬人，使得騁千里之才，並勉其善盡馳驅之職，異日若路途相逢，則以長嘶認舊識。另如〈舊馬過門〉寫人與馬之間的真情，自然流露而不矯情，其詩云：

　　　　別去經春夏，偶然過我門；望中生急步，立久轉悲喧。不忍貧相

〔註202〕〈病馬〉，《島噫詩》〈五言古〉，頁2。
〔註203〕〈馬語〉，《島噫詩》〈七言古〉，頁24～25。
〔註204〕〈遣馬〉，《島噫詩》〈五言古〉，頁3。

失，長懷舊有恩；人情多愧爾，惆悵更何言！〔註205〕

果然於遣馬半載之後，因舊馬過門而偶然相遇，盧若騰睹此內心悲喜交加，馬非但能體諒其苦衷，不恨其半途相棄，且對之長懷舊恩，若騰此時則中心有愧，倍增惆悵之情。

至於寫犬者，若騰有〈桀犬〉一詩，其詩云：

桀犬慣吠堯，於堯何所傷；假令不吠堯，於桀何所償。既飽桀芻豢，應喻桀心腸；桀威日以熾，犬吠日以揚。桀竟南巢去，犬亦喪家亡；無復聲如豹，祇覺膽似獐。四顧乞人憐，搖尾在道傍。叮嚀世上犬，勿效主人狂！〔註206〕

此借寫桀犬吠堯，以喻仗勢欺人者，在當時雖能作威作福，但畢竟不長久，將淪為喪家之犬到處搖尾乞憐，最終將銷聲匿跡；因此寄寓狗仗人勢者，應多三思其後果。

（二）詠古樹

盧若騰詠樹之作，有〈古樹〉二首，其一「哀樂與人殊，天道豈泯泯！」〔註207〕乃諷刺富人為富不仁，而其二：

移借島中寓，移植島中樹；跨城以為梯，撤屋以為路。若道家在島，忍招鄰里怒；若道島非家，花木豈忍務！念此彈丸地，顛危在旦暮；一移此中來，再移何處住？譬之群燕雀，屋下安相哺；突決棟宇焚，懵然周知懼。〔註208〕

浯島聚集各旅義師，本應同舟共濟，和平相處，進而完成復國大業。其實不然，此則寫寓島軍閥豪霸以犯眾怒之行徑，移植島上古樹，以為自家造景之飾；拆屋毀城，以為自家通行之道路。這種自私自利行徑，任意破壞島上資源，完全不珍惜在地鄉土情感，令人髮指。於此喪亂之際，盧若騰以燕雀安於屋下為喻，奉勸這班自私之徒應居安思危，覆巢之下豈有完卵。

（三）詠巨石

盧若騰詠石之詩，除前文言及之〈石丈〉外，尚有〈石言〉（鼓岡湖諸石，為董沙河劖刻殆盡）一首，其詩云：

〔註205〕〈舊馬過門〉，《島噫詩》〈五言律〉，頁33。
〔註206〕〈桀犬〉，《島噫詩》〈五言古〉，頁12。
〔註207〕〈古樹〉二首其一，《島噫詩》〈五言古〉，頁10。
〔註208〕〈古樹〉二首其二，《島噫詩》〈五言古〉，頁10。

我家南溟濱，湖山隱荒僻；日月幾升沈，雲煙相疊積。何來沙河翁，僑寓事開闢；欲以文字位，易我混沌席。臥者劏其腹，立者雕其額；伏者琢其背，蹻者鐫其跖。湖光照山容，傷痕紛如列。我頑亦何知，聞之屢遊客；不誇筆墨奇，但歎湖山厄。勝事未足傳，我骨碎何益！願言風雅人，高文補其隙。〔註209〕

此乃以擬人化口吻，寫鼓崗湖諸石控訴新住民董颺先濫墾亂題，破壞自然生態。詩中被點名者董沙河即晉江董颺先，乃鄭成功夫人董酉姑之叔父〔註210〕，崇禎十年（1637）進士，曾官泰州知府僉事〔註211〕、廣東雷廉道〔註212〕。明鄭時期避難浯州古坑村，隱居於獻臺山，「鑿石爲室，自題『正冠』二字，上有詩，旁鐫『石洞天』三字」；獻臺山下，鼓崗「湖畔釣磯，颺先垂釣於此；前俯漂布石，鐫『董子垂釣』四字。」〔註213〕同時董颺先在石室旁築有一亭，可觀覽鼓崗勝景，亦於亭後巨巖上題鐫「鬭沌」兩字。另魯王「漢影雲根」石側，近年又新發現「湖海釣狂」狂草七絕一首。以上所舉，皆是當時董颺先所題刻，難怪盧若騰忿忿不平，指責鼓崗湖諸石被董颺先劙刻殆盡，「臥者劏其腹，立者雕其額；伏者琢其背，蹻者鐫其跖」，整座山巖湖畔，傷痕累累。董颺先鑿石爲屋，垂釣鼓崗，置身山光水色中，固屬風雅，但到處濫墾濫題，逞其一己之遂與筆墨之奇，反是湖山之厄。緣此，傳達盧若騰反對任意破壞自然環境之思想。若欲以人工取代自然，將造成渾沌之死。

　　上述乃盧若騰詠物之作，知其並非單就某一對象進行賦詠而已，乃藉詠物以寫志，所寫之志雖不相同，歸納之，皆屬於反映社會現實、關懷民生之

〔註209〕〈石言〉（鼓岡湖諸石，爲董沙河劙刻殆盡），《島噫詩》〈五言古〉，頁4。

〔註210〕《小腆紀傳・列傳・列女》云：「董夫人，延平王朱成功妻也。父容先，爵里不可詳。」清・徐鼒：《小腆紀傳》（臺北：臺灣銀行經濟研究室，1963年7月1版，《臺灣文獻叢刊》第138種），卷60〈列傳・列女〉，頁866。但據鄭克塽〈鄭氏附葬祖父墓志〉云：「祖母董系明進士禮部侍郎董諱颺先公胞任女。」見廈門市鄭成功紀念館編《鄭成功族譜四種・附錄》（福州：福建人民出版社，2006年1月1版），頁266。

〔註211〕據清・方鼎等修、朱升元等纂：《晉江縣志》（臺北：成文出版社，1967年2月1版，影乾隆三十年刊本），卷8〈選舉志・明進士・崇禎十年〉，頁183。

〔註212〕據左樹變修、劉敬纂：《金門縣志》（北京：九州出版社，2004年12月1版，《臺灣文獻匯刊》影1921年鈔本，第5輯，第2冊），卷20〈列傳十一・流寓・董颺先傳〉，頁137。

〔註213〕《金門志》卷1〈山川・獻臺山〉，頁10。按：獻臺山爲古崗環湖諸山之總稱：包括赤山、賊山、大帽山、梁山等。文中所述石刻皆在今金城鎮古城村古崗。

主題，可見其仁民愛物之天性。

七、諷刺鄭軍軍紀

　　盧若騰詩中諷刺鄭彩等軍隊在浯洲島上軍紀敗壞之實景，是極珍貴史詩，鄭彩爲鄭芝龍族弟，自隆武二年（順治三年，1646）起與其弟鄭聯即佔踞金廈。永曆元年（順治四年，1647）春，又有鄭芝龍舊部將楊耿分踞浯洲，搜括強奪，縉紳多罹其毒，尤以是年九月決後浦堤岸，百頃良田盡爲海國，遺禍金門數十年，實天怒人怨。〔註214〕

　　永曆二年（順治五年，1648）海上藩鎮分駐於各島，「糧餉缺乏，取之民間，而鄭彩營將章雲飛等擾民尤甚」〔註215〕。永曆四年（順治七年，1650）八月，鄭成功回師廈門，取鄭聯軍兵。據《閩海紀要》載：

> 時金、廈兩島尚爲建國公鄭彩、定遠侯鄭聯所據，肆虐不堪，民不堪命；其守將章雲飛尤橫。成功乃與陳霸議曰：「兩島本吾家土地，彼兄弟所據，肆橫無道，大爲不堪！」乃嚴部署，自揭陽回軍，於中秋夜抵廈門。聯方醉萬石巖，報至，不得入。詰朝出見成功於舟中，交拜甚歡。成功笑曰：「兄能以一軍相假乎？」聯未對，執銳者前矣，唯唯惟命。于是麾軍過船，聯將皆降，海上軍皆屬焉。惟彩率所部遁去，飄泊數年；成功招之還，以病卒于家。〔註216〕

鄭聯在島專事遊宴，民不堪命，其將章雲飛，恣肆不道，成功率甘輝等精兵五百，船四隻，中秋夜泊鼓浪嶼，乘聯無備襲之，聯降，併其軍，可四萬餘人。鄭彩率部遁南中，成功遣洪政招之，彩願盡解其兵，全軍付之，成功遂兼有兩島。〔註217〕永曆六年（順治九年，1652）以鄭泰守金門，四月成功移師金門之白沙，親歷各要口，以鄭擎柱爲知府，築礮臺，撥勁旅守之。五月，成功練兵後浦。十五年，鄭成功思取臺灣，謀闢疆土，仍以鄭泰守金門，泰家貲以百萬計，民遭其毒甚深。

　　就軍事集團而言鄭彩、鄭聯、楊耿、鄭泰皆隸屬於鄭成功，鄭成功治軍

〔註214〕參引《金門志》卷16〈舊事志‧紀兵〉，頁402。

〔註215〕清‧阮旻錫：《海上見聞錄》（臺北：臺灣銀行經濟研究室，1958年8月1版，《臺灣文獻叢刊》第24種），卷1，頁6。

〔註216〕清‧夏琳：《閩海紀要》（臺北：臺灣銀行經濟研究室，1958年4月1版，《臺灣文獻叢刊》第11種），卷上〈庚寅〉，頁7。

〔註217〕參引《金門志》卷16〈舊事志‧紀兵〉，頁402。陳漢光等修《金門縣志》卷6〈歷代兵事〉，頁21。

極爲嚴明，乃史上少見，即使如此，在浯島軍閥亦胡作非爲，詩人筆下仍大加撻伐。首先如〈借屋〉云：

> 借屋復借屋，屋借惡客主人哭；本言借半暫居停，轉瞬主人被驅
> 逐。亦有不逐主人者，日糜主薪食主穀；主人應役如奴婢，少不如
> 意遭鞭扑。或嫌湫隘再遷去，便將主屋向人鬻；間逞豪興構新居，
> 在在隙地任卜築。東鄰取土西鄰瓦，南鄰移石北鄰木；旬日之間慶
> 落成，四鄰舊巢皆傾覆。加之警息朝夕傳，土著盡編入冊牘；晝不
> 得耕夜不眠，執殳荷戈走僕僕。此地聚廬數百年，貧富相安無轕
> 轢；自從惡客逼此處，丁壯老稚淚盈目。人言胡虜如長蛇，豈知惡
> 客是短蝮！〔註218〕

詩中描寫軍隊強制借屋，粗暴之軍人反客爲主，不是屋主被驅逐，就是主人應役如奴婢。對待屋舍之態度亦極爲惡劣，不是任意拆屋增建，就是鬻屋了事。造成當地原住民舊巢皆傾覆，如此行徑與胡虜有何異。再如〈甘蔗謠〉云：

> 嗟我村民居瘠土，生計強半在農圃；連阡種蒔因地宜，甘蔗之利敵
> 黍稌。年來旱魃狠爲災，自春徂冬暵不雨；晨昏抱甕爭灌畦，辛勤
> 救蔗如救父。救得一蔗值一文，家家喜色見眉宇。豈料悍卒百十群，
> 嗜甘不恤他人苦。拔劍砍蔗如刈草，主人有言更觸怒；翻加讒譖恣
> 株連，拘繫榜掠命如縷。主將重違士卒心，寨而縱之示鼓舞；仍勸
> 村民絕禍根，爾不蒔蔗彼安取！百姓忍饑兵自靜，此法簡便良可詡；
> 因笑古人拙治軍，秋毫不犯何其腐！〔註219〕

旱魃爲災，百姓搶救甘蔗，辛勤抱甕灌畦，無非企盼有所收成。豈料悍卒成群糟蹋蔗園，拔劍亂砍如割草，主人敢怒不敢言，否則小命難保。古人治軍，標榜秋毫不犯，愛民保民土，而今主將卻縱容士卒爲非作歹，詩中「拔劍砍蔗如刈草」，形象化寫出兵士糟蹋百姓辛苦栽種甘蔗之具體事實，此見鄭軍軍紀敗壞之甚。故〈驕兵〉乃批判「驕兵如驕子，雖養不可用」〔註220〕，兵心縱、軍紀壞，則養兵反成嗜血蛇蝎，必殃及民。

兵卒握有武力強權，並藉此強權不斷對百姓施暴，盧若騰〈田婦泣〉云：

〔註218〕〈借屋〉，《島噫詩》〈七言古〉，頁 17～18。
〔註219〕〈甘蔗謠〉，《島噫詩》〈七言古〉，頁 16～17。
〔註220〕〈驕兵〉，《島噫詩》〈七言古〉，頁 20。

海上聚兵歲月長，比來各各置妻房；去年只苦兵丁暴，今年兼苦兵
婦強。兵婦群行掠蔬穀，田婦泣訴遭撻傷；更誣田婦相剝奪，責償
簪珥及衣裳。薄資估盡未肯去，趣具雞黍通酒漿。兵婦醉飽方出門，
田婦泣對夫婿商：有田力耕不得食，不如棄去事戎行。〔註221〕

兵丁與兵婦之殘暴掠奪，致勤耕力耘之田家無以為生，田家只有棄耕另謀生
路。

　　番薯乃土賤之植物，然卻活民無數，尤其遇凶歲，更唯此是賴，然而驕
兵卻不加珍惜，任意殘害之，盧若騰〈番薯謠〉哀云：

番薯種自番邦來，功均粒食亦奇哉；島人充飡兼釀酒，奴視山藥與
芋魁。根蔓莖葉皆可啖，歲凶直能救天災；奈何苦歲又苦兵，遍地
薯空不留荄。島人泣訴主將前，反嗔細事浪喧豗；加之責罰罄其財，
萬家饑死孰肯哀！嗚呼！萬家饑死孰肯哀！〔註222〕

此見番薯田亦無法倖免於兵丁之糟蹋，主將放縱驕兵恣意殘害農作物而從不
加以約束，造成萬家饑死無可訴之慘狀。

　　另則，島上官兵經常有擄人勒贖惡行發生，如〈抱兒行〉所描述：

健卒徑入民家住，雞犬不存誰敢怒。三歲幼兒夜啼饑，天明隨翁採
薯芋。採未盈筐翁未歸，兒先歸來與卒遇；抱兒將鬻遠鄉去，手持
餅餌誘兒哺。兒擲餅餌呼爹娘，大聲哭泣淚如雨；鄰人見之摧肝腸，
勸卒抱歸還其嫗。嫗具酒食為卒謝，食罷咆哮更索賂；倘惜數金贖
兒身，兒身難將銅鐵錮。此語傳聞遍諸村，家家相戒謹晨昏；骨肉
難甘生別離，莫遣幼兒亂出門。〔註223〕

兵卒掠奪民穀，強佔民宅、復抱民家稚子遠鬻；苟不成，更出言威脅，並向
翁嫗索賂。居此世局，莫怪要家家相警戒，莫遣幼兒亂出門，否則將造成骨
肉永別之悲劇。

　　外有胡虜兵燹，內有驕兵殄民，民生經濟實為蕭條，如〈庚子元夕〉所
感慨：

年來蕭條景，無如今元夜：簫鼓啞無聲，火樹光華謝；祠門乏膏
粥，宴客缺酒炙。旱荒久為虐，鄰不富禾稼；加之助軍興，箕斂無

〔註221〕〈田婦泣〉，《島噫詩》〈七言古〉，頁23。
〔註222〕〈番薯謠〉，《島噫詩》〈七言古〉，頁20。
〔註223〕〈抱兒行〉，《島噫詩》〈七言古〉，頁22。

等差。丁壯及梢手，應募索高價；家家剜肉供，此例何時罷。悍卒
猛於虎，縱橫任叱吒。晝而攫通衢，夜則掠廬舍。十室九啼饑，碗
燈問誰借。……哀我島上人，如獸在罟擭；翻羨草無知，豈憚蟲沙
化。上帝匪不仁，鑒觀寧無訏？呵護有神機，孰得觀其蟉！〔註224〕

平日百姓助軍餉，負擔已沉重，驕兵悍卒猛於虎，縱橫叱吒。白晝攫通衢，
黑夜掠廬舍，造成十室九空，即使是春節仍蕭條無味。最後如〈失馬〉詩所
寫，平日賴以代步的小馬亦爲官軍所奪，盧若騰雖寬慰自己，「榮辱本無關，
失馬固非禍。吾老當益壯，習勞未敢惰；安步以當車，達觀理自妥」〔註225〕，
然亦透露出當時官軍蠻橫無理、欺壓百姓之寓意。

綜觀盧若騰諷刺鄭軍島上軍紀敗壞之詩，最深刻者當爲〈神霧〉之「歲
歲給軍民力空，臨危偏藉神霧功」〔註226〕，此實同唐人李頎「年年戰骨埋荒
外，空見蒲桃入漢家」之沉痛與無奈。〔註227〕

第三節　喪亂流離實錄

盧若騰言己之《島噫詩》，旨欲藉之以噫其心之氣，因身處亂世，與其以
人自見，毋寧以詩自見也，自上文吾人業見其憂國憂民之心矣！然除此之
外，其詩尚可供詩史觀，以其保存甚多史料故也，一如若騰〈君常弟詩序〉
中云：「喪亂以來，驚心駭目之事，層見疊出；其足供詩料者，多矣。」故對
南明抗清與臺灣移民史有正史、證史、補史之功，是以下文將就此三端，敘
之如後。

一、正史志之功

盧若騰《島噫詩》中有〈葉茂林〉一詩，乃歌頌義僕葉茂林。詩歌之前
並有一長序，敘述其本事及作此緣由：

葉茂林，晉江張維機之僕也。甲申三月，闖賊入京師，先帝殉難；
賊令京官盡赴點名，不至者斬。維機時爲宮詹，年七十餘矣；其僕

〔註224〕〈庚子元夕〉，《留庵詩文集》卷上〈詩集‧五言古〉，頁14。
〔註225〕〈失馬〉，《島噫詩》〈五言古〉，頁1。
〔註226〕〈神霧〉，《留庵詩文集》卷上〈詩集‧七言古〉，頁26。
〔註227〕唐‧李頎：〈古從軍行〉，見《全唐詩》（北京：中華書局，1960年4月1版，
　　　　1992年10月5刷，王仲聞點校本），卷133，第4冊，頁1348。

曰：「主年高而位尊，宜早自引決，以全君臣之義；豈可逐隊謁賊，
為天下萬世羞！」不聽，竟為賊械繫拷掠，勒索賂金；至縫皮箍其
首，而以木代插之，痛楚萬狀。僕不勝悲憤曰：「不聽某言，致此戮
辱；請先主死，願主決計！」遂奪賊刀自刎。維機臟私狼藉，飽賊
所須，得全殘喘。虜至賊遁，南人踉蹌逃還，僅以身免為幸，而維
機尚運數千金抵家；蓋素多智數，危難中猶能與財相終始也。歸又
數年，方病死，愧其僕多矣。每詢此僕姓名，未有知者。壬寅□（七？）
月入鷺門，飲馮參軍家；其庖人能言京師甲申三月事，蓋當時事維
機在京者，因言義僕姓葉名茂林云。作此弔之。〔註228〕

崇禎十七年三月，闖賊陷京師，思宗自縊，而宮詹張維機竟苟延殘喘不死其
君，葉茂林以一介僕人，卻能舍生取義，無怪盧若騰作詩弔之，以標榜其忠
義，故其形雖已死，而精神永長存。〈葉茂林〉詩云：

葉茂林，報主頸血怨主心，心心愛主翻成怨，為主不死辱更深；慷
慨刎喉先主死，焉能視主湯火燖。嗟哉纍纍若若輩，身濡鮮血獻黃
金；緩死須臾竟死矣，遺臭萬年詎可任。惟有茂林終不死，長使忠
義發哀吟。〔註229〕

此為盧若騰所載葉茂林及張維機之事蹟，然《明季北略》則云：

張維機，福建晉江人。天啟乙丑進士，官吏部侍郎。夾二夾，頭箍
一箍。仍夾其僕二夾，奪賊刀自刎死。見《國變錄》。能奪刀自刎，
可謂烈矣，惜乎其晚也。〔註230〕

言張維機為奪賊刀自刎死，顯與盧若騰言其僅身免，尚運數千金抵家有甚大
出入，實南轅北轍也。故《小腆紀年》考曰：

詹事府詹事晉江張維機與其僕同被掠，僕奪刀自刎死，維機入賄釋
（考曰：《北略》引《國變錄》云：「維機夾二夾，頭箍一箍；仍夾
其僕二夾，奪賊刀自刎死」。計六奇曰：「奪刀自刎烈矣！惜乎其晚
也。」按六奇誤以僕之自刎為維機自刎也。《傳信錄》云：「維機官
正詹，其僕同系，共拷掠。一僕不堪，奪刀自刎死；維機至夾及腦，
入賄釋。」無自刎事也。又《北略》以維機官吏部侍郎，與《傳信

〔註228〕〈葉茂林〉，《島噫詩》〈七言古〉，頁28。
〔註229〕〈葉茂林〉，《島噫詩》〈七言古〉，頁28～29。
〔註230〕清・計六奇：《明季北略》（北京：中華書局，1984年6月1版，魏得良、任
　　　　道斌點校本），卷22〈張維機〉，頁582。

錄》亦異）。〔註231〕

故藉若騰詩可以糾正史籍記載，而明其眞相，此不可言非其貢獻也。

二、議史事之寫

盧若騰詩中，如前文所述其謳歌節女烈婦，使其流芳百世，讓後人永誌不忘；且其詩大都描寫史實，故可據之印證歷史，故宜爲其貢獻之二也。

前文「關心婦女遭遇」一小節，言及盧若騰有〈哀烈歌，爲許初娘作〉及〈殉衣篇，爲許爾繩妻洪氏作〉二詩，而許初娘與洪和娘之事蹟，《金門志》中咸有記載，故藉盧若騰詩可資以印證，此已見於前文，不再贅述。

（一）熊汝霖遇害

與史實有關者，如〈哭熊雨殷老師〉。熊雨殷即熊汝霖，餘姚人，爲崇禎四年（1631）進士，乃盧若騰之師。永曆二年（1648），爲鄭彩遣兵潛害，並其幼子琦官投海中〔註232〕。眾人因畏懼鄭彩權勢，莫敢言，盧若騰則直揭其罪，致朝士振悚。其詩云：

> 出師未捷事蹉跎，胡越舟中俄反戈；爲喜音燬鼲鼬徑，終悲血灑鱷
> 鯨窩。劉琨誤殺冤猶薄，孟玖讒成恨不磨（搆禍者，閹人李輔國）；
> 剩得同山畏壘在，遺黎幾度哭經過。〔註233〕

「胡越舟中俄反戈」、「孟玖讒成恨不磨」，乃言永曆元年（1647）正月，魯王以鄭彩爲元帥，並封鄭國公，自是專橫。大學士熊汝霖每折之，彩因與義興

〔註231〕 清·徐鼒：《小腆紀年》（臺北：臺灣銀行經濟研究室，1962 年 11 月 1 版，《臺灣文獻叢刊》第 134 種），卷 4〈自三月乙巳日至丁巳日〉，頁 172。

〔註232〕 有關熊汝霖之事蹟，請參看張廷玉等撰：《明史》（臺北：鼎文書局，1991年 5 月 1 版 5 刷，影北京中華書局點校本），卷 276〈熊汝霖傳〉，頁 7078～7080。清·邵廷采：《東南紀事》（臺北：臺灣銀行經濟研究室，1961 年 1 月1 版，《臺灣文獻叢刊》第 35 種），卷 5〈熊汝霖傳〉，頁 75～80。清·凌雪：《南天痕》（臺北：臺灣銀行經濟研究室，1960 年 6 月 1 版，《臺灣文獻叢刊》第 76 種），卷 15〈熊汝霖傳〉，頁 252～254。清·李瑤：《南疆繹史》（臺北：臺灣銀行經濟研究室，1962 年 8 月 1 版，《臺灣文獻叢刊》第 132種），卷 22〈熊汝霖傳〉，頁 310～313。清·徐鼒：《小腆紀傳》（臺北：臺灣銀行經濟研究室，1963 年 7 月 1 版，《臺灣文獻叢刊》第 138 種），卷 40〈熊汝霖傳〉，頁 475～478。明·張煌言撰、張壽鏞編《張蒼水集》（臺北：新文豐出版公司，1988 年 4 月臺 1 版，《四明叢書》，第 5 冊），卷 1《奇零草》（一）〈弔熊雨殷相公〉，頁 200。《同安縣志》卷 34〈熊汝霖傳〉，頁 1108～1110。

〔註233〕〈哭熊雨殷老師〉，《島噫詩》〈七言律〉，頁 35。

伯鄭遵謙爭洋船，有仇隙。會二年正月元夕，汝霖與遵謙相問遺；彩部將李茂遽以合謀告變，彩遂襲殺汝霖並遵謙〔註234〕，故藉此詩可印證史籍所載鄭彩害死熊雨殷之事實，價值更高。詩中可見鄭彩等武人跋扈，為個人仇隙，同志反戈相殘，實是勇於內鬥卻怯於外敵。

（二）羊山之挫

盧若騰〈嗔羊山〉則寫永曆十二年（順治十五年，1658）鄭成功會張煌言大舉北伐，七月，師次羊山，遇颶風破艦之事：

> 羊山之羊不可捕，捕之往往逢神怒。我聞古昔有神羊，觝觸能令奸邪怖。此山此羊既稱神，云胡降罰有差誤。八月水天一色青，我師北伐山下渡。乘風揚帆疾於箭，帆影幾尺三沙樹。黑雲一片起東北，倏忽昏霾轉狂颶。浪湧濤翻島嶼沒，蛟螭跳躍天吳鷔。大艘小艇碎似萍，爭歸魚腹作丘墓。傷哉虜亂十五年，仗義之師幾處聚。東南唯我一軍張，舳艫連咽士如雨。戈矛劍戟耀日光，條條悉出歐冶鑄。神機巨炮相續發，霹靂萬聲四塞霧。健兒渾身鐵包裹，不數犀兕六七屬。似此制敵罔不摧，人盡快心神曷妒。長年三老股栗言，此變百年希一遇。多因饌卒輕食羊，牲幣雖虔神其吐。吁嗟此說是耶非，一沉萬命豈細故！君不見王閬斫水罵子胥，錢塘之潮平如布。又不見陳茂拔劍叱水府，交海龍王驚失措。自古精神格鬼神，不信羊山獨不悟。我舟雖壞可再造，我卒雖溺可再募。沿海物力任搜羅，桑榆之收在旦暮。誓竭忠誠洗腥羶，鼓行而前無退步。來歲春盡南風駛，搜船重回羊山路。羊山之神不效靈，蠢爾妖邪何足懼。直須屠盡山中羊，一軍人人恣飽哺！〔註235〕

鄭成功羊山遇颶風，樓船與軍士遭鉅大損傷，造成北征頓挫，此事與羊山屠羊試砲之事，是純屬巧合，或應咒，不可考也。然《海上見聞錄》載羊山鳴砲，驚動海龍云：

> 七月初二日，賜姓開駕抵舟山。問引港官李順水程；順曰：「舟山至羊山，西南風一日便到。其山皆羊，並無人往。有大王廟甚靈；海中有矇、瞽二龍，泊船不可金鼓獻紙，恐其驚動，翻覆不安。」賜姓不信。初九日午刻，到羊山候舟宗。初十日，各提鎮來見，放砲

〔註234〕《小腆紀傳》卷45〈鄭彩傳〉，頁560。
〔註235〕〈嗔羊山〉，《留庵詩文集》卷上〈詩集·七言古〉，頁30～31。

鳴鑼。不移時，風起浪湧，迅雷閃電，對面昏黑不相見，但聞呼救之聲。管船都（督）陳德與太監張忠等跪求賜姓上棚拜天；拜甫畢，風雨頓息，波浪稍恬。覆舟五千餘號，溺死數千人。賜姓中軍船打破，失六妃嬪、二公子、三公子、五公子，凡二百三十一人。十四日，賜姓因以兵船、軍器損失，回至舟山，議向溫、臺各港取餉。〔註236〕

《小腆紀傳・張煌言傳》亦載羊山屠羊之事：

七月，成功興師，以監軍會之北行，泊舟羊山。山故多羊，殺之則風濤立至。軍士不能戒，烹之；羊熟而禍作，碎船百餘，義陽王溺焉。遂返斾，之舟山治舟。〔註237〕

初鄭成功積極整軍備武，「永曆十二年三月，賜姓築演武亭於廈門港練兵。以石獅重五百斤爲的，力能挺起者撥入左右武衛親軍。皆給以雲南斬馬刀、弓箭，帶鐵面，穿鐵臂、鐵裙，用鎖鎖定，使不得脫；時謂之『鐵人』。」〔註238〕七月，鄭成功率「健兒渾身鐵包裹」之鐵人部隊，途經羊山，因軍士殺羊洗砲。未幾，狂風大作，浪濤翻湧，島沒而船碎，死傷萬餘，於是退泊舟山，整治軍備，以圖再舉。盧若騰對此甚爲悲憤，希望用實際行動，破除迷信，有屠盡山中羊之決心。

（三）金陵之役

永曆十三年（1659）五月鄭張聯合北伐，七月張煌言軍已抵安徽蕪湖，以遏清兵江楚之援，時鄭成功師已圍南京二旬，煌言復貽書成功請速下南京，但成功以累捷自驕，又中清人緩兵之計，令八十三營兵馬守株待降，於是疏於防備，流於宴樂，清兵乘其不備，大敗之。如《小腆紀傳》載曰：

初，煌言貽書成功曰：「師不可老，老則生變；宜速遣諸將分徇近邑。如金陵出援，我則首尾相擊；如其自守，我則堅壁以待。倘四面克

〔註236〕《海上見聞錄》卷1，頁27。魏源《聖武記》亦云：「師次羊山，相傳其下龍宮，戒震驚，成功下令各舶盡碇，果颺發，挾雷電，水起立，碎巨艦數十，漂沒士卒數千，成功乃旋師。」清・魏源：《聖武記》（上海：上海古籍出版社，2002年3月1版，《續修四庫全書》影清道光刻本，第402冊），卷8〈國初東南靖海記〉，頁331。

〔註237〕《小腆紀傳》卷44〈張煌言傳〉，頁542。

〔註238〕明・阮旻錫：《海上見聞錄》（臺北：臺灣銀行經濟研究室，1958年8月1版，《臺灣文獻叢刊》第24種），卷1，頁25。

復，則收兵鱗集，金陵在我掌中矣！」成功以累捷自驕。又聞江北如破竹勢，謂城可旦夕下，但命八十三營牽連立屯；釋戈開宴，軍士捕魚、縱酒爲樂。而官軍之各路援師已長驅至，偵其不備，以輕騎穴城出擊，破前鋒，擒其將余新。倉猝間，士氣已餒，拔營遁；壘灶未安，大兵復傾城出，諸營瓦解。成功之良將甘煇，馬蹶被擒，死；遂大敗。成功亟登舟乘流下海，鎮江諸師並撤去。〔註239〕

此事由盧若騰〈金陵城〉亦可印證，其云：

> 金陵城，秦漢以來幾戰爭。戰勝攻取有難易，未聞不假十萬兵。閩南義旅今最勁，連年破虜無堅營；貔貅三萬絕鯨海，直沂大江不留行。瓜步丹徒塵戰下，江南列郡並震驚。龍盤虎踞古都會，竚看開門夾道迎。一朝胡騎如雲合，百戰雄師塗地傾。金陵城，城下未歇酣歌聲，蘆葦叢中亂屍橫。咫尺孝陵無人拜，人意參差天意更。單咎不能知彼此，猶是常談老書生。〔註240〕

「城下未歇酣歌聲」，指鄭成功軍隊輕敵開宴、縱酒爲樂；「一朝胡騎如雲合，百戰雄師塗地傾」，則言清軍之各路援師，趁成功軍不備，以輕騎穴城出擊。「蘆葦叢中亂屍橫」，乃言成功軍潰敗，屍橫遍野之情形。誠如邵廷采《東南紀事》所載：「崇明副將梁化鳳先已降，又不時調，化鳳偵丹陽無備，遂引兵突入南京。乘南軍怠，夜開城出，大有斬獲。次日，滿漢軍傾城出戰，襲破余新軍；諸軍皆潰，爭赴舟，溺死無算，成功僅得登舟。」〔註241〕審其失敗主因，乃不能做到「知己知彼」之故。

（四）庚子破虜

永曆十四年（1660）五月初十日，清軍攻廈門，後爲鄭成功禦卻之。盧若騰〈庚子五月初十日破虜〉云：

> 彼虜非不狡，彼已知不眞。舍陸趨大海，輕信我叛人。叛人懷觀望，欲前且逡巡。誤彼曳落河，血肉飽巨鱗。其被俘獲者，斧斤雜前陳。斷手或臏足，又或剒鼻唇。縱之匍匐歸，彼酋殘且嗔。而我賀戰勝，亦當究厥因。其時水上軍，矴舟膠不振。敵來何飄忽，矢

〔註239〕《小腆紀傳》卷 44〈張煌言傳〉，頁 543。

〔註240〕〈金陵城〉，《留庵詩文集》卷上〈詩集・七言古〉，頁 31。

〔註241〕清・邵廷采：《東南紀事》（臺北：臺灣銀行經濟研究室，1961 年 1 月 1 版，《臺灣文獻叢刊》第 35 種），卷 11〈鄭成功（上）〉，頁 141。

集若飛塵；戰鬥無所施，空説不顧身。時哉東南風，蓬蓬起青蘋。
驅潮上海門，奮擊似有神。遂使兔麑駭，一鼓入蹄罠。自是天意
巧，非關人力振。我有一得愚，願與智者論。時時如敵至，此令當
五申。〔註242〕

清軍精騎射而不善舟楫，然輕信鄭成功右虎衛陳鵬密書投誠之語，舍陸趨
海，因其不諳水性，益以東南風助鄭軍，「驅潮上海門，奮擊似有神」；大敗
清軍。《小腆紀年》亦載此事道：

忽陳鵬密書投誠，請自五通渡師襲廈門；率泰納之，飛催粵師合
擊。初十日甲子，漳船乘風出海門。成功令五府陳堯策傳令諸將碇
海中流，候中軍號炮迎敵；妄動者斬。令未畢，漳船猝至，諸將倉
卒受令，莫敢先發；閩安侯周瑞爲王師所乘，與堯策死之。陳煇見
事急，舉火，王師之躍入舟者焚焉；疑不敢逼，煇跳而免。日向
午，成功執旗劍，顧問左右曰：「流平否？」曰：「流平矣！」曰：「流
平則潮轉，潮轉則風隨之；令舉炮起椗。」俄東風大盛，成功手自
搴旗引巨艦橫擊之，泰自浯嶼回擊；風吼濤立，一海皆動，軍士踏
浪如飛。北人不諳水性，眩暈顛仆，嘔，逆不成軍，遂大敗，僵屍
滿海。〔註243〕

然而盧若騰在詩中強調成功軍所以致勝，非人爲也，乃東南風之助，故提醒
主帥須嚴申軍紀，注意敵情，時時提高警覺，處處做好廈門防備，不可心存
僥倖之心。

縱觀盧若騰議寫熊汝霖遇害、羊山之挫、金陵之役、庚子破虜等，一方
面屬當時史實，另一方面詩中有詩人對時事之見解，可藉盧若騰諸詩印證史
籍所載，此亦其貢獻之一端也！

三、補志乘之闕

盧若騰詩中對時事之歌詠，或史志所未載、或方志所載不足，故可取以
補志乘不足之處，具有補苴罅漏之功。故下文即不嫌贅言，述之如後。

（一）志乘所未載者

前文「關心婦女遭遇」一節言及〈鬼鳥〉，詩中載新兒爲世家戚洪興佐虐

〔註242〕〈庚子五月初十日破虜〉，《留庵詩文集》卷上〈詩集・五言古〉，頁14〜15。
〔註243〕《小腆紀年》卷20〈順至十七年〉，頁942〜943。

待至死，終化爲異鳥復仇事，此傳說即史所未載，故可藉之補史，是詩前文已述，不贅。

而〈神霧〉則記永曆五年（1651）三月初一，清兵蹂躪廈門，擬進攻金門之史實，盧若騰作此詩以記其事：

> 辛卯三月朔，胡騎蹂禾山。雖飽未颺去，迴指滄浯灣。滄浯不可到，模糊煙靄間。援兵次第集，神霧始飛還。當時水師盡入粵，倉卒一矢無人發。若非騰蛇挾霧遊，全島生靈化白骨。歲歲給軍民力空，臨危偏藉神霧功。安得學成張楷裝優之奇術，晏然高臥海島中。〔註244〕

永曆五年，春閏二月，鄭成功奉詔南下援粵東，留鄭芝莞、芝鵬守廈門，鄭泰守金門。清當局偵知鄭成功主力軍隊遠出，因乘虛取廈門〔註245〕、進逼金門。但天不從其願，遇大霧而失機，金門一島亦因神霧之助而逃過一劫，而此事連清同治年間《金門志》等史籍皆未見載，故民國五十六年陳漢光等修《金門縣志·歷代兵事》〔註246〕與民國八十年郭堯齡等增修《金門縣志·兵事志》〔註247〕補云：「三月，清巡撫張學聖偵成功遠出，以馬得功襲破廈門，乘勝進窺金門，時金門水師單弱，忽大霧，咫尺不見人，清兵不得進，援師

〔註244〕〈神霧〉，《留庵詩文集》卷上〈詩集·七言古〉，頁 26～27。此事發生時間詩中言「三月初一」，據盧若騰〈重建太武寺碑記〉云：「國變以來，獨吾島爲一片乾淨土。辛卯（永曆五年，1651）二月三日之霧、丙申（永曆十年，1656）三月六日之風，變而俄頃，出人望表：雖云天意，亦藉山靈。」此卻言「二月三日」，不知何者爲確。〈重建太武寺碑記〉，《留庵詩文集》卷下〈文集·記〉，頁 115。

〔註245〕據《海上見聞錄》載：「閩撫張學聖同提督馬得功集各處民兵及船攻廈門。鄭芝鵬怯懦，載輜重下船。得功將數十騎飄至五通，遂登岸。阮引不戰而逃，百姓哭聲震天。」明·阮旻錫：《海上見聞錄》（臺北：臺灣銀行經濟研究室，1958 年 8 月 1 版，《臺灣文獻叢刊》第 24 種），卷 1〈順治七年、永曆四年〉，頁 10。《靖海志》補充云：「我閩撫張學聖急調提督馬得功，集同安縣十八堡、劉王店各處民兵及船攻廈門，僞守將鄭芝鵬乘舟遁，禁城中居民不許搬移。得功數十騎下船，飄至五通，始登岸，無有禦之者。守高崎水師鎮阮引不戰而走。城中百姓哭聲振天。」清·彭孫貽：《靖海志》（臺北：臺灣銀行經濟研究室，1959 年 1 月 1 版，《臺灣文獻叢刊》第 35 種），卷 1，頁 21～22。

〔註246〕陳漢光等修：《金門縣志》（金門：金門縣文獻委員會，1967 年 2 月 1 版），卷 6〈歷代兵事〉，頁 21。

〔註247〕郭堯齡等增修：《金門縣志》（金門：金門縣文獻委員會，1992 年 1 版），卷 9〈兵事志〉，頁 1219。

集，霧始散，因得保全。」故藉此足以補史。

至若〈丙申三月初六日大風覆虜〉，所敘颶風助鄭軍殲敵之事亦未詳於史籍，此爲居住在金門之盧若騰親身所見證，當爲第一手珍貴史料，其云：

> 雖有千萬卒，不如一刻風。卒多而毒民，歲月無終窮；風勁而殲敵，一刻成奇功。彼狡潛搆虛，乘潮騁艨艟，夜發筍江曲，朝至圍頭東。虜笑指三島，云在吾目中。陡逢巽二怒，進退俱冥矇。隊隊艫舳接，打斷似飛蓬；齊擐犀兕甲，往謁蛟龍宮。亦或免淹溺，飄來沙土舟宗；猛獸傷入檻，鷙鳥困投籠。始知乾淨土，不容腥穢訌。效靈者風伯，仁愛屬蒼穹；謂宜答天意，開誠兼布公。苟不救水火，發憤難爲雄。〔註248〕

永曆九年（順治十二年，1655）十一月，清鄭親王世子濟度大軍入閩，議取兩島，時島兵驟熾，分水陸爲七十二鎮，濟度至泉州使人持諭招撫鄭成功，成功不納。復用書函勸降，成功答之。乃墮安平鎮、漳州、惠安、同安諸城，退保金廈，且令廈門居民搬移過海，移安平輜重及眷口於金門、鎮海等處，空島以待。永曆十年三月濟度大集各澳船隻，令泉鎮韓尚亮爲先鋒，督水師出泉州港。鄭成功令陳魁、蘇茂、陳輝、陳斌四鎮配巨艦十二，出泊料羅灣。鄭泰出舟師援之。初六日濟度、尚亮乘潮夜發筍江，朝至圍頭東，三島盡入掌握；林順、陳澤等迎擊，忽颶風大作，清兵斷椗壞舟，飄散沉沒，全軍覆溺幾盡，殘兵登青嶼乞降，韓尚亮等遁回泉州。〔註249〕觀此史事，三島百姓實賴此大風之助才得轉危爲安。本詩一起手總括千萬卒不如一刻風之保家衛民；再而剖析其道理，乃兵卒毒民，無窮無盡，勁風殲敵，一刻成功，二者形成強烈對比，以故其〈募建太武寺疏〉云：「去歲三月六日，強師襲島，颶風發於俄頃，漂楫斷帆，盡葬魚腹，島人卒免於風鶴之震；山靈禦災捍患之功，又安可誣也。」〔註250〕可見盧若騰將此天佑金門歸於謝天。詩末最後呼籲統領大軍者要效法天道開誠布公、仁民愛物，唯有如此，才是長遠的治國之道。

明末天地會最重要史料莫若盧若騰〈贈達宗上人〉一詩，其詩云：

> 君家兩俊傑，異道卻相謀。以爾津梁法，爲人悼愯籌。心惟存選

〔註248〕〈丙申三月初六日大風覆虜〉，《留庵詩文集》卷上〈詩集·五言古〉，頁9。

〔註249〕參引《金門志》（臺北：臺灣銀行經濟研究室，1960年10月1版，臺灣文獻叢刊第80種），卷16〈舊事志·紀兵〉，頁403。

〔註250〕〈募建太武寺疏〉，《留庵詩文集》卷下〈文集·疏〉，頁68～69。

佛，骨不羨封侯。軍旅喧闐處，長林未改幽。〔註251〕

其詩序云：「達宗上人，建安伯春宇萬公之弟，原住長林寺。春宇萬公即萬禮，原姓張名要，平和小溪人。崇禎間，鄉紳肆虐，百姓苦之，眾謀結同心，以萬為姓，推要為首，率眾距二郡。至永曆三年，歸鄭國姓，永曆封為建安伯。」萬禮與達宗和尚為天地會創會領袖，長林寺為天地會策源地。〔註252〕康熙年間史籍方有些蛛絲馬跡，如彭孫貽《靖海志》載永曆四年（順治七年，1650）「五月，詔安九甲義將萬禮等來附，施琅所招也。」〔註253〕江日昇《臺灣外記》云：「大兄指萬禮。前禮等同盟，以萬人合心，以萬為姓。萬禮即張禮，死南京。成功回廈，建忠臣廟享諸死者，以甘煇為首，次張萬禮。」〔註254〕又云：「兄萬五，禮小功弟，即長林寺僧道宗也」〔註255〕。而盧若騰〈次韻答達宗上人〉又云：

> 憶昔相逢臭味親，誰分德士宰官身；遭時翳景蒼天醉，老我繁霜白髮新。喪亂傷心空有淚，淒涼說法向何人！開械喜接舊朋侶，偈語傳來字字真。〔註256〕

詩中「偈語傳來字字真」應是天帝會之暗語。按《金門志·達宗和尚傳》引《梧洲見聞錄》載：

> 達宗和尚，住太文岩；明末人。能詩，學辟穀。嘗謂盧若騰曰：「公牧馬侯後身，改號牧州，加馬名，當得第」。每盧至，歡然款接。遇俗客，則崖岸自放，人因呼為傲和尚；以兼學辟穀，「傲」「餓」音同，謔之也。一日，過澤畔，有兩童子方浴鴨，相拍手曰：「傲和尚來矣。」達宗戲擲鴨，鴨忽浮海去。童子牽衣泣拜，達宗笑曰：「還爾鴨」；鴨仍在故處。間登嘯臥亭四望，東指曰：「不周一甲，海中當生一大郡。」即今臺灣也。後坐化。〔註257〕

〔註251〕〈贈達宗上人〉，《留庵詩文集》卷上〈詩集·五言律〉，頁41。

〔註252〕參見謝重光：〈鄭成功與天地會〉，楊國楨主編《長共海濤論延平——紀念鄭成功驅荷復台340周年學術研討會論文集》（上海：上海古籍出版社，2003年7月1版），頁242～253。

〔註253〕清·彭孫貽：《靖海志》（臺北：臺灣銀行經濟研究室，1959年1月1版，《臺灣文獻叢刊》第35種），卷1，頁20。

〔註254〕清·江日昇：《臺灣外記》（臺北：臺灣銀行經濟研究室，1960年5月1版，《臺灣文獻叢刊》第60種），卷5〈順治庚子年至康熙壬寅年共三年〉，頁197。

〔註255〕《臺灣外記》卷5〈順治庚子年至康熙壬寅年共三年〉，頁198。

〔註256〕〈贈達宗上人〉，《島噫詩》〈七言律〉，頁39。

〔註257〕清·林焜熿纂：《金門志》（臺北：臺灣銀行經濟研究室，1960年10月1版，

達宗和尚謂盧若騰：「公牧馬侯後身，改號牧州，加馬名，當得第」之事，應屬傳聞附會之說，不足爲信也。

（二）史志所載不足者

盧若騰詩中所詠，亦有史書已載，然仍嫌不足，藉詩以補罅其未足處，故其貢獻非淺也。

前文「留意民生疾苦」，言及盧若騰同學許雲衢及許夢樑，因海盜李魁奇之劫掠而遇害。是事《金門志》雖載之，然仍不足，可藉盧若騰詩補罅其漏，該詩因前文已述，此從略。

首先，如〈哭曾二雲師相〉一詩，乃若騰對其師曾櫻臨危尚執大義之歌頌。若騰言己與師乃「節義文章神作合，死生患難道長存」〔註258〕，並稱其品望崚嶒、舍生取義。其詩云：

> 崚嶒品望著朝端，一木獨支顚廈難；誤倚田橫棲海島，忍看胡馬渡
> 江干。何曾先去爲民望（虜尚未渡海，中左守將鄭芝莞先運貲入舟
> 爲逃計；人心大搖，去不可止。師相姑遣家眷出城，而自誓必死；
> 芝莞反出示自解曰：「曾閣部先去，以爲民望」），惟有舍生取義安。
> 慚愧不才蒙寄託，展觀遺札涕汍瀾。〔註259〕

曾櫻居官廉潔，似海瑞，「崚嶒品望」乃形容其性情剛直，堅貞不屈。永曆五年（1651）二月二十六日，清兵襲廈門，守將鄭芝鵬（芝鵬一作芝莞）先逃，曾櫻一人難撐危局，廈門乃破，曾櫻舍生取義，自縊而死。而此事據阮旻錫《海上見聞錄》自述云：

> 閩撫張學聖同提督馬得功集各處民兵及船攻廈門。鄭芝鵬怯懦，載
> 輜重下船。得功將數十騎飄至五通，遂登岸。阮引不戰而逃，百姓
> 哭聲震天。成功董夫人倉皇落水，有居民負之登舟。是夜亂兵焚燬
> 店舍，火光燭天。前大學士曾櫻在城中，家人挾之出城；公不從，
> 夜自縊。公之門人阮旻錫聞之，與僧文臺及同門陳泰共議；天未明，
> 文臺以僧龕抬公屍至僧歷灣下船，付其家人。鄉之紳士副憲王公忠
> 孝以己所置壽棺斂之，而前司馬盧若騰、副院沈佺期、樞部諸葛倬
> 等皆視斂。後兵部主事劉玉龍疏輔臣從容就義事；奉旨：「曾櫻身死

《臺灣文獻叢刊》第80種），卷12〈人物·仙釋·達宗和尚傳〉，頁307。
〔註258〕〈送曾屺望歸豫章〉（二雲師相長公），《島噫詩》〈七言律〉，頁38。
〔註259〕〈哭曾二雲師相〉，《島噫詩》〈七言律〉，頁36。

經常，允宜優恤。追贈光祿大夫上柱國太師，諡文忠，賜祭葬。蔭
一子中書舍人、一子錦衣衛百戶，世襲。其門人知縣陳泰冒險負屍，
積勞殞歿，著贈鴻臚寺少卿。」〔註260〕

審此，阮旻錫是處理曾櫻後事最主要人物。曾櫻殯於金門，故《金門志》載
之：

曾櫻，字仲含，號二雲；峽江人。萬曆丙辰（四十四年）進士。崇
禎初，由參政累升巡撫。旋以工部尚書召入閩，進宮保，兼文淵閣
大學士。唐王敗，挈其子則通避居金門所城，轉徙鷺島。辛卯（永
曆五年，順治八年，1651）島破，家人請登舟，櫻曰：「此一塊清淨
地，正吾死所。」遂自經。門人阮文錫、陳泰冒險出其屍，鄉紳王
忠孝殮之，殯於金門。〔註261〕

《小腆紀年》亦載道：

明朱成功師次平海衛；我大清兵襲破廈門，守將鄭芝莞遁，前東閣
大學士曾櫻死之。……初，閩中亡，大學士曾櫻避居廈門。城將陷，
家人促之登舟；櫻曰：「此一塊清淨土，吾死所也。」於是月晦日，
自縊死。其門人陳泰、阮文錫謀收遺骸；泰痛哭曰：「有吾在，無庸
子。子出而不返，則老父倚閭而望；吾孤身，死則死耳！子效力於
親，吾效力於師，不亦可乎？」泰乃匍匐負櫻屍，走三十里，付其
家人殯之。歸不食三日卒。文錫後為僧，名超全。論者比之鄭所南、
謝皋羽焉。〔註262〕

審上述史料，曾櫻死守廈門殉國，門人阮旻錫、陳泰冒險出其屍至金門，王

〔註260〕清・阮旻錫：《海上見聞錄》（臺北：臺灣銀行經濟研究室，1958年8月1版，
《臺灣文獻叢刊》第24種），卷1〈順治八年、永曆五年〉，頁10。乾隆時李
天根《爝火錄》全據此，不贅引。清・李天根：《爝火錄》（臺北：臺灣銀行
經濟研究室，1963年10月1版，《臺灣文獻叢刊》第177種），〈順治七年、
永曆四年〉，頁 1098。按：據（乾隆）《泉州府志・寓賢・陳泰傳》云：「陳
泰字降人，銅陵人，海衛諸生，每試輒冠其曹，寓居鷺江，閣部曾櫻試儲賢
館，拔置第二人，及島破，曾死難，泰匍匐負骸，走三十里，付其家人登舟
以殯，歸不食三日卒，其甥葬之江上。」清・懷蔭布修、郭賡武等纂：《泉州
府志》（上海：上海書社，2000年10月1版，《中國地方志集成・福建府縣
志輯》影清光緒八年補刻本），卷64〈寓賢〉，第2冊，頁421下。
〔註261〕《金門志》卷12〈人物・流寓・曾櫻傳〉，頁310。曾櫻生平參見《明史》卷
276〈曾櫻傳〉，頁7068～7070。
〔註262〕《小腆紀年》卷17〈順治八年〉，頁822～823。

忠孝以己所置壽棺殮之，而盧若騰、沈佺期、諸葛倬等皆親臨視殮，若騰更作〈哭曾二雲師相〉以哀悼之。緣此，盧若騰本詩及詩自註所載，當為實錄，可補金門方志所未足。

再者，如〈避氛南澳，城中有虎〉詩，記永曆十七年（康熙二年，1663）十月，南澳守將杜輝謀叛之前兆，盧若騰本詩自註：「癸卯十月，虜犯嘉、浯二島。余以十八日浮家抵南澳，借寓城中。二十二日作此詩。已而漸聞人言，守將杜輝謀叛，然未有跡。十一月十五日，忽遇虜差官於市，悟其事已成，亟挈家登舟。杜遣兵遮阻，不許出城。余執大義，力與之爭，更深始得脫，夜半解維。次日，諸避難在城、在舟者，盡被俘獻虜矣。」〔註263〕而詩云：

> 不信市有虎，終難卻三人。而今城有虎，家家聲且顰。昨日過南園，虎跡印如新。夜來眾拒虎，喧鬧震東鄰。茲島四斷絕，孤峙天池濱。虎從何處渡，況乃越城闉！理既窮思議，爭疑天不仁。叛人勾夷虜，蛇豕禍洊臻。猛獸復狂逞，助虐應有神。余獨謂不然，物怪匪無因。滿目同舟者，肥瘠隔越秦。遂使熊羆旅，敗衄在逡巡。乖氣合致異，冀爾懼而悛。不戒將胥溺，苦口復何陳。〔註264〕

詩中所云「叛人」即守將杜輝。《小腆紀年》載道：「康熙二年（1663）冬十月，王師取金門、廈門」；「王師入兩島，墮其城，收其寶貨、婦女而北。……明年春，林順自鎮海、杜輝自南澳先後投誠。」〔註265〕而杜輝即杜輝也，故藉此詩可知，杜輝早於永曆十七年十月已有叛行出現，此堪補史書之不足也。

綜觀盧若騰有關歌詠當時史事之詩，乃明末至南明喪亂流離實錄，尤以〈嗔羊山〉、〈金陵城〉二詩之史事抒寫最具價值，其記錄鄭成功北伐過程中羊山之厄與南京之敗，詩中有詩人迥異他人之主觀觀點，詩性明顯而不落俗套。

〔註263〕 〈避氛南澳，城中有虎〉，《留庵詩文集》卷上〈詩集・五言古〉，頁17。

〔註264〕 〈避氛南澳，城中有虎〉，《留庵詩文集》卷上〈詩集・五言古〉，頁16～17。

〔註265〕 《小腆紀年》卷20〈康熙二年〉，頁969～971。據《大清聖祖仁皇帝（康熙）實錄》載：「康熙三年（甲午）四月二日（甲午），授廣東投誠偽官杜輝、吳陞左都督衛，杜騰、郭惠都督同知，吳鵬都督僉事衛。」清・馬齊、張廷玉等修：《大清聖祖仁皇帝（康熙）實錄》（臺北：臺灣華文書局，1964年9月1日版），卷11〈康熙三年四月二日〉，頁198上。

結　語

　　盧若騰《留庵文集》十八卷為有心人私藏，至今尚未重出人間，本文討論不得已以《島噫詩》及其他輯錄詩文為主，實不得其全集之十之一二。然縱觀盧若騰《島噫詩》及相關詩作，可見其詩歌創作之緣起，盧若騰詩不僅寫己心之噫氣，更具深刻之社會寫實性、批判性之價值。無論就婦女遭遇、民生疾苦、堅守儒業、社會人心、抒寫臺灣金門、及詠物言志數端，皆面面俱到，中肯深入。詩中觀風問俗，考見得失，可見當時人民生活之艱困，無怪乎盧若騰胸中不平之氣如江海般，乃透過筆端噫之，留下兵燹戰亂之時代見證。

　　而歌詠義僕葉茂林、指責張維機之不死其君，足糾正史籍所載，有正史之功。謳歌節女烈婦，記載當時南明抗清史實，取與史籍方志相印證，更見證史事之寫，憂國憂民。補苴歷史之貢獻，則見於志乘所未載及史志所載不足二端。至若描寫臺灣當時之地理環境及移民歷史，則為臺灣移民史留下珍貴文獻資料。

　　綜觀盧若騰《島噫詩》及相關詩文，實為南明金門社會寫實之史章。後人讀其詩文，益復哀其志，悲其遇，而想見其所處時代之顛沛流離、困頓無依，難怪盧若騰要如痛者之呻、哀者之哭，而稱其集為《島噫詩》也。誠如林樹梅〈明自許先生傳〉評曰：「《島噫詩》一百四首，蓋〈天問〉、〈哀郢〉嗣音焉，……先生大節，爭光日月，不必藉詩始傳，而先生之詩多關名教，又不可不與人并傳也。」〔註266〕

〔註266〕《歗雲山人文鈔》卷5〈明自許先生傳〉，頁217。

第六章　張煌言采薇之吟

　　甲申之變，流寇陷燕京，帝后殉國，吳三桂開門揖盜，清兵長驅河朔，佔領黃河流域。明朝南部遺臣遂在南京擁立福王，成立弘光朝，圖謀匡復之策，惜福王昏庸，不思振作，坐失中興良機，致使東南半壁江山亦腥羶滿地。

　　弘光朝覆亡之後，南明政權又有魯王、唐王、桂王相繼起義抗清，有志之士，莫不力圖自效，赴義恐後。其間忠心護持三王，堪稱爲不世出之英雄者有三人：其一，在浙東擁護魯王之張煌言；其二，一生始終爲唐，在福建抗清、開基臺灣之鄭成功；其三，在西南奮戰不懈，力保桂王之李定國。此三位南明抗清英雄中，以張煌言之勢力最爲單薄，其長年追隨魯王飄泊於浙閩海外，困窘無依，自成一軍。然百折不撓，愈挫愈奮，與鄭成功同舟共濟，抗清復明，直至死而後已。

　　張煌言以孤臣孽子之志，盡粹報國，終致殺身成仁、捨生取義，其壯烈實驚天地、泣鬼神，乃國家之英哲，人間之豪傑。更重要者，南明抗清領袖之中唯張煌言能以文學名家，故鄞縣全祖望稱許其「才筆橫溢，藻采繽紛」，並推其爲一代大手筆。審煌言詩文，憂國思家，悲窮憫亂，實爲「日星河嶽所鍾，三百年元氣所萃」。〔註1〕則此，堪謂大時代之史詩，震撼千古之人心。綜觀張煌言一生志業乃師法武穆，而慷慨就義則接踵文山，洵爲千秋完人，

〔註 1〕 全祖望：〈張尚書集序〉，清・全祖望撰、朱鑄禹校注：《全祖望集彙校集注・鮚埼亭集外編》（上海：上海古籍出版社，2000 年 12 月 1 版），卷 25〈張尚書集序〉，頁 1210。明・張煌言撰、張壽鏞編：《張蒼水集・序》（臺北：新文豐出版公司，1988 年 4 月臺 1 版，《四明叢書》，第 2 集，總第 5 冊），頁164。

垂百世而不朽也。

第一節　張煌言遺著及其文學理論

　　張煌言於十五歲時即好吟詠，其〈奇零草序〉自云：「余自舞象，輒好爲詩歌。先大夫慮廢經史，每以爲戒，遂輟筆不談，然猶時時竊爲之。及登第後，與四方賢豪交益廣，往來贈答，歲久成篋。」〔註2〕可見其父雖然告誡煌言以經史爲重，煌言仍「時時竊爲之」，充分展露其雅好文學傾向，日後成爲晚明名家。

一、張煌言遺著之流傳

　　張煌言二十五歲遭遇國難，二十六歲起義抗清，次年辭家入海，此後一生以討賊復仇爲志，備歷艱難坎坷，豈徒逞翰墨於辭章，或欲以有韻之詞求知於後世哉！至永曆十六年（1662）歲在壬寅之五月，覺「年來歎天步之未夷，慮河清之難俟」，自許爲杜陵詩史，所南《心史》，效淵明詩題甲子之用心，「思借聲詩以代年譜」〔註3〕，乃重頭收輯殘篇，終遂其所願成《奇零草》一集。其〈奇零草序〉云：

> 會國難頻仍，余倡大義於江東，……凡從前雕蟲之技，散亡略盡矣。於是出籌軍旅、入典制誥，尚得於餘閒吟詠性情。及胡馬渡江，而長篇短什與疏草代言，一切皆付之兵燹中，是誠筆墨之不幸也。余於丙戌（監國元年，1646）始浮海，經今十有七年矣。其間憂國思家、悲窮憫亂，無時無事不足以響動心脾。或提挈北伐，慷慨長歌；或避虜南征，寂寥低唱。即當風雨飄搖、波濤震盪，愈能令孤臣戀主、遊子懷親。豈曰亡國之音，庶幾哀世之意。乃丁亥（監國二年，1647）春，舟覆於江，而丙戌所作亡矣。戊子（監國三年，1648）秋，移節於山，而丁亥所作亡矣。庚寅（監國五年，1650）夏，率旅復入於海，而戊子、己丑所作又亡矣。然殘編斷簡，什存三、四。迨辛卯（監國六年，1651）昌國陷，而笥中草竟靡有孑遺，何筆墨

〔註2〕　〈奇零草序〉，明・張煌言撰、張壽鏞編：《張蒼水集》（臺北：新文豐出版公司，1988 年 4 月臺 1 版，《四明叢書》，第 2 集，總第 5 冊），卷 5《冰槎集》，頁 254。

〔註3〕　〈奇零草序〉，《張蒼水集》卷 5《冰槎集》，頁 254。

不幸一至於此哉！嗣是綴輯新舊篇章，稍稍成帙。丙申（永曆十年，1656）昌國再陷，而亡什之三；戊戌（永曆十二年，1658）又覆舟於羊山，而亡什之七。己亥（永曆十三年，1659）長江之役，同仇兵燼，余以間行得歸，凡留供覆瓿者，盡同石頭書郵，始知文字亦有陽九之厄也！〔註4〕

張煌言從少即好寫作，登第之時，詩作已「歲久盈篋」，然所作詩文，經連番戰火浩劫，本已鮮有餘墨，幸而自息兵入山，因其「思借聲詩以代年譜，遂索友朋所錄，賓從所抄次第之」，並且「憶其可憶者，載諸楮端」〔註5〕，重新加以整理，致散失文字方得結集成編。然而張煌言就義後由於清代文網嚴密，遺世文字非常有限，今所存詩有《奇零草》、《采薇吟》；文有《冰槎集》、《北征得失紀略》、《鄉薦經義》及《北征錄》數種而已。換言之，無論其生前所輯，或身後所遺留詩文集，只是其文學創作之一小部分。

　　現存最早記載煌言遺著流傳者，如曾參與魯王抗清行列之查繼佐《罪惟錄·張煌言傳》云：

　　煌言雖在軍中，手不釋卷，多所著述，其全集為卜天中所手訂，尋頗散佚。〔註6〕

審此，張煌言在軍中已有全集之編，乃卜天中所手訂。另清初朱溶《忠義錄·張煌言傳》亦云：

　　煌言詩有集十餘卷，……煌言與盤陀僧芥舟善，芥舟歿，其徒徙內地，參校無異同。因刪取其要著於篇，俟可上史館者上之。〔註7〕

可知芥舟與煌言交善，保留煌言被執前之作品極為完整，而芥舟歿後，因文網嚴密，致其徒從僅能刪取其要者著於篇章，以流傳之。

　　另一方面，煌言被執之後，其作品亦隨之落入清人手中，幾與煌言同遭厄運。最後，幾經波折，手稿才流落民間，被有心人輾轉傳鈔。此說現存最早記載，見於全祖望〈張尚書集序〉及〈明故權兵部尚書兼翰林院學士鄞張公神道碑銘〉。不過，兩者之說法似乎有所矛盾。其〈張尚書集序〉云：

〔註4〕　〈奇零草序〉，《張蒼水集》卷5《冰槎集》，頁254。
〔註5〕　〈奇零草序〉，《張蒼水集》卷5《冰槎集》，頁254下。
〔註6〕　明末清初·查繼佐：《罪惟錄·傳》（杭州：浙江古籍出版社，1986年5月1版，方福仁等校點本），卷9〈抗運諸臣列傳下·張煌言傳〉，頁1565。
〔註7〕　清·朱溶：《忠義錄》卷5〈張煌言傳〉，見《明清遺書五種·忠義錄》（北京：北京圖書館出版社，2006年11月1版），頁647。

嗚呼！尚書（張煌言）之集，翁洲、鷿門之史事所徵也。吾聞尚書
既被執，籍其居無所有，但得箋函二大麗，皆中原薦紳所與往來。
送入帥府，薦紳輩懼，遣說客請帥焚之，帥府亦恐搖人心，如其請，
投之一炬。火既息，有二殘冊耿耿不可爇；左右異而視之，則尚書
之集也。說客因竊置懷而出，遂盛傳於人間。嗚呼！尚書之身可死，
集不可泯。殺其身者梁父、亢父，所以成一代之純忠，存其集者祝
融、吳回所以呵護十九年之心氣，夫孰非天之所爲哉。乃爲銓次審
定，其奏疏、書檄諸種，曰《冰槎集》，其古今體詩曰《奇零草》、
曰《采薇吟》，其己亥紀事曰《北征錄》，共十二卷；附以《鄉薦經
義》一卷。予又爲作《詩話》二卷、《年譜》一卷，以詳其集中贈答
之人與其事云。〔註8〕

而〈明故權兵部尚書兼翰林院侍講學士鄞張公神道碑銘〉則謂：

公丙戌（1646）以前文字皆無存者，今所存者，有《奇零草》，甲辰
（1664）六月以前之作也；《冰槎集》，其雜文也；《北征錄》，己亥
（1659）紀事之編也；《采薇吟》，則散軍以後之作，而蒙難諸詩附
焉：共八卷。公既愛防守卒史丙之義，遂日呼與語，因得藏公之集。
有宜興人徐堯章者，從丙購之，曰：「公之眞跡，吾日夕焚香拜之，
不可以付君。」堯章乃鈔以歸。〔註9〕

全祖望〈張尚書集序〉言殘冊得於火劫之後，應是被執之前所整理之詩文集。
〈神道碑銘〉所言守卒史丙「得藏公之集」，應指被執之後所創作之手稿，或
兼獄中所鈔《奇零草》、《采薇吟》等詩稿。〔註10〕

〔註8〕 全祖望：〈張尚書集序〉，清・全祖望撰、朱鑄禹校注：《全祖望集彙校集注・
鮚埼亭集外編》（上海：上海古籍出版社，2000 年 12 月 1 版），卷 25，頁 1210
～1211。另見《張蒼水集・序》，頁 164～165。

〔註9〕 《全祖望集彙校集注・鮚埼亭集》卷 9〈明故權兵部尚書兼翰林院侍講學士鄞
張公神道碑銘〉，頁 196～197。

〔註10〕陳永明〈張煌言遺作的流傳及其史學價值〉一文認爲：「若細心分析，〈序〉
中所記，頗有疑點。（一）文中既言清人所得「皆中原薦紳所與往來」書信，
餘燼中卻竟得張氏遺集，似乎後語不對前言；（二）對殘冊未壞於火之記載，
亦近乎神話；（三）說客在清吏監視下卻仍能竊書以出，恐不可能。至於〈銘〉
中所記，謂煌言遺集，乃親交予防卒史丙私藏出獄，因之得以傳世，亦未必
盡然。考煌言康熙三年七月十七日（1664 年 9 月 6 日）被執，十九日（8 日）
囚杭，至九月七日（10 月 25 日）就戮，閒置時間約只有五十天，他當時身無
長物，恐不能重新整理全集書稿，其交予防卒者，頂多只能是獄中新作。不

自煌言死後，遺著被列爲禁書，尤其乾隆朝曾先後數番查燬，所以張氏遺集在光緒二十七年（1901）以前，一直未有機會刊行，民間只有鈔本流傳。從今存《張蒼水集》之序、跋來看，徐孚遠（1599～1665）當是最早讀過部份煌言著作之人。徐孚遠身爲海外幾社領袖，張煌言於永曆十五年（順治十八年，1661）結集《奇零草》時，隨即送交過目，並請爲之序。〔註11〕惟於煌言身故之後，作品散失，雖然姜宸英（1628～1699）、鄭溱（明遺民，魯監國曾官拜按察副史，1684年鈔《奇零草》）、鄭勳（1763～1826）、宗稷辰（1788～1867）、陳爾幹（1832～1869）及平步青（1832～1896）等人均曾先後讀過張氏遺作，但並未見到煌言所有的作品。下文將依序介紹有關整理張煌言遺著之重要人物及其版本。

（一）全祖望編《張尚書集》

張氏遺書，直至全祖望整理後，方有較爲完備之本子出現。據前引〈張尚書集序〉中之記述，全祖望最初所見及之張氏遺著共有八卷，經其「詮次審定」後，計爲十二卷，計有《冰槎集》、《奇零草》、《采薇吟》及《北征錄》；此外，並附以《鄉薦經義》一卷，《詩話》二卷，《年譜》一卷。張著經全氏整理後，乃有定本。全祖望復用煌言「集中贈答之人與其事」新增《詩話》、《年譜》部份。

（二）傅以禮《張忠烈公集》

張著雖得全氏苦心編集，又曾得有心人轉相傳鈔，但皆未刊刻，至清末已有殘闕。今存有清一代鈔本眾多，《奇零草》詩集如二硯窩鈔本、徐時棟鈔本、遺香樓鈔本、秦更年跋鈔本、責雷山館鈔本等。張煌言詩文集方面有朱懋清輯本等，然最著名者當屬傅以禮長恩閣《張忠烈公集》。據丁丙（1832～1899）光緒十一年（1885）〈張忠烈公集跋〉云：

過，就史實而論，煌言既爲清人捕獲，身邊所有又遭籍沒，遺著之得諸清吏，應無可疑。大抵現存煌言遺集乃源自所遺書稿及獄中近著，其得以流傳於世。當有賴清吏中同情其遭遇者暗助，惟因礙於禁忌，當事人並未將原委說明，日子久遠，史實逐漸模糊，遂生穿鑿附會之說，甚至使事情蒙上神秘色彩。」陳永明：〈張煌言遺作的流傳及其史學價值〉，《中國文化研究所學報》新第2期（1993年），頁30～31。

〔註11〕徐孚遠：〈奇零草序〉，見明·徐孚遠：《釣璜堂存稿·徐闇公先生遺文·八》（民國十五年金山姚光懷舊樓刻本），葉1～3。又見《張蒼水集·序》，頁163～164。

顧公集先無刻本，爲人所秘；全謝山竭力搜羅，僅得八卷。當日傳
鈔，亦鮮遺本。余不忍公集湮沒，求之故家，偶得舊鈔數冊，喜而
欲狂。顧編錄失次，叠雜不可整理。因寄示傅節子（傅以禮）太守，
太守與余同有志於刊校公集者也。太守費數月之力，編成十二卷，
因並《經義》及《年譜》、《墓志》合成一集；而公之詩文所遺者寡
矣。〔註12〕

傅以禮光緒十年〈張忠烈公集跋〉則云：

是編從丁松生明府借讀，暇日手校數過，是正頗多。惜所載祇《奇零
草》（《采薇吟》即散附《奇零草》中）、《北征錄》、《鄉薦經義》暨全
氏所撰《年譜》，而《冰槎集》全闕。爰據湖郡李氏舊鈔潘文愼（錫
恩，？～1867）《乾坤正氣集》補所未備，匯鈔一帙以贈。〔註13〕

又云：

集內諸文，皆有時事可考。而李氏舊鈔《乾坤正氣集》兩本，均先
後失次，殊不可解。爰合《奇零草》、《采薇吟》、《北征錄》，參證明
季稗野，重加排比，勒定《張忠烈公文集》十二卷，而以《經義》、
《年譜》附之；視謝山〈張尚書集序〉所載，祇闕《詩話》一種耳。
他日當將嫌諱字句刪潤繡梓，以永其傳。〔註14〕

傅氏自丁丙處借得鈔本，加以補罅，乃編成《張忠烈公集》十二卷、補遺一
卷、首一卷、末一卷、附錄二卷。〔註15〕本書編輯體例：詩歌採分體排列，
文章則據潘錫恩《乾坤正氣集》所收《張閣學文集》二卷補其未備。〔註16〕

　　審此，可見張煌言遺文，自其去世之後，最少曾有過兩次較全面性整理
及傳鈔，此乃經全氏編纂《張尚書集》及丁、傅補輯《張忠烈公集》鈔本。
又此二版本即爲日後黃節（1873～1935）校勘編訂國學保存會印行的《張蒼
水集》之底本。

〔註12〕清·丁丙〈張忠烈公集跋〉，《張蒼水集·序》，頁173下。

〔註13〕清·傅以禮〈張忠烈公集跋〉，《張蒼水集·序》，頁173上。

〔註14〕清·傅以禮〈張忠烈公集跋〉，《張蒼水集·序》，頁173上。

〔註15〕明·張煌言撰、清·傅以禮編：《張忠烈公集》（上海：上海古籍出版社，2002
年3月1版，《續修四庫全書》影清傅氏長恩閣鈔本，第1388冊）。按：原書
現藏北京圖書館。

〔註16〕清·潘錫恩編：《乾坤正氣集》（臺北：環球書局，1966年9月1版），卷555、
卷556。按：潘錫恩所編《乾坤正氣集》收《張閣學文集》二卷，第555卷爲
〈北征得失紀略〉，第556卷爲〈上監國啓〉等文。

（三）章太炎刊《張蒼水集》

　　張蒼水文集第一次正式印行是光緒二十七年（1901），由餘杭章太炎取甬上張美翊（讓三）鈔本，而輯印《張蒼水集》二卷之本子。據章太炎〈張蒼水集後序〉云：

> 《張蒼水集》得之甬上張美翊，舊題《奇零草》，上卷雜文，下卷古今體詩。案公〈奇零草自序〉，惟及唫詠篇什，筆札勿與，不得以爲大名，因改題《張蒼水集》。〔註17〕

張美翊鈔本舊題《奇零草》，上卷雜文，下卷古今體詩，乃鈔自乾嘉年間鄞縣黃定文之後人〔註18〕。然而此本所缺頗多，並非是善本。

（四）黃節編校《張蒼水集》

　　章太炎刊《張蒼水集》後，章太炎門人黃節（晦聞）據丁丙八千卷樓藏傳以禮《張忠烈公集》鈔本仔細校勘編訂，重輯全集，恢復爲十二卷原編，以《國粹叢書》排印本行世，是爲宣統元年（1909）由國學保存會刊行的本子。其實黃本乃鄧實（1877～？）於光緒三十二年（1906）取自杭州丁氏借鈔傳本交黃節校勘，歷三年而成者。其間黃、鄧二人曾先後以章刻本、《乾坤正氣集》刻本、王慈編《張蒼水集》校補，加上黃節的考訂及紀年，「曩歲餘杭章氏所刊《張蒼水集》，因仍舊本，編錄失次；較此本闕文三篇、詩四十五篇，又無〈詩餘〉、〈經義〉兩種，而篇中與此異文者殆八百餘字。」〔註19〕黃本爲清末張煌言遺著中最齊備、完善之刻本。而章、黃兩種刊本在清末民族革命中，對喚醒民族意識產生鉅大影響。

（五）張壽鏞編《張蒼水集》

　　黃節、鄧實校本「自較完備，然失之冗蔓，而校字尤草率」〔註20〕，故鄞縣張美翊曾重行編校，並擬於民國元年刊印，但事未成；至三年五月「遂

〔註17〕章太炎：《章太炎全集》（上海：上海人民出版社，1986 年 2 月 1 版），第 4 冊《文錄初編》，〈張蒼水集後序〉，頁 200～201。

〔註18〕張美翊：〈張蒼水先生集跋〉，《張蒼水集・跋》，頁 434 上。據張美翊〈張蒼水先生集跋〉云：「張蒼水先生集，余嘗得永曆辛丑鈔本於郡城黃東井先生後人凡二鉅冊，徐闇公序後名印爛然；嗣展轉爲餘杭章太炎借去，因於光緒辛丑（光緒二十七年，1901）鉛印，後序稱爲得之鄙人。」按：張美翊，字讓三，號寒叟，鄞縣人。

〔註19〕黃節：〈張蒼水集跋一〉，《張蒼水集・序》，頁 173～174。

〔註20〕張美翊：〈張蒼水先生集跋〉，《張蒼水集・跋》，頁 434 上。

以校稿相付」於張壽鏞。〔註21〕至民國二十三年張壽鏞（1876～1945）將張
煌言遺著編入《四明叢書》第二集內。〔註22〕據張氏所言「搜羅公集廿餘年，
先後所得不下十餘種，反復勘比，實以《高本》爲最勝，《鄧本》爲最詳，而
致力搜校專且久者，厥惟張丈讓三。」〔註23〕因知此本乃以張美翊所校國學
保存會刻本，參以高允權鈔本而成。《四明叢書》本雖「大體不出鄧本範圍」，
但有部分資料，如〈張氏世系〉，卻爲黃本所無。茲將張壽鏞所整理之《張蒼
水集》內容列舉如下：

卷　別	著　　作	文　體	數　　量
卷一	《奇零草》（一）	詩集	108 題、137 首
卷二	《奇零草》（二）	詩集	84 題、123 首
卷三	《奇零草》（三）	詩集	94 題、127 首
卷四	《采薇吟》	詩集	27 題、36 首，附詞 6 闋
卷五	《冰槎集》	文集	22 篇
卷六	《外編一·遺詩》	遺詩	29 題、44 首
卷七	《外編二·遺文》	遺文	19 篇
卷八	《北征得失紀略》	傳記文	1 篇
卷九	《鄉薦經義》	鄉試硃卷	7 篇
附錄	年譜、傳略、墓錄、題詠、人物考略、校訂清池張氏世系圖表、世德錄		

（六）上海古籍出版社《張蒼水集》

　　1949 年之後，大陸曾三次出版張煌言遺集。第一次爲北京中華書局 1959
年據黃節《國粹叢書》本爲底本參照章刻本、《四明叢書》本，改編點校之《張
蒼水集》〔註24〕；第二次爲 1985 年上海古籍出版社據中華書局版修訂錯字及
斷句而成的新版《張蒼水集》〔註25〕。此二版實同爲一書，然以上海古籍出

〔註21〕張壽鏞：〈張蒼水集跋〉，《張蒼水集·跋》，頁 434 下。
〔註22〕張壽鏞編：《張蒼水集》（臺北：新文豐出版公司，1988 年 4 月臺 1 版，《四明
　　　　叢書》約園刊本，第 2 集，總第 5 冊）。按：張壽鏞約園刊本《四明叢書》第
　　　　1 集刊於 1932 年，第 2 集刊於 1934 年。
〔註23〕張壽鏞：〈張蒼水集跋〉，《張蒼水集·跋》，頁 434 下。
〔註24〕明·張煌言：《張蒼水集》（北京：中華書局，1959 年 4 月 1 版）。
〔註25〕明·張煌言：《張蒼水集》（上海：上海古籍出版社，1985 年 10 月新 1 版）。

版社者爲優。

（七）《臺灣文獻叢刊》本《張蒼水詩文集》

民國三十八年之後，台灣方面曾經多次出版張煌言遺集，最早乃是 1962 年台灣銀行經濟研究室印行《臺灣文獻叢刊》本，此根據張壽鏞《四明叢書》約園刊本標點排印，並改書名爲《張蒼水詩文集》〔註26〕，《臺灣文獻叢刊》本實爲《四明叢書》之標點節編本，至於編排方式依序爲：《北征得失紀略》、《冰槎集》（附外編二「遺文」）、《奇零草》、《采薇吟》（附外編一「遺詩」）、附錄一（傳、銘、年譜等）、附錄二（序跋）

（八）臺北市寧波同鄉會月刊社編《張蒼水先生專集》

臺北市寧波同鄉會爲表章先鄉賢，繼《沈光文斯庵先生專集》〔註27〕之後，於 1984 年編印《張蒼水先生專集》〔註28〕。本書大抵乃以《四明叢書》爲底本加以標點，兼收錄臺灣對張煌言之研究論文。其編排方式依序爲：遺像、題詞、遺墨、序、前言、例言、遺著詩（含《奇零草》、《采薇吟》及外編一〈遺詩〉）、遺著文（含《北征得失紀略》、《冰槎集》及外編二〈遺文〉、《鄉薦經義》）、序文及跋、年譜、墓錄、碑記、世系、傳略、題詠詩詞、題詠文、紀念文、特載。

此外，民國初年烏程張鈞衡所輯之《適園叢書》第一冊內亦收有煌言《北征紀略》〔註29〕，惟不知其所據爲何本。

（九）寧波出版社《張蒼水全集》

2002 年 7 月大陸浙江省寧波市之寧波出版社出版由王介堂、王重光、周冠明等人歷時五年整理之《張蒼水全集》〔註30〕，此爲大陸地區第三次全面整理張蒼水詩文集之成果。本書計四百七十五頁，爲簡體橫排版，本全集以

〔註26〕 明‧張煌言：《張蒼水詩文集》（臺北：臺灣銀行經濟研究室，1962 年 6 月 1 版，《臺灣文獻叢刊》第 142 種）。

〔註27〕 侯中一編：《沈光文斯庵先生專集》（臺北：臺北寧波同鄉月刊社，1977 年 3 月 1 版）。

〔註28〕 張行周編：《張蒼水先生專集》（臺北：臺北寧波同鄉月刊社，1984 年 11 月 1 版）。

〔註29〕 張鈞衡輯：《適園叢書》（臺北：藝文印書館，1970 年臺 1 版）。

〔註30〕 明‧張煌言撰、周冠明等編：《張蒼水全集》（寧波：寧波出版社，2002 年 7 月 1 版）。

《四明叢書・張蒼水集》爲底本，參校上海古籍出版社《張蒼水集》及臺北市寧波同鄉會月刊社編《張蒼水先生專集》進行編校。書前有奉化高齡八五老人毛翼虎新撰〈張蒼水全集序〉、方牧（本名王學淵）〈東海何處吊蒼水〉之代序，本全集無注釋，但新增點校校勘記，內文附人名考證。附錄一有：年譜、傳略、今人專論、銘記、題詠、像贊、畫贊、硯贊、像記、硯跋、題扎、祭文、序跋。附錄二有：畫像照片、遺墨。全書內容亦不出於《四明叢書》本範圍。

二、生平及其文學理論

（一）生平

張煌言（1620～1664）生於明萬曆四十八年（1620），字玄箸，號蒼水；浙江寧波府鄞縣人，宋相張知白之後裔。其母趙夫人生產前夕，夢見五彩祥雲入室，所以小名阿雲。父圭章，天啓四年（1624）舉人，官至刑部外郎。煌言生而頎岸，秀眉削面，吐音如洪鐘，目瞳炯炯有神，顧盼非常。〔註31〕其自小體弱多病，任官於河東鹽運使司判之張圭章，對此獨子寄予厚望，故六歲開始教讀，煌言此時即能口誦成書，展現聰穎天份。在十五歲舞象之齡，便「輒好爲詩歌」〔註32〕。張煌言娶妻董氏，年二十（崇禎十二年，1639）生子萬祺，復四年（崇禎十六年，1643）生女，後嫁全美樟之次子。

然隨其年紀漸長，張煌言竟成爲輕狂少年，如黃宗羲〈明兵部左侍郎蒼水張公墓誌銘〉所云：「公幼頗跅弛不羈，好與博徒遊，無以償博進，則私斥賣其生產。刑部恨之。」〔註33〕足見其豪宕不羈、結客放誕、好勇練武之特異心性已極鮮明，甚縱情聲色、狂呼好賭，以致偷取田契，變賣家產。此種離經叛道之行徑，使一向剛毅正直之張父怒而杖責之，其師友亦拒棄之，疑爲萬斯同所作之〈兵部左侍郎張公傳〉云：

> 幼善病，病輒瀕死。六歲就塾，書上口，即成誦。十二，喪母。父判河東鹺、署解州篆，爲壯繆故里；煌言謁詞下，撰文祭告，以忠義自矢。年十六，補邑弟子員；迅筆皆驚人語。性豪宕，喜聲歌、

〔註31〕清・沈冰壺：〈張公蒼水傳〉，《張蒼水集・附錄三》，頁 324 上。
〔註32〕〈奇零草序〉，《張蒼水集》卷 5《冰槎集》，頁 254 上。
〔註33〕黃宗羲：〈明兵部左侍郎蒼水張公墓誌銘〉，見清・黃宗羲撰、沈善洪主編：《黃宗羲全集》（杭州：浙江古籍出版社，1993 年 10 月 1 版），第 10 冊《南雷詩文集・碑誌類》上，頁 281。

六博，兼致談兵挾策之徒。父庭訓甚嚴，屢杖之，勿改。〔註34〕

又沈冰壺〈張公蒼水傳〉亦言張煌言：

> 輕財結客，喜陳法務。瑰瑋大節，不修邊幅細行，漁酒色。時時從
> 博徒遊，擲立盡，輒大噱稱快為笑樂，數私斥賣其生產。刑部公恨
> 之，不能禁也。然風骨棱棱，不可一世。〔註35〕

此外，全祖望在〈張蒼水年譜〉中亦曾記載道：

> 崇禎十三年（庚辰），公二十一歲。公少好黃白之學，嘗絕粒運氣，
> 困殆幾斃。已而，遊於椎埋拳勇之徒，扛鼎擊劍，日夜不息。忽又
> 縱博，無以償所負，則私斥賣其生產；刑部恨焉。〔註36〕

張煌言放縱任性、不軌常規，自難見容於孝友傳家之張氏一門，況私下斥賣
其生產之事，幸得摯友全美樟慨售負郭之田以清其逋負，並勸之折節讀書，
此事據全祖望〈穆翁全先生墓志〉載：

> 張督師蒼水為諸生，放誕不羈，呼盧狂聚，窮晝極暮。自其父兄以
> 至師友皆拒之，獨先生一見曰：「斯異人也。」乃盡賣負郭田三百金
> 為償其負，而勸以折節改行。督師於儕輩不肯受一語，惟見先生，
> 稍斂其芒角，以女妻先生仲子。〔註37〕

張煌言從此折節改行，故二十三歲（崇禎十五年，1642）中舉；明年，應會
試不第。張煌言雖未中進士第，但其飛揚文采、糾眾習武之性深固難改。
而其輕財結客、喜與談兵挾策之徒相交等品格，已為日後生命歷程埋下深遠
影響。

　　崇禎十七年（1644）三月，李自成陷北京，思宗殉國。五月，福王朱由
崧即位南京。明年（弘光元年，順治元年）五月，清兵破南都，弘光帝被
擄、遇害，是謂申、酉兩都之變。此時浙東競相起義，會錢肅樂舉兵鄞縣，
煌言奔赴天台迎接魯王朱以海。八月，魯監國於紹興，賜煌言進士加翰林院
編修，出籌軍旅，入典制誥。初，閏六月初七，鄭芝龍、鄭鴻逵、黃道周

〔註34〕〈兵部左侍郎張公傳〉，《張蒼水集‧附錄三》，頁 321 上。按：〈兵部左侍郎
　　　　張公傳〉一文，作者不可考，疑為萬斯同所作。

〔註35〕沈冰壺：〈張公蒼水傳〉，《張蒼水集‧附錄三》，頁 324。

〔註36〕全祖望輯：《張蒼水年譜》，《張蒼水集‧附錄一》，頁 288。

〔註37〕《全祖望集彙校集注‧鮚埼亭集外編》卷 8〈穆翁全先生墓志〉，頁 894。全
　　　　祖望族祖，全穆翁諱美樟，字木干；其仲子，公婿也。張煌言海外抗清後避
　　　　地居臺州黃巖縣。

等，奉唐王朱聿鍵監國於福州，同月廿七日即皇帝位於福州南郊，改是年七月一日以後爲隆武元年（順治二年，1645）。隆武二年（順治三年，1646）正月魯王改元頒曆，稱監國元年。五月，擁魯王之方國安以軍叛，浙東江上師潰，煌言倉皇歸家辭別老父，追扈魯王至舟山，自此離家泊海十八年。

監國二年（永曆元年，順治四年，1647），松江吳勝兆反正，煌言以右僉都御史監定西侯張名振軍以援，至崇明，颶風覆舟，爲清軍所俘，煌言間道復歸舟山。明年秋，浙東山寨紛起，煌言移節上虞之平岡山寨，與四明山寨王翊互爲犄角，焚上虞、破新昌，浙東諸城爲之晝閉。

監國五年（永曆四年，順治七年，1650），張名振以太師當國，召煌言還朝，煌言率平岡寨兵三百入衛舟山，魯王加煌言兵部右侍郎，仍兼右僉都御史原官。監國六年，清吏浙之提都田雄、總兵張杰、海道王爾祿並以書招煌言，煌言峻辭拒之。是年秋，清兵大舉進攻舟山，名振奉王親搗吳淞以牽制清軍，拉煌言同行。九月清兵陷舟山，二張再衛監國投福建，時閩事主於鄭成功，然其乃遙奉桂王正朔，故監國爲寓公而已；煌言因激發藩鎮，改艦首而北之，但諸藩不聽，煌言獨不臣鄭延平。而煌言極推成功之忠，嘗曰：「招討始終爲唐，眞純臣也。」成功聞之，亦曰：「侍郎始終爲魯，豈與吾異趨哉。」故成功與煌言雖所奉不同，然而其交甚睦。〔註38〕監國八年（永曆七年，順治十年，1653）三月，魯王疏去監國號。

張名振與張煌言不願長期依賴在廈門之鄭成功，決定憑自己實力率軍北伐，以開闢抗清新局，永曆七年（順治十年，1653）八月，煌言監張名振軍，帶領五六百艘戰船向北進發，達長江口之崇明一帶沙洲，清崇明兵力有限，不敢出戰，被圍長達八個月之久。明年（永曆八年，順治十一年，1654）張軍三入長江，執行劫糧政策。九年名振卒於舟山軍中，遺言以所部付煌言，至是煌言之軍始盛。十年八月，清兵再陷舟山，煌言馳救之，被圍，致近年來所輯詩稿亡失什之三〔註39〕；冬，移軍福建沙埕。十一年，魯王自去監國名號，煌言在閩，不能自存，不得已遂還軍舟山。十二年，滇中桂王遣使授

〔註38〕《全祖望集彙校集注·鮚埼亭集》卷9〈明故權兵部尚書兼翰林院侍講學士鄞張公神道碑銘〉，頁182。

〔註39〕其〈奇零草序〉云：「迨辛卯（監國六年，永曆五年，1651）昌國陷，而笥中草竟靡有孑遺；何筆墨不幸一至於此哉！嗣是綴輯新舊篇章，稍稍成帙。丙申（永曆十年，1656）昌國再陷，而亡什之三。」《張蒼水集》卷5《冰槎集》，頁254下。

煌言爲兵部侍郎兼翰林院學士；延平北伐，監其軍，舟次羊山，遭風濤，海舶碎者百餘，於是返斾。

　　永曆十三年（順治十六年，1659），張煌言與鄭成功會師北征金陵。五月，延平全師入江，煌言以所部義從數千人並發爲前驅。抵崇明，煌言謂延平：「崇沙乃江海門戶，且懸洲可守，不若先定之爲老營。」〔註40〕然延平不聽。既濟江，眾議首取瓜步，請煌言所部爲前軍，破金、焦間「滾江龍」鐵索及西洋大砲，復以煌言開府蕪湖，傳檄江北，相率來歸，凡得四府、三州、廿四縣。〔註41〕然鄭延平圍金陵已半月，不聞發一鏃射城中，而鎮守鎮江將帥，亦未嘗出兵取旁邑，煌言恐有所失，因上書延平曰：「頓兵堅城，師老易生他變；亟宜分遣諸師，盡取畿輔諸郡。若留都出兵他援，我可以邀擊殲之，否則不過自守虜耳，俟四方克復，方可全力注之，彼直檻羊、阱獸耳。」〔註42〕不聽，致鄭軍師挫，大敗退入海。江督郎廷佐發舟師扼煌言歸路，致煌言亡命英霍山，歷險二千餘里，始得歸浙江寧海。〔註43〕十四年，煌言重駐天台之臨門。

　　永曆十五年（順治十八年，1661）二月，鄭成功思取臺灣，三月一日祭江興師進軍臺灣，三月二十四日抵澎湖，煌言遣幕客羅子木以書挽成功，不聽。冬，煌言引軍入閩，次沙埕，滇事危急。十二月初二，永曆帝被執，次年四月望日，被吳三桂弒於昆明。十二月三日鄭成功佔領臺灣，清廷頒禁海令，海上孤軍更爲艱難。永曆十六年（康熙元年，1662）五月，鄭成功卒於臺灣；十一月，魯王薨於金門，煌言絕望。永曆十七年，煌言遣使入閩，祭告魯王。十一月，清兵陷廈門及金門，鄭經退守銅山。永曆十八年（康熙三年，1664）二月，銅山撤守，鄭經全軍轉進臺灣。六月，煌言自解餘軍，遷避南田縣屬之懸嶴，七月十七日丑時被執，八月逮解至杭州，九月七日湖上就義，得年四十五。

（二）文學理論

　　張煌言本具亦狂亦俠亦儒文之氣質，且才情高逸，自汪光復《航海遺聞》所載錄一則舟山軼事可知：

> 斌卿恆以降乩炫才能，示興復。一日，禮部尚書張肯堂、太常寺卿

〔註40〕　《張蒼水集》卷9〈北征得失紀略〉，頁274上。
〔註41〕　《張蒼水集》卷9〈北征得失紀略〉，頁275下。
〔註42〕　《張蒼水集》卷9〈北征得失紀略〉，頁276上。
〔註43〕　《張蒼水集》卷9〈北征得失紀略〉，頁280上。

朱永祐、浙江巡按御史李長祥、兵科徐孚遠、張煌言、任穎眉等俱在座，乩降思澀；煌言微笑之。斌卿叩所以，煌言曰：「弟亦有仙，可不召而速。」斌卿虛席固請。煌言令斌卿出十題，限十韻，煌言援筆立就，妙思入神；一座歎服。嗣此斌卿呼爲「張大仙」云。〔註44〕

慈谿鄭溱於康熙二十三年（1684）〈奇零草跋〉曾云：「當天步艱難之世，從亡海島，志在中興。自丙戌至甲辰十九年間，飄泊於波濤颶浪之中、竭蹶於干戈顛沛之際，履危蹈險，辛苦萬端；宜其音之哀且促矣。今觀《奇零草》文辭和雅、氣韻平舒，有從容瞻就之風，而無淒颯倉皇之態；有慷慨奮起之情，而無卑靡挫折之念。至若興趣所臻，風流跌宕；冠裳所集，意象崢嶸。覽厥體製，有直追嘉、隆盛時諸作者；何其音之不類也！」〔註45〕蓋張煌言志在戮力王室、恢復中原，不做楚囚狀，故家亡不悔，身喪不顧，發諸歌詠，固宜與盛世同符也。茲將張煌言之文學理論分爲下列三項分述之

1.聲詩代史

首先張煌言之文學創作動機在以聲詩代史，據其〈奇零草序〉云：

余於丙戌（監國元年，1646）始浮海，經今十有七年矣。其間憂國思家、悲窮憫亂，無時無事，不足以響動心脾。或提挈北伐，慷慨長歌；或避虜南征，寂寥低唱。即當風雨飄搖、波濤震盪，愈能令孤臣戀主、遊子懷親。豈曰亡國之音，庶幾哀世之意。……年來歎天步之未夷，慮河清之難俟。思借聲詩，以代年譜，遂索友朋所錄、賓從所鈔，次第之。而余性頗強記，又憶其可憶者，載諸楮端，共得若干首，不過如全鼎一臠耳。獨從前樂府歌行不可復考，故所訂幾若〈廣陵散〉。嗟乎！國破家亡，余謬膺節鉞，既不能討賊復仇，豈欲以有韻之詞求知於後世哉！但少陵當天寶之亂，流離蜀道，不廢《風》《騷》，後世至名爲詩史；陶靖節躬丁晉亂，解組歸來，著書必題義熙；宋室既亡，鄭所南尚以鐵匣投史眢井中，至三百年而後出。夫亦其志可哀、其精誠可念也已！然則何以名《奇零草》？是帙零落凋亡，已非全豹；譬猶兵家握奇之餘，亦云余行間

〔註44〕明末清初・汪光復：《航海遺聞》，見《明季三朝野史》（臺北：臺灣銀行經濟研究室，1961年4月1版，《臺灣文獻叢刊》第106種），頁61～62。

〔註45〕清・鄭溱：〈奇零草跋〉，《張蒼水集・序》，頁167～168。

之作也。〔註46〕

張煌言所謂「思借聲詩，以代年譜」，乃在國破家亡之際，流離海上，仍自許爲杜陵詩史，更效淵明詩題甲子，表達義不降清之心，以詩證史，以詩補史。

2.詩窮而後工

張煌言詩文創作乃落實詩窮而後工之境界，如徐孚遠〈奇零草序〉云：

> 余聞詩能窮人，又聞窮而後工於詩；今玄著之詩，其氣宏偉而昌高、其詞贍博而英多，蓋明堂之圭璧、清廟之實鏞也。長離一鳴，世以爲瑞；況律呂之相宣乎！夫氣有盛、有衰，先動於人心；取玄著之詩而詠歌之，不特審音可比於虁、曠矣，我明之再興可以推矣，何必反覆前代之已事而爲憂恤哉！〔註47〕

故以羅子木詩「悲涼酸楚，至於嘔血。故其所爲詩篇，清峭蒼寒，一如夜猿秋鶴，可聞而不可聽，斯足悲矣！」〔註48〕乃爲上乘之作。其〈曹雲霖詩集序〉云：

> 甚矣哉！懽愉之詞難工而愁苦之音易好也。蓋詩言志，懽愉則其情散越，散越則思致不能深入；愁苦則其情沉著，沈著則舒籟發聲，動與天會。故曰「詩以窮而益工」，夫亦其境然也。〔註49〕

愁苦者情沉著，乃能發憤爲詩，愈窮愈工，動與天會，和以天倪，如「焦尾之桐出爨，而宮徵始發；火浣之布經燄，而色澤彌新；物固有待焚而成其貴者矣」〔註50〕。可見出煌言對詩文之獨到見解。〈曹雲霖詩集序〉又云：

> 雲霖與余論國事之廢興、悲人風之存沒，感動心脾，稍稍出舊什新篇相示。余既歎其工，而未始不哀其節苦而神悲也。年來雲霖臍帝眷，秩中丞；或佐雄師入江、或從名藩泛海，山河之感切中、湖海之勝娛外，累牘連篇，無非騷雅。余方聚旅北道，與雲霖蹤跡，離合恆相半。雲霖每以新制見寄，輒作十日喜、復作十日愁，是何其思深入、其情沉著也！工固至此哉，觀止矣！然後知愁苦之音果勝於歡愉之詞也。〔註51〕

〔註46〕〈奇零草序〉，《張蒼水集》卷5《冰槎集》，頁254下。
〔註47〕徐孚遠：〈奇零草序〉，《張蒼水集・序》，頁164上。
〔註48〕〈羅子木詩集序〉，《張蒼水集》卷5《冰槎集》，頁249上。
〔註49〕〈曹雲霖詩集序〉，《張蒼水集》卷5《冰槎集》，頁252下。
〔註50〕〈陳文生未焚草序〉，《張蒼水集》卷7〈外編・遺文〉，頁264下。
〔註51〕〈曹雲霖詩集序〉，《張蒼水集》卷5《冰槎集》，頁253下。

此言曹從龍之詩，對於國事廢興，有風人之悲，故感動心脾。而士之窮達，各有所遇，如其〈徐允巖詩集序〉云：

> 自夫士之窮達，亦何常之有。幸則短鋏長裾，傲視王侯，如侯嬴、
> 魯仲連之流是已；次之飛書走檄，如陳琳、阮瑀、袁宏之流是已。
> 不幸而生逢離亂，蹙蹙靡騁，因人成事；而山河破碎，蹉跌隨之，
> 如杜溿、鄒鳳其人，豈不大可慨也哉！……既而我師竟潰，余以間
> 道還海上；徐子復間關來歸，出其新製，皆酸楚不可讀。是爲幸乎？
> 爲不幸乎？〔註52〕

審此，詩歌創作落實到社會生活之中乃最眞切，如南宋陸游認爲詩家三昧「正在山程水驛中」〔註53〕及「工夫在詩外」〔註54〕，強調走出書齋，接觸廣泛之社會民生，就能獲得取之不盡、用之不竭之創作源泉。故文學源自詩人眞實之生活、眞切之生命、眞摯之情志，張煌言《奇零草》、《采薇吟》是其一生實錄，「讀斯二集，公二十年之行事始末，具可概見」〔註55〕。煌言遭憂憫亂，「其遇雖窮，其氣自壯」〔註56〕。故無論其一生行誼或詩文創作皆能落實「詩窮而後工」之詩觀。

3. 詩禪合一

張煌言文學創作論又有詩禪合一之文學觀。禪最重要在靠悟解，忌直陳；要以心傳心，意在言外，心心相印；故在表達上多用象徵、比喻、聯想；此則與詩之表現藝術相通。張煌言〈僧履端詩集序〉云：

> 世之闢佛者，辛謂浮屠氏爲外教。而瞿雲氏亦往往逃於枯空；謂不
> 如是，則非禪也。然東林惠遠、白社風高，未嘗不陶情吟嘯，則詭
> 於禪之外非禪，而拘於禪之中者亦非禪也。夫善《易》者不言《易》，
> 今使進禪而賦詩，字摹貝葉、句勒曇花，則亦偈而已；何名爲詩？
> 夫詩本性靈、禪亦本性靈，要自有活潑潑地者，此即禪機也。……

〔註52〕〈徐允巖詩集序〉，《張蒼水集》卷5《冰槎集》，頁246～247。
〔註53〕南宋·陸游著、錢仲聯校注：《劍南詩稿校注》（上海：上海古籍出版社，1985年9月1版），卷50〈題盧陵蕭彥毓秀才詩卷後〉二首之二，頁3021。其詩云：「法不孤生自古同，癡人乃欲鏤虛空。君詩妙處吾能識，正在山程水驛中。」
〔註54〕《劍南詩稿校注》卷78〈示子遹〉，頁4263。
〔註55〕高允權：〈奇零草後序〉，《張蒼水集·序》，頁167下。
〔註56〕全祖望：〈張尚書集序〉，《全祖望集彙校集注·鮚埼亭集外編》卷25，頁1210。

> 普陀端公，吾未知其禪理何如；而微吟高詠，絕非枯空者可比。彼
> 豈欲以詩名哉！毋亦禪機所觸，不禁其洋洋洒洒矣。余偶得其數什
> 而諷之，固無貝葉、曇花風味；以是知端公能超於禪，而不拘於禪
> 者也。〔註57〕

明末逃禪者眾，僧人往往兼具詩人身分，其人有道有藝，禪機所觸，微吟高
詠亦詩懷所興，若能形於心、摹於手，自然高妙。

　　元好問曾云「詩為禪客添花錦，禪是詩家切玉刀」〔註58〕，詩與禪的完
美結合，使詩具有高超之藝術品格，成為卓絕之藝術精品。然而詩歌不可偏
於一味闡述哲理，若一味說理，則於興觀群怨之旨，背道而馳。煌言〈梅岑
山居詩引〉又云：

> 從來儒、墨分席，然詩律可通於禪、禪鋒每寄於詩；是何以故？蓋
> 詩家格律甚精，不遜虛空三昧；而禪家機鋒相觸，原具風雅三摩。
> 故禪有魔而詩亦有魔，而詩稱聖、禪亦稱聖；超悟者，本無殊趣
> 也。芥舟上人以遠公宿根，得生公妙解；振錫名山，玄風晻曖。禪
> 悅之餘，遂成「梅岑新詠」；騷耶？偈耶？讀之如坐光明藏矣。是使
> 騷人雕風鏤月，總似拈花；釋子說乘參宗，無非夢草。提起法幢、
> 掀翻騷壘，直疑大士現身，豈僅老僧饒舌；則滿恆河沙皆詩也，滿
> 恆河沙皆禪也。有聲有聞者，當作如是觀；無色無相者，亦當作如
> 是觀。〔註59〕

禪宗以不立文字為宗，主張要「參活句」（活參）。故云：「有法授人，死語
也，死語，其能活人乎？」〔註60〕宋人作詩講「活法」可與禪宗「活句」相
通。如北宋末呂本中〈夏均父集序〉云：「學詩當識活法。所謂活法者，規矩
備具而能出於規矩之外，變化不測而亦不背於規矩也。是道也，蓋有定法而
無定法，無定法而有定法，知是者則可以與語活法矣。」〔註61〕因此煌言認

〔註57〕〈僧履端詩集序〉，《張蒼水集》卷7〈外編・遺文〉，頁272。
〔註58〕〈答俊書記學詩〉，金・元好問著、姚奠中主編：《元好問全集》（太原：山西
　　　　人民出版社，1990年6月1版），卷14，上冊，頁435。
〔註59〕〈梅岑山居詩引〉，《張蒼水集》卷7〈外編・遺文〉，頁265上。
〔註60〕南宋・釋普濟編：《五燈會元》（北京：中華書局，1984年10月1版，蘇淵雷
　　　　點校本），卷17〈黃龍慧南禪師〉，頁1105。
〔註61〕北宋末・呂本中〈夏均父集序〉，南宋・劉克莊《江西詩派小序》引。見丁福
　　　　保輯：《歷代詩話續編》（北京：中華書局，1983年8月1版，華文實點校本），
　　　　頁485。

爲「超悟者，本無殊趨」，乃達詩禪合一之臻境。再者，何謂「生公妙解」之工夫歷程，誠如蘇軾所謂「欲令詩語妙，無厭空且靜。靜故了群動，空故納萬境。閱世走人間，觀身臥雲嶺。鹹酸雜眾好，中有至味永。」〔註62〕此乃在於詩家，能靜故能了群動，能空故能納萬境。而禪宗乃「空寂」、「無關心」、「本來無一物」。進一步凝神觀照，達到物我合一境界，否定世俗情欲，尋求人生精神解脫，使人心靈達到絕對自由超然，才能對詩境或禪理有所妙悟，是故「清清翠竹，盡是法身；鬱鬱黃華，無非般若」〔註63〕。換言之，即如煌言文中所言：滿恆河沙皆詩，滿恆河沙皆禪。如此騷人雕風鏤月，總似拈花；釋子說乘參宗，無非夢草。總之，「參禪學詩無兩法，死蛇解弄活潑潑」〔註64〕，才是詩禪合一最高境界。

第二節　海上長城空自許

　　張煌言出生於仕宦之家，父親張圭章爲天啓甲子科舉人，官刑部員外郎。煌言幼承家學，接受極嚴格教育。十六歲即考上秀才，二十三歲中舉。因煌言先天具有濃烈俠義本性，加以博通經史，並能自先哲微言大義中汲取忠義報國之道德觀，故成就日後扶持魯王，一心爲國，死而後已之大無畏精神。而張煌言一生奮戰不懈之精神，可視爲東南抗清之海上長城。

一、甲申國變，投筆從戎

　　張煌言在甲申國變之前，仍然措意於傳統科考而入仕之書生，但兩京相繼淪陷，禍亂紛起，眼見明室既屋，遂投筆從戎。自此開始，煌言窮其一生皆與南明抗清活動而相始終。

　　張煌言一生文武相兼，其來有自，就其深具俠義特質而言，其實是經歷

〔註62〕蘇軾：〈送參寥師〉，北宋·蘇軾著、清·王文誥等輯註：《蘇軾詩集》（北京：中華書局，1982年2月1版，1992年4月3刷，孔凡禮點校本），卷17，頁905～906。

〔註63〕北宋·釋道原編：《景德傳燈錄》（臺北：臺灣商務印書館，1981年2月1版，《四部叢刊廣編》影宋刻本），卷28〈越州大珠慧海和尚語〉，頁285上。又馬鳴禪師亦語：「青青翠竹，總是法身；鬱鬱黃華，無非般若。」見《五燈會元》卷3〈大珠慧海禪師〉，頁157。

〔註64〕葛天民：〈寄楊誠齋〉，南宋·葛天民：《葛無懷小集》（臺北：新文豐出版公司，1997年3月臺1版，《叢書集成三編》第40冊，影《南宋群賢小集》本），頁681上。

一番人生大轉折之結果。煌言年少時輕財結客，不修邊幅，漁酒色，喜呼盧，時時從博徒者游，擲立盡，則大噱稱快爲笑樂，數私斥賣其生產，引起其父恨忿而怒杖之。其負債無以償，幸得益友全美樟盡賣負郭良田，得金三百兩，代償其逋，並勸以改行立節。〔註65〕煌言自此重理舊業，折節讀書；然曾有過之年少輕狂，造就其文俠兼具性格。

　　從詩人生命心態史考察，張煌言天生任俠，又淹通經史，更具有詩人獨特才性；此一人格特質，表現於日後之成就，不僅是倚馬可待之文士，更是橫槊賦詩之抗清名將。實則張煌言之迴異於一般儒生，早在十六歲時已有跡象；時應童子試，崇禎帝因天下多故，時局維艱，遂令試經義後再考校武藝，而應試諸人中，惟煌言輕而易舉通過考試。其摯友黃宗羲於〈蒼水張公墓誌銘〉中記載當時情景：

> 年十六，爲諸生。時天下多故，上欲重武，令試文之後試射。諸生從事者新，射莫能中；公執弓抽矢，三發連三中，暇豫如素習者。觀者以爲奇。〔註66〕

足見張煌言眞爲英雄少年也，其文藝武事已鋒芒畢露。

　　弘光元年（順治二年，1645）四月，魯王暫駐台州，及鄭遵謙等起兵，議推戴，而入浙。六月，鄞士董志寧、王家勤、張夢錫、華夏、陸宇火鼎、毛聚奎與刑部郎錢肅樂會鄉老合兵，議奉箋迎魯王監國。據全祖望〈明故權兵部尙書兼翰林院侍講學士鄞張公神道碑銘〉云：

> 方錢忠介公之集師也，移檄會諸鄉老，俱未到，獨公先至。忠介相見，且喜且泣。既舉事，即遣公迎監國魯王於天台；王授公爲行人，至會稽，賜進士，加翰林院編修，兼官如故，入典制誥，出籌軍旅。〔註67〕

〔註65〕事見全祖望：〈明故權兵部尚書兼翰林院侍講學士鄞張公神道碑銘〉，清·全祖望撰、朱鑄禹校注：《全祖望集彙校集注·鮚埼亭集》（上海：上海古籍出版社，2000年12月1版），卷9〈明故權兵部尚書兼翰林院侍講學士鄞張公神道碑銘〉，頁194。又見本章第一節作者生平中所引全祖望〈穆翁全先生墓志〉，茲不贅引。按：全美樟爲全祖望之族祖，後煌言獨女嫁於全美樟之次子，而隱於黃巖。全祖望親見其伯母於而作〈張督師畫像記〉。

〔註66〕黃宗羲：〈明兵部左侍郎蒼水張公墓誌銘〉，《黃宗羲全集》第10冊《南雷詩文集·碑誌類》上，頁281。

〔註67〕《全祖望集彙校集注·鮚埼亭集》卷9〈明故權兵部尚書兼翰林院侍講學士鄞張公神道碑銘〉，頁180。

可知當時獨張煌言先至，致錢肅樂感動其情摯，遂遣煌言迎監國魯王於天台，監國即位紹興後，煌言自此投筆從戎，鞠躬盡瘁，死而後已。監國元年（順治三年，1646）六月二日，江上師潰，清兵入紹興，浙東失陷，張煌言與張國維護魯王過曹江，歸別父母妻子，護王入海，從駕石浦，一生擁護魯王而無貳志，直至永曆十六年（1662）十一月，魯王薨於金門後，才散軍殉國。

　　監國二年（順治四年，1647），張煌言在舟山，以右僉都御史奉命持節護張名振軍。四月，松江提督吳勝兆請以所部來歸，煌言以右僉都御史持節監定西侯軍以援之。至崇明，颶風覆舟。「煌言及麾下百餘人，爲松江守備所獲。煌言與守者錢，紿以蒙師被虜，守者信之，得脫。百餘人皆死。」〔註68〕據煌言回憶，此役「陷虜中七日，得間，行歸海上。」〔註69〕

　　監國四年（順治六年，1649），張煌言募軍結寨於平岡。時蕭山、會稽、臨海、天台、慈溪、奉化之間，山師大起，惟煌言與李長祥、王翊軍不事劫略，居民安之。其〈勸農遇雨，時余屯兵山寨〉云：

> 濃雲似墨滯行旌，點染春郊最有情。話到桑麻風自古，災餘草木雨還生。土龍不用胡僧咒，竹馬偏喧稚子迎。烟火幾家寥落盡，空山布穀一聲聲。〔註70〕

本詩好似一幅農家復甦圖，圖中濃雲似墨，點染春郊，天降甘霖，災後草木還生，空山布穀鳥啼，一聲聲喚起山寨農民春耕之景。全祖望謂「時忠介已奉王出師於閩，浙東之山寨亦群起遙應之；公乃集義從於上虞之平岡。山寨之起也，因糧於民；民始以其爲故國也，共餉之。而其後遂行抄掠，民苦之。其不以橫暴累民者，祇李公長祥東山寨、王公翊大蘭山寨，與公而三；履畝輸賦，餘無及焉。」〔註71〕可見諸山寨四出掠奪，農村蕭條寥落，百姓身處戰爭之苦難中；張煌言等則愛民如子，遇雨勸農，履畝募稅，百姓敬之，主動輸賦，提供軍需。緣此，煌言在上虞平岡山寨能建立事功，一如黃宗羲〈張

〔註68〕 清·朱溶：《忠義錄》卷 5〈張煌言傳〉，見《明清遺書五種·忠義錄》（北京：北京圖書館出版社，2006 年 11 月 1 版），頁 645〜646。新發現《忠義錄》記此事爲諸家〈張煌言傳〉所未載。

〔註69〕 《張蒼水集》卷 9〈北征得失紀略〉，頁 274 上。

〔註70〕 〈勸農遇雨，時余屯兵山寨〉，《張蒼水集》卷 1《奇零草》（一），頁 192〜193。

〔註71〕 《全祖望集彙校集注·鮚埼亭集》卷 9〈明故權兵部尚書兼翰林院侍講學士鄞張公神道碑銘〉，頁 181。

公墓誌銘〉所云：「移節上虞之平岡山寨，與王司馬相犄角，焚上虞、破新昌，浙東列城爲之晝閉。」〔註72〕

二、舟山之陷，哀悼同志

（一）舟山之陷

監國六年（順治八年，1651）八月，清兵三路攻舟山，「張定西自恃習熟形勢，謂諸將曰：『蛟門天險，誰能飛渡！吾坐而覆之，此易事耳。』」〔註73〕乃見張名振恃險失備，而舟山城破，張肯堂、朱永祐等死之。魯王舟山之陷史事，如《東南紀事・張名振傳》載：

> 秋，大清兵攻舟山，松江張天祿出崇關、金華馬進寶出海門、陳錦出定海。名振南禦進寶，使張煌言等斷北洋，當天祿。北軍勢盛，名振度不支，乃與煌言及英義伯阮駿扈魯王發舟山。舟泊道頭，阮進詣海門求和，北軍欲誘之，進以數舟脫歸。值大帥金礪之舟，火毯投礪，風反轉擊，進創甚投水，大兵刺取之。進驍捷，稱飛將，舟山所恃惟進。進死，城遂陷。大學士張肯堂、禮部尚書吳鍾巒等，皆殉。名振以先出得免，如朱成功營。〔註74〕

當時張煌言亦從行，故悲其事，遂寫〈翁洲行〉云：

> 自從錢塘怒濤竭，會稽之棲多鍛翮。甬東百戶古翁洲，居然天塹高碙石。青雀黃龍似列屏，蛟螭不敢波間鳴。虎韔爭如秦婦女，魚旐半是漢公卿。五六年間風雲變，帝子南巡開宮殿。鯊來澤國仗樓船，烏鬼漁人都不賤。堂怡穴鬥幾經秋，胡來飲馬滄海流。共言滄海難飛越，況乃北馬非南舟。東風偏與胡兒便，一夜輕帆落奔電。南軍鼓死將軍擒，從此兩軍罷水戰。孤城聞警蚤登陴，萬騎壓城城欲夷。砲聲如雷矢如雨，城頭甲士皆瘡痍。雲梯百道凌霄起，四顧援師無螻蟻。裹瘡奮呼外宅兒，誓死痛苦良家子。斯時帝子在行間，吳淞渡口凱歌還。誰知勝敗無常勢，明朝聞已破巖關。又聞巷戰戈旋倒，

〔註72〕黃宗羲：〈明兵部左侍郎蒼水張公墓誌銘〉，《黃宗羲全集》第10冊《南雷詩文集・碑誌類》上，頁281。
〔註73〕全祖望輯：《張蒼水年譜・順治七年庚寅公三十二歲》，《張蒼水集・附錄一》，頁292下。
〔註74〕清・邵廷采：《東南紀事》（臺北：臺灣銀行經濟研究室，1961年1月1版，《臺灣文獻叢刊》第35種），卷10〈張名振〉，頁127。

闔城草草塗肝腦。忠臣盡葬伯夷山，義士悉到田橫島。亦有人自重
圍來，向余細語令人哀。椒塗玉葉填瞽井，甲第珠瓓掩劫灰。而今
人民已非況城郭，髑髏跳號寧復肉？土花新蝕遺鏃黃，石苔早繡缺
垳綠。嗚呼！問誰橫驅鐵裲襠，翻令漢土剪龍荒？安得一劍掃天狼，
重酹椒漿慰國殤！〔註75〕

翁洲即春秋時之甬東地，位在浙江省寧波府定海縣之舟山東邊三十里處，有
良田湖水，相傳葛仙翁嘗隱於此，又名翁山。此詩前八句乃敘述其地理環境，
有如天然屏障，故人多隱於此。自「五、六年間風雲變」至「況乃北馬非南
舟」，乃言魯監國駐蹕於此，因其地處在東海中，連飛鳥亦難飛越，何況是不
熟舟船之清兵？據全祖望〈明故太師定西侯張公墓碑〉載：

辛卯秋，大兵下翁洲。公以蛟關天險，海上諸軍熟於風信，足以相
拒，必不能猝渡。乃留阮進守橫水洋，以弟左都督名揚、副安洋將
軍劉世勳守城，而自以兵奉王搗吳淞以牽制之。〔註76〕

全祖望〈張督師畫像記〉引其族母，煌言之獨女回憶曰：

舟山之陷也，張名振初聞大兵三道並出，自以習熟形勢，謂蛟關天
險，不可旦夕下。乃悉其銳師奉王，揚聲趨松江，以牽舟山之勢。
是時，先公亦為所拉，同在行間，不料蕩胡失守，以火攻死。一夕
昏霧，大兵畢渡。名振已抵上海，聞變遽還，則不及矣。謂其輕出
則可，謂其奉王以逃則誤也。〔註77〕

此口述極近史實，此事試看保留在日本之張名振與朱之瑜書云：

別後狡虜窺關，三路並至，不意蕩湖（指蕩湖伯阮進）以輕敵陣
亡，虜騎遂得飛渡。不佞直指吳淞，幸獲全捷，而孤城援絕，死守
十日，竟為所破。不佞闔門自焚，而全城被僇矣！〔註78〕

審此，張名振憑恃天險而有出奇兵取松江，以牽清軍攻舟山之師的軍事行動，
此乃戰略錯誤，輕估清軍，埋下舟山失守之主因。接著「東風偏與胡兒便」，
造成「南軍鼓死將軍擒」，指蕩湖伯阮進輕敵陣亡。據全祖望《張蒼水年譜》

〔註75〕〈翁洲行〉，《張蒼水集》卷1《奇零草》（一），頁196。
〔註76〕《全祖望集彙校集注‧鮚埼亭集外編》卷4〈明故太師定西侯張公墓碑〉，頁
812。
〔註77〕《全祖望集彙校集注‧鮚埼亭集外編》卷19〈張督師畫像記〉，頁1113。
〔註78〕明‧朱之瑜：《朱舜水集‧書簡》（北京：中華書局，1981年8月1版，朱謙
之整理本），卷4〈致張定西侯書〉附〈張定西侯來書〉，頁41。

詳述：

> 八月，大兵試舟海口，舟山人以三舟突陣，獲樓船一隻、戰艦十
> 餘，馘十一人而縱之。踰日，天忽大霧，咫尺不辨，大兵輕帆直
> 下。時阮蕩湖先詣海門請和，欲以緩師；大兵將誘之。蕩湖適歸，
> 邀擊大兵於洋，以火毬投樓船；風轉反焚其舟，蕩湖面創甚，投水
> 而死。〔註79〕

清軍先派兵試探虛實，舟山人初略有擄獲，翌日，清軍乘大霧蔽天之際，傾
巢而出，蕩湖伯阮進藉緩兵之計欲用火攻，詎料，風向驟變，竟自焚其舟，
致傷亡慘重。

接著筆鋒陡轉，寫到本詩主題「舟山城陷」：「孤城聞警蚤登陴，萬騎壓
城城欲夷。砲聲如雷矢如雨，城頭甲士皆瘡痍。雲梯百道凌霄起，四顧援師
無螻蟻。裹瘡奮呼外宅兒，誓死痛苦良家子。」清兵攻城之急，劉世勳、張
名揚則死守城池，企望張名振還師來救，未至，城陷。據全祖望〈翁洲劉將
軍祠堂碑〉載：

> 將軍（劉世勳）料簡城中步卒尚五千，麾下死士五百，居民助之，
> 乘城而守，屢攻屢卻。八月二十六日開門詐降，內伏大砲，受降者
> 爭先入，伏發，擊殺千人。大兵愈怒，急攻，然終不克。先是城中
> 別將邱元吉、金允彥密約為內應，顧不得間。二十八日，遂縋而出
> 降，且言將軍嚴守狀，乃再益兵。九月二日，大砲如蝟，城雉盡壞。
> 將軍乃朝服北面望海拜謝自剄。〔註80〕

諸將背城力鬥，殺傷清兵雖眾，然舟山之軍寡不敵眾，城遂陷。故而「忠臣
盡葬伯夷山，義士悉到田橫島」，悲慟文臣武將壯烈犧牲。其殉國者，據全祖
望《張蒼水年譜》載有：

> 文臣則大學士張肯堂、禮部尚書吳鍾巒、兵部尚書李向中、吏部侍
> 郎朱永祐、通政使鄭遵儉、兵科董志寧、兵部郎朱養時、吏曹楊思
> 任、戶曹江用楫、林英、禮曹董雲、兵曹李開國、朱萬年、王璽、
> 顧鉉、工曹顧宗堯、戴仲明、中書蘇兆人；武臣則安洋將軍劉胤
> 之、左都督張名揚、楊錦、署衛指揮王朝、參將林志燦、守備葉大

〔註79〕 全祖望輯：《張蒼水年譜・順治八年辛卯公三十二歲》，《張蒼水集・附錄一》，
頁 292 下。
〔註80〕 《全祖望集彙校集注・鮚埼亭集外編》卷 14〈翁洲劉將軍祠堂碑〉，頁 1015。

俊、定西參謀顧明楫，內臣則太監劉朝，諸生則林世英，俱死之。
〔註81〕

後段從「亦有人自重圍來」至詩末，則寫張煌言聽聞劫後餘生者之敘述，無限感慨，並矢志掃蕩清軍，以慰忠魂。

（二）弔黃斌卿

張煌言以爲舟山之所以會失陷，與之前肅鹵侯黃斌卿之死，有極大關係。張煌言〈弔肅虜侯黃虎癡〉云：

> 百年心事總休論，墮淚憑看石上痕。竹帛早應傳魏勝，河山終不負劉琨。當時杖履知何在，此日衣冠賴孰存？一自將臺星殞後，胡塵天地尚黃昏！〔註82〕

黃斌卿，字明輔，別號虎癡；興化衛人。唐王時，黃斌卿以己之前爲舟山參將，上言舟山形勢，故唐王命以伯印，賜劍屯其地，以便宜行事。而黃斌卿因性好猜忌，復怯於大敵而勇於害其同類。初，魯王入海其拒而不納，故爲諸將領所不喜。監國四年，「名振、進、朝先上疏合軍討舟山，斌卿累敗，求救於安昌王恭㰒及大學士張肯堂，上表謝罪。又謀和諸營曰：彼此王臣，無妄動。九月二十四日，會於海上，各斂兵待命。斌卿部將陸偉、朱玖背約出洋，進謂斌卿遁去，遂縱兵大掠，斫斌卿投之海中，二女皆死。」〔註83〕

張煌言此詩以宋魏勝及晉劉琨譬喻黃斌卿多智勇，能騎射，爲國之棟樑，然卻已逝世，因感慨「此日衣冠賴孰存」？故自詩中可見煌言對黃斌卿被同志阮進所殺，甚感惋惜，若黃斌卿不死，舟山或將不致淪陷也。黃斌卿爲人處事之缺失，一如《南天痕・黃斌卿傳》所批評：「古人有言，盜亦有道。斌卿欲盜據舟山，乃拒魯王而不納、害兩王子，不忠；滅荊監軍、殺賀忠威，不義；強據民田，不仁；侮定西、拒蕩胡，無禮；蓄叛臣爲部將，不智；無道甚矣。夷滅不亦宜乎？若諸人者，不足錄，傳其事以爲後世戒。」〔註84〕若自全祖望〈明戶部右侍郎都察院右僉都御史贈戶部尙書崇明沈公神

〔註81〕 全祖望輯：《張蒼水年譜・順治八年辛卯公三十二歲》，《張蒼水集・附錄一》，頁 292～293。

〔註82〕 〈弔肅虜侯黃虎癡〉，《張蒼水集》卷 1《奇零草》（一），頁 195 下。

〔註83〕 清・邵廷采：《東南紀事》（臺北：臺灣銀行經濟研究室，1961 年 1 月 1 版，《臺灣文獻叢刊》第 35 種），卷 10〈黃斌卿〉，頁 124。

〔註84〕 清・凌雪：《南天痕》（臺北：臺灣銀行經濟研究室，1960 年 6 月 1 版，《臺灣文獻叢刊》第 118 種），卷 22〈黃斌卿〉，頁 407。

道碑銘〉載：「公（沈廷揚）乃之翁洲，欲以翁洲將黃斌卿之兵入吳。閩中亦授公總督。時諸軍無餉，競以剽掠爲事，至於繫累男婦，索錢取贖，肆行淫縱。浙東之張國柱、陳梧爲尤甚。公謂斌卿曰：『師以恢復爲名，今所爲如此，是賊也，將軍其戒之。』斌卿曰：『公言是也。惟軍中乏食，不得不取之民間。今將何以足食？』公乃爲定履畝勸輸之法，而軍士不敢復鈔掠。斌卿故無大略，其後卒以不迎奉監國，被誅，而翁洲之人頗念之，以其軍稍有紀律，民無所擾，則皆公一言之力也。」〔註85〕審此而論，知黃斌卿頗得舟山民心。然當時陸宇爛所作〈黃斌卿傳〉，「盛稱斌卿之才略、忠孝，刻厲勤王，不邇聲色，力以恢復爲志；並辨定西、平西之事，皆以偶誤之嫌，非其本心。自斌卿死，舟山遂不可守。」〔註86〕此與南明諸史所載不同，然與煌言本詩觀點一致，頗有惋惜之意。

（三）輓張肯堂

舟山之陷，張肯堂一門殉國，極爲壯烈，全祖望〈明太傅吏部尚書文淵閣大學士華亭張公神道碑銘〉起筆極爲震撼人心云：「順治八年（1651）辛卯九月，大兵破翁洲，太傅閣部留守華亭張公闔門死之。大兵入其家，至所謂雪交亭下，見遺骸二十有七。有懸梁間者，亦有絕繯而墜者。其中珥貂束帶佩玉者，則公也。廡下亦有冠服儼然者，則公之門下儀部吳江蘇君兆人也。有以兵死者，則諸部將也。亦有浮屍水面者。大兵爲之驚愕卻步，歎息遷延而退，命局其門。」〔註87〕當時張煌言有〈輓張鯢淵相公〉二首弔之，其一云：

> 一身眞可繫危安，垂死威儀尚漢官。魂返黃壚應化碧，顏留青史即還丹。千秋共惜遺金鑑，十載何慚戴鐵冠。也識公歸箕尾上，定依日月倍芒寒。〔註88〕

張肯堂，字載寧，號鯢淵；華亭人。天啓五年（1625）進士。隆武二年（1646）

〔註85〕《全祖望集彙校集注・鮚埼亭集外編》卷4〈明戶部右侍郎都察院右僉都御史贈戶部尚書崇明沈公神道碑銘〉，頁803。

〔註86〕見全祖望輯：《張蒼水年譜・順治七年庚寅公三十一歲》，《張蒼水集・附錄一》，頁292下。

〔註87〕《全祖望集彙校集注・鮚埼亭內集》卷10〈明太傅吏部尚書文淵閣大學士華亭張公神道碑銘〉，頁199。

〔註88〕〈輓張鯢淵相公〉二首其一，《張蒼水集》卷1《奇零草》（一），頁194～195。

張肯堂被改任爲總制浙直。魯王監國三年（1647）六月，魯王拜爲東閣大學士。監國五年（順治八年，1651）八月，王聞清兵渡海，張名振與英義將軍阮駿扈之出翁洲；「時屯田都督張名揚守南門，閣部張肯堂守北門，監軍主事丘元吉、金允彥等督三親標守城。內師攻舟山不遺力，守者亦百法應之；至投書勸降，閣部肯堂等不答。內師興創進徇，城益戮力鍵禦。環圍十晝夜，南北洋二道凱師次十八門，阻不入援。」〔註89〕九月二日，城陷，先一日，張肯堂冠帶面北叩首準備就義。〔註90〕時「肯堂門人蘇兆人（字寅侯）知不可爲，闔戶自縊死，肯堂義之，爲降四拜，善殮之。隨作絕命詩四首，有『傳與後來青史看，衣冠二字莫輕刪』之句。次日事急，命舉火焚其家屬二十三口訖，遂與妾某氏．並投繯雪交亭之下；一女投荷池死。肯堂有僕已度爲僧，法名無凡，缽普陀。及舟山之變，歎曰：『吾翁無不殉國者』！促航舟山，泣請內帥，願下主懸瘞土；師義而許之。」〔註91〕

　　本詩以首聯「一身眞可繫危安」爲綱領，寫張肯堂一身繫天下安危，以見其對國家命脈存續之重要性，由於張肯堂忠貞爲國，即使面臨舟山陷落，將懸樑自縊，依舊不失漢官威儀。頷聯「魂返」句暗用《莊子・外物》萇弘死後鮮血化爲碧玉之典故〔註92〕，意謂其雖殉國，靈魂歸返黃泉，精神將永垂不朽，藉以譬喻張肯堂精誠忠正，因此能名留青史。頸聯稱讚張肯堂所進

〔註89〕　明末清初・查繼佐：《魯春秋》（臺北：臺灣銀行經濟研究室，1961 年 10 月 1版，《臺灣文獻叢刊》第 118 種），〈永曆五年、監國六年〉，頁 63。

〔註90〕　清・凌雪：《南天痕》（臺北：臺灣銀行經濟研究室，1960 年 6 月 1 版，《臺灣文獻叢刊》第 76 種），卷 15〈張肯堂傳〉，頁 247～248。

〔註91〕　《魯春秋》，〈永曆五年、監國六年〉九月一日，頁 65。雪交亭者，植一梅、一梨，其開花嘗相接，因以名亭；張肯堂讀書處也。全祖望序高宇泰《雪交亭正氣錄》云：「雪交亭者，前閣部張公鯢淵之寓亭，在翁洲，其左爲梅，其右爲梨，每歲花開，連枝接葉如雪。閣部正命，亭亦圮；而浙東亡國大夫，睠念不置，故姚江黃都御史梨洲以名其亭於姚之黃竹浦，武部以名其亭於鄞之萬竹嶼中。」《全祖望集彙校集注・鮚埼亭集外編》卷 25〈雪交亭集序〉，頁 1219。另全祖望〈明太傅吏部尚書文淵閣大學士華亭張公神道碑銘〉亦云：「雪交亭自亂後，公所植一梅、一梨獨無恙。浙東諸遺民，如黃公宗義接其種於姚江，高公宇泰接其種於甬上，至今二郡亦皆有雪交亭。」《全祖望集彙校集注・鮚埼亭內集》卷 10〈明太傅吏部尚書文淵閣大學士華亭張公神道碑銘〉，頁 209。

〔註92〕　《莊子・外物》：「萇弘死于蜀，藏其血三年而化爲碧。」清・郭慶藩集釋：《莊子集釋》（北京：中華書局 1961 年 7 月 1 版，1993 年 3 月 6 刷，李孝魚點校本），卷 9 上〈外物〉，頁 920。

奏章，如唐張九齡之千秋金鑑錄，能伸諷喻〔註93〕，議論必極言得失，所推
引皆正人，無愧於其執法之職；是乃肯定其忠於職守。末聯「箕與尾」皆二
十八星宿之數，據《莊子・大宗師》記載，武丁時名相傅說死後昇天，跨身
於二星之上，是爲星精。〔註94〕詩人提及箕、尾二星，緊扣詩題「輓」字，
同時意謂著張肯堂正如傅說昇天爲星精，而星辰依憑日月之光必能愈發清亮
星芒，以此頌揚張肯堂人品之高潔正直。

其次，〈輓張鯢淵相公〉二首其二云：

紗籠姓氏迥無瑕，晚節何如五柳家。欲報君恩餘白髮，祗留相業在
黃麻。樓空燕子從風墜，門冷龍孫帶雨斜。一自墨胎歌斷後，華亭
鶴唳更堪嗟！〔註95〕

本詩首聯出句用「碧紗籠」之典，敬張肯堂一門殉國之人，北宋吳處厚《青
箱雜記》載：「世傳魏野嘗從萊公游陝府僧舍，各有留題。後復同游，見萊
公之詩已用碧紗籠護，而野詩獨否，塵昏滿壁。時有從行官妓頗慧黠，即
以袂就拂之。野徐曰：『若得常將紅袖拂，也應勝似碧紗籠。』萊公大笑。」
〔註96〕對句以張肯堂晚節可擬陶淵明。頷聯寫張肯堂具宰相之福命，內司文
誥、外調軍機，鞠躬盡瘁，刻無寧晷，且持節清廉，盡忠君國。頸聯出句
「樓空燕子從風墜」指諸姬盡殉於舟山之難，據《南天痕》載：「將就縊，聞
門人蘇兆人已縊死廡下，張肯堂取酒酹之曰：『蘇君待我』。遂歸至雪交亭，
視其子婦沈氏、妾周氏、方氏、姜氏、畢氏，次第就縊，乃題詩於襟，自縊

〔註93〕《新唐書・張九齡傳》：「初，千秋節，公、王並獻寶鑑，九齡上〈事鑑〉十
　　　　章，號〈千秋金鑑錄〉，以伸諷諭。及爲相，諤諤有大臣節。……故九齡議論
　　　　必極言得失，所推引皆正人。」北宋・歐陽脩等編撰：《新唐書》（臺北：鼎
　　　　文書局，1992年1月7版，影北京：中華書局校點本），卷126〈張九齡傳〉，
　　　　頁4429。
〔註94〕《莊子・大宗師》云：「傅說得之，以相武丁，奄有天下，乘東維，騎箕尾，
　　　　而比於列星。」《莊子集釋》卷3上〈大宗師〉，頁247。
〔註95〕〈輓張鯢淵相公〉二首其二，《張蒼水集》卷1《奇零草》（一），頁195上。
〔註96〕北宋・吳處厚：《青箱雜記》（北京：中華書局，1985年5月1版，李裕民點
　　　　校本），卷6，頁60～61。另《古今詩話》，〈紅袖拂碧燒紗籠魏野詩〉條也有
　　　　類似的記載：「寇萊公典陝日，與處士魏野同遊僧寺，觀覽舊遊，有留題處，
　　　　公詩皆用碧紗籠之，至野詩則塵蒙其上。時從行官妓之慧黠者，輒以紅袖拂
　　　　之。野顧公笑，因題詩云：『世情冷暖由分別，何必區區較異同。若得常將紅
　　　　袖拂，也應勝似碧紗籠。』」見郭紹虞輯《宋詩話輯佚》（北京：中華書局，
　　　　1980年9月1版），頁256。

亭之中梁。」〔註 97〕而其絕命詩《魯春秋》僅錄「傳與後來青史看，衣冠二
字莫輕刪」二句，清初朱溶《忠義錄·張肯堂傳》載其絕命詩曰：「虛名廿載
著人寰，晚歲空餘學圃閒。難賦歸來如靖節，聊歌正氣續文山。君恩未報徒
齎志，臣道無虧在克艱。寄語千秋青史筆，衣冠二字莫輕刪。」〔註 98〕頸聯
對句「門冷龍孫帶雨斜」指張肯堂之孫茂滋，當時亦被俘虜而遭囚，故張煌
言本詩自注云：「一孫被囚」，張茂滋被俘入鄞，後為諸生陸宇燝等計脫之，
次年十月，始得放還。〔註 99〕然茂滋不久之後亦亡歿。足見張肯堂忠義影響
所及，甚連其婦妾諸姬亦全殉死，堪稱滿門忠烈也，因此使張煌言哀傷不
已。末聯則以張肯堂之舟山一如伯夷、叔齊義不食周粟，隱於首陽山；〈采薇〉
歌斷殉國之後，當化鶴歸華亭故里。

（四）輓吳鍾巒

對於吳鍾巒之殉國，張煌言有〈輓大宗伯吳巒徲先生〉二首，其一云：

> 冰稜玉尺倚容臺，一片孤忠天地哀。儼爾鬚眉留四皓，黯然彗字入
> 三臺。引年難遂懸車去，逐日徒悲化杖回！深負先生歸骨望，吳江
> 楓冷鶴還來。〔註 100〕

吳鍾巒，字峻伯，別字徲山，號霞舟，南直武進人。弱冠為諸生，出入文壇
四十餘年，海內推為名宿，而不得第。晚以貢生教諭光州，從河南鄉舉，崇
禎七年（1634）進士，年已五十八矣。〔註 101〕張煌言前詩稱其清風高節，懷

〔註 97〕 《南天痕》卷 15〈張肯堂傳〉，頁 248。
〔註 98〕 清·朱溶：《忠義錄》卷 5〈張肯堂傳〉，見《明清遺書五種·忠義錄》（北京：
北京圖書館出版社，2006 年 11 月 1 版），頁 689。
〔註 99〕 《魯春秋》，〈永曆五年、監國六年〉，頁 64～65。據全祖望〈明太傅吏部尚書
文淵閣大學士華亭張公神道碑銘〉云：「公謂茂滋曰：『汝不可死，其速去。
然得全與否，非吾所能必也』。公投繯，梁塵甫動，家人報蘇儀部縊廡下矣。
公亟呼酒往酹之曰：『君少待我。』復入繯。九月初二日也。茂滋狂號欲共死，
中軍將林志燦、林桂掖之行。甫出門而亂兵集，茂滋脫去，志燦、桂等以格
鬥死。守備吳士俊、家人張俊、彭歡皆絕脰死。茂滋尋被執。其得生也，賴
應元與鄞諸生陸宇燝、前戶部董守諭、董德偁、崇明諸生宋龍、大名前鄉貢
進士蕭伯闇、閩劉鳳耆、定海諸生范兆芝等，救之以免，詳見茂滋所著《餘
生錄》。」《全祖望集彙校集注·鮚埼亭內集》卷 10〈明太傅吏部尚書文淵閣
大學士華亭張公神道碑銘〉，頁 208。
〔註 100〕〈輓大宗伯吳巒徲先生〉二首其一，《張蒼水集》卷 1《奇零草》（一），頁 195 上。
〔註 101〕清·翁洲老民：《海東逸史》（臺北：臺灣銀行經濟研究室，1961 年 4 月 1 版，
《臺灣文獻叢刊》第 99 種），卷 10〈吳鍾巒傳〉，頁 61。又見《南天痕》卷
15〈吳鍾巒傳〉，頁 248。

抱忠貞，如冰壺玉尺，纖塵弗汙，其道德實如光風霽月。「黯然彗孛入三臺」指舟山破前，吳鍾巒從魯監國在蛟門祭江，深夜見舟山有大星殞落，隨即又見無數之小流星墜落，隱約透露不吉祥之徵兆。據《魯春秋》載：

> 監國詣蛟門祭江，夜半見有大星從西北隕舟山，小星隨之者無數。即日還舟山，未至，聞警，御舟不登陸。或請間取兩王子入舟；定西侯名振曰：「如是，恐以寒守者之心」。監國不強。〔註102〕

吳鍾巒齒德俱尊，舟山即將陷落，乃堅決以身殉國，據《海東逸史》云：

> 鍾巒時在普陀，慷慨語人曰：「昔者吾師高忠憲公（高攀龍）與吾弟子李仲達死奄難，吾為詩哭之；吾友馬君常死國難，吾為詩哭之；吾門生錢希聲從亡而死，吾為詩哭之；吾子福之倡義而死，吾為詩哭之。吾老矣，不及時尋塊乾淨土，即一旦疾病死，其何以見先帝、謝諸君於地下哉？然吾從亡之臣，當死行在」。遂復渡海入城，與大學士張肯堂訣曰：「吾以前途待公」。乃至文廟，積薪左廡下，藏所註易經於懷，抱孔子木主，舉火自焚。賦絕命詞曰：「只為同志催程急，故遣臨行火澣衣」。時年七十五。〔註103〕

張煌言哀吳鍾巒自焚殉國，如傳說中夸父與日競走，道渴而死，心有未甘，棄其杖，化為鄧林。〔註104〕此時吳江楓冷猶如霞舟先生孤節淒清，其魂魄當如丁令威化鶴回歸故里。〔註105〕

而〈輓大宗伯吳巒徲先生〉二首，其二云：

> 一掌河山亦踐踩，老臣霜雪正盈頭。掀髯猶抱滄桑恨，扼吭甘從孤竹遊？自是澤宮堪薦俎，豈無夜壑可藏舟！趨朝當日稱先達，惆悵生芻何處投！〔註106〕

〔註102〕《魯春秋》，〈永曆五年、監國六年〉，頁 62。

〔註103〕《海東逸史》卷 10〈吳鍾巒傳〉，頁 61。

〔註104〕袁珂校注《山海經校注》（成都：巴蜀書社，1993 年 4 月新 1 版），卷 8〈海外北經〉，頁 285。「夸父與日逐走，入日。渴欲得飲，河渭不足，北飲大澤，未至，道渴而死。棄其杖，化為鄧林。」

〔註105〕《搜神後記》載：「丁令威，本遼東人，學道于靈虛山。後化鶴歸遼，集城門華表柱。時有少年，舉弓欲射之。鶴乃飛，徘徊空中而言曰：「有鳥有鳥丁令威，去家千年今始歸。城郭如故人民非，何不學仙冢纍纍。」遂高上沖天。今遼東諸丁云其先世有升仙者，但不知名字耳。」《搜神後記》（北京：中華書局，1981 年 1 月 1 版，汪紹楹校注本），卷 1，頁 1。

〔註106〕〈輓大宗伯吳巒徲先生〉二首其二，《張蒼水集》卷 1《奇零草》（一），頁 195上。

此言吳鍾巒老驥伏櫪，壯心未已，戮力重整舊山河之志概。福王立，遷鍾巒
禮部主事，行抵南雄，聞江南陷，轉赴福建，痛陳國計，唐王甚重之，補廣
東副使，未行，閩中又亡。魯王次長垣，以錢肅樂薦，召爲通政使。錢肅樂
爲其崇禎九年（1636）同考所得士。魯王加升禮部尙書，兼督學政。故煌言
詩中乃有「自是澤宮堪薦俎」之句，據《海東逸史》載云：

> 己丑（監國四年，1649）七月，王次健跳，閩地盡失，每日朝於水
> 殿。而鍾巒飄流所至，輒試其士之秀者入學；率之見王，襴衫巾條，
> 拜起秩秩。或哂其迂；鍾巒曰：「陸秀夫在厓山舟中尚講大學，豈可
> 顛沛失禮乎！」〔註107〕

所謂濟濟多士，維周之楨，豈可亂世而失教士耶？自是舟山學宮俎豆馨香。
「豈無夜壑可藏舟」指吳巒徺眼見舟山爲淸虜所蹂躪，城圍聞急，是時雖屆
七十五高齡，仍義憤塡膺，人生最後抉擇需尋塊乾淨土以自了，否則一旦疾
病死，其何以見先帝、謝諸君於地下。故認爲從亡之臣，當死行在，八月復
渡海入翁洲，至文廟，設高座，積薪其下，城破，捧先師神位登座，遂自焚
於學宮。而吳巒徺嘗以「十願」名齋，「十願」中，終以「見危授命」〔註108〕，
果然不負所願。張煌言詩中對前輩之殉難，深爲惋惜；對先達之節操，更是
敬佩之至。

（五）輓朱永祐

張煌言對吏部左侍郎朱永祐之殉國，有〈輓朱聞玄少宰〉詩弔之：

> 風流名節總相兼，冰鑑高從北斗瞻。老去漢臣猶避莽，歸來陶令本
> 名潛。一官直與夔龍並，七尺甘隨豺虎殲！試向星辰還聽履，炎輪
> 應爲返西崦。（其一）
>
> 極目烽煙點鬢毛，間關已識兩難逃。黍離社稷無薪膽，草昧朝廷有
> 節旄。自許孤忠遺海岸，人悲啓事失山濤！臨風不盡招魂賦，那忍
> 重看舊佩刀！（其二）〔註109〕

朱永祐，字爰啓，號聞玄，上海華亭人，即朱舜水之師。崇禎七年（1634）
進士，授刑部主事，歷銓部〔註110〕。監國二年（1647）偕張肯堂、徐孚遠至

〔註107〕《海東逸史》卷10〈吳鍾巒傳〉，頁60～61。

〔註108〕《魯春秋》，〈永曆五年、監國六年〉，頁64。

〔註109〕〈輓朱聞玄少宰〉，《張蒼水集》卷1《奇零草》（一），頁195。

〔註110〕《魯春秋》，〈永曆三年、監國四年〉，頁58。

舟山，能品鑒人倫且好獎掖人才，上下咸得其歡心，雖黃斌卿之猜忌，亦相善也。故詩中讚其冰鑑無私，如泰山北斗，爲眾人所仰望。當舟山破時，朱永祐適病不能起，被執。北帥勸之曰：「文丞相尙有黃冠歸故鄉之語，先生若肯剃髮，便可不死」。永祐曰：「吾髮可剃，何待今日」？遂口占絕命詩，有云：「縱使文山猶在日，也應無髮戴黃冠。」請死益力，趺坐受刃。〔註111〕張煌言篇中盛讚朱永祐氣節如漢之老臣龔勝不屈於王莽〔註112〕，論風流似陶淵明賦〈歸去來〉淡泊明志；既是魯王親近之「聽履」重臣〔註113〕，更是如夔、龍般輔弼良臣。可惜哀哉痛哉，天不佑善人，當清虜破舟山，朱永祐不屈而死，爲國捐軀。詩中「冰鑑」、「聽履」二句，實規摹自杜甫〈上韋左相二十韻〉：「持衡留藻鑑，聽履上星辰」之意。〔註114〕至於第二首詩乃寫朱永祐對戰事憂心忡忡，雖歷盡艱難險阻，仍臨危受命，擔任吏部左侍郎。舟山城破時，朱永祐雖被執赴市，然其語益不恭；故受刑更慘，後甚被棄屍海濱。久之，有僕竊藁葬舟山之壤。而其僕負屍出城時，見流血沾衣，哭曰：「主生前好潔，今遂無知耶」？血遂止。〔註115〕詩中張煌言深刻體認局勢艱難，國家遭逢變亂，亟需如朱永祐之薦賢舉能、知人明鑑之忠貞賢臣，惜乎永祐竟爾殉國而亡，實痛失山濤啓事之典範〔註116〕，今後恐難再見如此孤忠自勵

〔註111〕《海東逸史》卷10〈朱永祐傳〉，頁62～63。《南天痕》卷15〈朱永祐傳〉，頁250。
〔註112〕龔勝字君實，楚人，爲漢之老臣，莽既篡國，遣五威將帥行天下風俗，將帥親奉羊酒存問勝。明年，莽遣使者即拜勝爲講學祭酒，勝稱疾不應徵。後二年，莽復遣使者奉璽書，太子師友祭酒印綬，安車駟馬迎勝，勝稱病篤，後絕食十四日而死。事見東漢·班固：《漢書》（臺北：鼎文書局，1991年9月7版，影北京中華書局點校本），卷72〈龔勝傳〉，頁3084～3085。
〔註113〕「聽履」典本《漢書·鄭崇傳》，其載云：「崇少爲郡文學史，至丞相大車屬。弟立與高武侯傅喜同門學，相友善。喜爲大司馬，薦崇，哀帝擢爲尚書僕射。數求見諫爭，上初納用之。每見曳革履，上笑曰：『我識鄭尚書履聲。』」後遂以「聽履」指帝王親近的重臣。《漢書》卷77〈鄭崇傳〉，頁3254～3255。
〔註114〕唐·杜甫著、清·仇兆鰲注：《杜詩詳註》（北京：中華書局，1979年10月1版），卷3〈上韋左相二十韻〉，頁226。
〔註115〕《海東逸史》卷10〈朱永祐傳〉，頁63。《南天痕》卷15〈朱永祐傳〉，頁250。
〔註116〕西晉山濤爲竹林七賢之一，立朝清儉無私，甄拔人物皆一時俊彥。其任吏部尚書，擅於拔擢人才，每有官缺，輒啓擬數人，寫成奏章，密啓皇帝選錄，然後公奏，故舉無失才，時稱「山公啓事」。唐·房玄齡等編：《晉書》（臺北：鼎文書局，1991年11月7版，影北京：中華書局校點本），卷43〈山濤傳〉，

之人矣。故煌言於此詩末兩句進而將哀傷之情具體化，迎風招魂，訴說內心之無限哀思，詩人悲慟良朋之殉，故不忍重看故人遺物，恐徒增感慨，觸景傷情。

越明年（永曆七年，1653），張煌言憶起舟山之陷，諸師友殉難往事，仍欷歔不已，其〈憶余在翁島與張鯢淵、吳巒倝、朱聞玄諸先輩從遊，一時情文宛然在目。今三君皆以國難殉，而余在行間，猶偷視息。然蹇蹇靡騁，蓋不勝興廢存亡之感矣〉云：

> 年來灑淚看桑田，陶謝風流已盡捐！伊昔幾人陪後乘，我今何處競
> 先鞭！未消肝膽堪許託，無恙鬚眉祗自憐！轉覺諸君真羽化，夜臺
> 杖履亦珊然。〔註117〕

詩中將張肯堂、吳鍾巒、朱永祐三人比作陶謝風流。惜日與諸先輩在舟山枕戈待旦，志梟逆虜，肝膽相許，競著先鞭；今日杖履墓前，先達既逝，典型已遠，令人不勝欷歔。

綜觀史實，魯王自監國四年（永曆三年，1649）八月，建立舟山行朝，至監國五年（永曆四年，1650）九月淪陷，時僅兩載，轉眼滄桑，令人悽絕。舟山之役，以區區一小島而抵禦三路大軍，卻能固守十日，且城破之後，死節殉難者之多，為史上任何一次戰役所未有，實足以動天地而泣鬼神。自張煌言上述詩歌，足見舟山一役死事之慘烈，篇篇頌揚張肯堂、吳鍾巒、朱永祐等人視死如歸、一心殉國以昭青史之氣節。審此，張煌言在哀傷舟山死難殉節之餘，更抱定殲敵滅虜、復國雪仇之決心。

三、三入長江，接應南師

監國七年（永曆六年，順治九年，1652）張名振、張煌言避地鷺門，敗軍之餘，尚思捲土，但慮勢力單弱，遂揚帆南下，正月已抵廈門。時鄭成功軍甚盛，既不肯奉魯王，諸藩畏之，亦莫敢奉王，而二張獨為王衛，忠心耿耿，俟時再起，並整軍準備反攻舟山。就史實察之，舟山陷後，魯王政權既已喪失基地，飄泊無所，糧餉無源，客觀上形成投靠廈門鄭成功之局。魯王朝中文武官員中亦出現分化跡象，有部份人已轉入鄭成功部下，如曹從龍、

〔註117〕 頁 1225～1226。
〈憶余在翁島與張鯢淵、吳巒倝、朱聞玄諸先輩從遊，一時情文宛然在目。今三君皆以國難殉，而余在行間，猶偷視息。然蹇蹇靡騁，蓋不勝興廢存亡之感矣〉，《張蒼水集》卷1《奇零草》（一），頁 203 上。

周瑞等；有一部份則以寓客自居，如盧若騰、徐孚遠等。定西侯張名振和監軍張煌言則始終與鄭成功保持同盟之關係，此誠魯王最後之擁護者與僅存之武裝力量耳。

魯、鄭陣營本存在不少隔閡衝突，尤其是鄭成功與張名振之間，誠如《海東逸史‧張名振傳》載：

> 至廈門，見延平王鄭成功。成功大言曰：「汝爲定西侯數年，所作何事？」名振曰：「中興大業。」成功曰：「安在？」名振曰：「濟則徵之實績，不濟則在方寸間耳。」成功曰：「方寸何據？」名振曰：「在背上。」即解衣示之，有「赤心報國」四字，長徑寸，深入肌膚。成功見之愕然，悔謝曰：「久仰老將軍聲望，奈多憎之口何！」因出歷年謗書盈筐，名振立命火之。於是待名振以上賓，行交拜禮，總制諸軍。〔註118〕

其實張煌言與鄭成功亦互爲對壘，煌言避地鷺門，鄭成功既不肯奉魯王，煌言亦獨以名振之軍爲王衛，並時時激發諸藩，使爲王致貢。故全祖望云：

> 公極推成功之忠，嘗曰：「招討始終爲唐，眞純臣也。」成功聞之，亦曰：「侍郎始終爲魯，豈與吾異趨哉！」故成功與公所奉不同，而其交甚睦。〔註119〕

鄭、張所交雖睦，但各爲其主。是年六月，煌言將至金門朝魯王，阻於颶風不果，感觸頗多，有〈將朝王，阻颶不果〉詩：

> 擬向平臺一問津，驚濤無奈拍江濱！去留轉覺隨龍子，來往何能逐雁臣！似放沅湘猶戀主，非關河朔肯迎賓？緣知歧路風波惡，決計尋山學隱淪。〔註120〕

詩中「去留轉覺隨龍子」此爲雙關語，成功父名「芝龍」，張煌言自比「似放

〔註118〕《海東逸史》卷12〈張名振傳〉，頁72。《野史無文‧張名振傳》載：「（乙酉）六月初十日，名振剌「赤心報國」四字於背，自石浦帶兵三千，合新募萬人，十七日至蕭山。」清‧鄭達：《野史無文》（臺北：臺灣銀行經濟研究室，1965年4月1版，《臺灣文獻叢刊》第209種），卷10〈張名振傳〉，頁135。沈光文〈輓定西侯〉詩云：「留將背字同埋土」，自註「背上刺有『忠心報國』四字。」見侯中一編《沈光文斯庵先生專集‧遺詩》（臺北：臺北寧波同鄉月刊社，1977年3月1版），頁78。

〔註119〕《全祖望集彙校集注‧鮚埼亭集》卷9〈明故權兵部尚書兼翰林院侍講學士鄞張公神道碑銘〉，頁182。

〔註120〕〈將朝王，阻颶不果〉，《張蒼水集》卷1《奇零草》（一），頁200下。

沉湘」之屈原憂心國事。國仇未報、歧路戀主，乃此時此地淪爲避地客之眞切感受。魯王既已成寓公，其舊臣豈能無寄人籬下之感。加上又得父卒噩耗，煌言身已在守制中。忠臣、孝子、家事、國事，愁苦良多。其〈曹雲霖詩集序〉云：「余時鑾鑾棘人耳，故不輕有贈答。」〔註121〕此絕不僅指守制言，必有其更深沉之意涵。詩爲心聲，且悲苦之際更能激發詩興。故該年煌言之詩興最濃，計有四十七題。觀《奇零草》有詩作之十五年中，是年詩作之多，堪稱首屈一指。但此僅爲一面，煌言向以忠臣義士自居，決不甘心長久置身於廈門，變成無所作爲之「避地客」，爲早日重起閩浙抗清隊伍，故時時處處努力激發藩鎮，改鷁首而北之。〔註122〕

張名振與張煌言客居廈門已一年有餘，自不願長期仰人鼻息，決定憑己力率軍北伐，以開闢抗清新局。永曆七年（順治十年，1653）八月，煌言監張名振軍，帶領五六百艘戰船向北進發，抵長江口之崇明一帶沙洲，清崇明兵力有限，不敢出戰，致被二張圍困長達八個月之久。是年年終歲末張煌言有〈癸巳除夕〉云：

> 八載他鄉臘鼓催，鄉心撩亂鼓聲哀。無情天地猶擐甲，有意山川獨
> 畫灰。兒女藏鈎離別後，君臣投璧播遷來。年華如許人將老，辜負
> 春風又幾回！〔註123〕

自護衛魯王蹈海離家以來已歷八載，除夕之夜難免思念故鄉家人，煌言心中感慨國家淪喪，兵戈未息；強虜未滅，而年華將老。一年又盡，豈可一事無成，故甲午年（永曆八年）〈立春日大雨雪，時駐師吳淞〉云：

> 春信驚催玄臘殘，江梅猶帶六花蟠。屠蘇飲出冰餘冷，組練光浮木
> 末寒。吹垢豈期風入夢，洗兵自合雨成溥。征人感荷東皇意，且逐
> 年光奮羽翰。〔註124〕

立春是二十四節氣之一，乃一年四時之始，更象徵東風解凍之日。此時煌言駐師長江口上海、崇明一帶，年盡臘殘，立春瑞雪紛紛，春風帶來新春氣

〔註121〕〈曹雲霖詩集序〉，《張蒼水集》卷5《冰槎集》，頁253上。
〔註122〕本段論述參考祝求是〈張蒼水海上春秋編年輯箋〉（一），「壬辰（順治九年，1652）六月」事。《寧波廣播電視大學學報》第3卷第3期（2005年9月），頁93～96。
〔註123〕〈癸巳除夕〉，《張蒼水集》卷1《奇零草》（一），頁207上。
〔註124〕〈立春日大雨雪，時駐師吳淞〉，《張蒼水集》卷2《奇零草》（二），頁207下。

息；新年新氣象，復明大業終於也有新共識，詩人對會師楚粵、恢復江南充滿新希望。

永曆八年（順治十一年，1654），張名振等三次進入長江作戰，此乃南明史中著名「三入長江」之役。〔註125〕揆諸史實，此役確是由內地反清復明人士聯絡東西，會師長江，恢復大江南北計畫之一。〔註126〕此史事可由是年永曆帝給左簽都御史徐孚遠、兵部司臣張元暢〈敕諭〉得知：「方今胡氛漸靖，朕業分遣藩勳諸師先定楚粵，建瓴東下；漳國勳臣成功亦遣侯臣張名振等統帥舟師，揚帆北上。爾務遙檄三吳忠義，俾乘時響應，共奮同仇；仍一面與勳臣成功商酌機宜，先靖五羊（指廣州），會師楚粵。俟稍有成績，爾等即星馳陛見，以需簡任。」〔註127〕審知，二張揚帆三入長江是深具戰略意義，絕非盲目之軍事行動。

（一）初入長江之役

永曆八年（順治十一年，1654）正月十七日起，張名振、劉孔昭、張煌言等部率軍分批進入長江口，突破狼山（今江蘇南通市南面沿江重鎮）、福山（與狼山隔江相對）、江陰、靖江、孟河、楊舍、三江、圌山（今鎮江市境）等清軍防汛之地，明軍在金山上岸，繳獲清軍防江大砲十位和火藥、錢糧等物。張名振、劉孔昭、張煌言等帶領五百名軍士登金山寺，朝東南方向遙祭明孝陵，題詩寄慨，泣下沾襟。據計六奇《明季南略‧張名振題詩金山》載：

> 順治十一年甲午正月，海船數百溯流而上。十三日，抵鎮江，泊金山，大帥張名振（原文作「明正」）、劉孔昭及史某也。二十日，名振等白衣方巾登山，從者五百人。寺僧募化，名振曰：「大兵到此秋毫不擾，得福多矣，尚思化乎？」僧曰：「此名山也。」名振助米十

〔註125〕張名振軍三入長江之時間懸案，請參考顧誠：《南明史》（北京：中國青年出版社，1997年5月1版），第二十六章〈1654年會師長江的戰略設想〉，第一節〈張名振軍三入長江之役〉，頁 812～820。以下論述時事皆以此書為據。

〔註126〕其論證請參考顧誠：《南明史》，第二十六章〈1654年會師長江的戰略設想〉，第二節〈錢謙益、姚志卓等人密謀策劃會師長江〉、第三節〈孫可望決策會師長江和計劃被擱置的原因〉，頁 820～835。

〔註127〕永曆八年〈敕諭〉，引見陳乃乾、陳洙纂輯《徐闇公先生年譜》（臺北：臺灣銀行經濟研究室，1961年10月1版，《臺灣文獻叢刊》第123種），「永曆八年」，頁 40～41。

石、鹽十擔，且書簿云：「張某到此，大兵不得侵擾。」徘徊半日乃下。次日，紗幘青袍角帶，復登山，向東南遙祭孝陵，泣下沾襟。設醮三日，題詩金山云：「十年橫海一孤臣，佳氣鍾山望裏眞。鶉首義旗方出楚，燕雲羽檄已通閩。王師枹鼓心肝嘔，父老壺漿涕淚親。南望孝陵兵縞素，會看大纛禡龍津。」前云：「予以接濟秦藩，師泊金山，遙拜孝陵有感而賦」。後云：「甲午年孟春月，定西侯張名振同誠意伯題併書」。越二日，掠輜重東下。二十三日上午，予以候試江陰，因詣北門遙望，見旌旗蔽江而下，彼此砲聲霹靂，人人有懼色。〔註128〕

楊英《從征實錄》又載：「定西侯張名振、忠靖伯等督師進入長江，奪虜舟百餘隻；義兵四起歸附。遣親標營顧忠入天津，焚奪運糧船百餘艘。名振直至金山寺，致祭先帝而回。虜聞風驚懼。」〔註129〕緣此，張煌言有〈和定西侯張侯服留題金山原韻六首〉，其云：

漢壇左鉞授宗臣，飛翰傳來消息眞。壁壘象橫開北極，艅艎流斷接南閩。雙懸日月旄幢耀，百戰河山帶礪新。從此天聲揚絕漠，還應吳會是臨津。

朝宗百谷識君臣，江漢依然拱赤眞。烽靖三湘先得蜀，瘴消五嶺復通閩。水犀飛渡扶桑遠，燧象橫驅貫竹新。指顧樓蘭堪立馬，肯令胡騎飲江津！

鍾阜銅駝泣從臣，孝陵弓劍自藏眞。猶聞雄雉能興漢，豈似乾魚僅祭閩！天入金焦鎖鑰舊，地過豐鎬鼓鐘新。何人獨受嵩征詔，賜履綵來首渭津。

自古匈奴屬外臣，降王蹋殿敢稱眞？千屯烽燧聯吳楚，萬軸波濤下浙閩。北固雲移龍節近，西陵潮湧虎符新。焚庭絕漠尋常事，銅柱先標若木津。

白草黃沙笑雁臣，衣裳鱗介已非眞。豈知捧翟猶賓粵，未必分茅可擅閩！南國羽書氛欲淨，西京露布墨應新。上游誰擁龍驤節，日轂

〔註128〕清‧計六奇：《明季南略》（北京：中華書局，1984年12月1版，任道斌、魏得良點校本），卷16〈張名振題詩金山〉，頁484。

〔註129〕明‧楊英：《從征實錄》（臺北：臺灣銀行經濟研究室，1958年11月1版，《臺灣文獻叢刊》第32種），「永曆八年二月」，頁48。

親扶出漢津？

飛椎十載誤逋臣，喋血憑誰破女真！霸就鴟夷原去越，兵聯牛女正當閩。投鞭不覺江流隘，傳檄兼聞鐃吹新。正爲君恩留一劍，莫教龍氣渡延津！〔註130〕

以上所引即二張金山蘭若寺橫槊題詩之史實。明亡後十年，張煌言偕張名振率師攻入長江，給「南望王師」之江南父老帶來極大希望。六首組詩中流露出二張愛國情操與揮軍北上之企圖，既是明白記敘二張義師直逼南京之史實，又深刻映射出詩人那一腔難以壓抑之激烈壯懷；其十年橫海孤臣之艱難，一併而發。二張自海而江，長驅直入，士氣甚高之義師雄姿英發，揚盡大明的國威，眼前就是大明定都之地，相信收復只在彈指一揮之間。

張煌言又有〈同定西侯登金山，以上游師未至，遂左次崇明二首〉云：

割雲半壁倚中流，天劈東南形勝收。鐵甕潮函飛鷲嶺，牙檣影撼浴龍洲。畫江何代空鼉鼓，橫海今來駐虎旟。咫尺金陵王氣在，可能瞻掃問松楸？

相聞赤伏啓重離，一詔敷天並誓師。萬里鯨波趨錦纜，兩山鰲柱擁金羈。已呼蒼兕臨流蚤，未審玄驂下瀨遲。瓜步月明刁斗寂，行人猶指漢官儀。〔註131〕

地處大江之中的金山，扼南北交通要道，自古以來就是兵家必爭之地，風雲際會，虎踞龍蟠，二張登金山，萬里長江盡收眼底，六朝故國近在指揮之間，旌旗蔽江，甲兵十萬，此時煌言內心被波憾浪捲之江山形勝激起無限雄情狀志。鍾陵王氣近在咫尺，而滿目瘡痍則是故國江山，能否驅逐入侵之異族，祭告列祖之英魂，這是張煌言心中茫然之處。「一詔敷天並誓師」，說明此次軍事行動是應詔而來，主要在接濟秦王孫可望由湖南、湖北東下之主力。其戰略思想是希望達到天劈東南、劃江而治，以達成中興之基業。詩題中所謂「上游師未至」與詩中「未審玄驂下瀨遲」句，指西南桂王之孫可望、李定國軍隊，因孫可望昧於個人權力，利令智昏，欲取代桂王，至激起李定國與劉文秀等人之抵制，終致長江上游會合之師未至，此爲初入長江之役。緣此，

〔註130〕〈和定西侯張侯服留題金山原韻六首〉，《張蒼水集》卷 2《奇零草》（二），頁 208 上。

〔註131〕〈同定西侯登金山，以上游師未至，遂左次崇明二首〉，《張蒼水集》卷2《奇零草》（二），頁 208 下。

張名振、張煌言和錢謙益、姚志卓等人盼望已久，會合上游「秦藩」之師，奪取江南恢復大計，功敗垂成。

（二）二入長江之役

三月二十九日，張名振等率水師六百餘艘再入長江，四月五日已至圖山，初七乘順風溯流而上，過京口，直抵儀眞，據計六奇《明季南略》載：「四月初五日，海艘千數復上鎮江，焚小閘。至儀眞，索鹽商金，弗與，遂焚六百艘而去，名振還師海島。」〔註132〕清江南當局緊急調兵遣將，對深入長江之張軍進行襲擊，張名振等人在儀眞停留時間不長，便返航東下，撤回崇明一帶之平洋、稗沙。〔註133〕是爲二入長江。

關於二入長江，煌言有〈舟次圖山〉詩：

> 長江如練繞南垂，古樹平沙天塹奇。六代山川愁鎖鑰，十年父老見旌旗。陣寒虎落黃雲淨，帆映虹梁赤日移。夾岸壺漿相笑語，將母徯後怨王師！〔註134〕

煌言舟次圖山在四月初五日，圖山在鎮江，爲江防重地，這首詩藉平闊萬里，奔騰不已的長江爲背景，抒發詩人收復失地後無比喜悅，以及父老重見大明旌旗時之歡樂。而江水如練、赤日西斜之壯觀景象恰是張煌言此時奔騰不已之戰鬥豪情。又煌言〈再入長江〉云：

> 江聲萬古似聞鼙，天際依然渡水犀。逐鹿亦曾經再戰，盧龍應復待三犁。琱弓挽處驅玄武，鎖甲攛來失白題。兵氣至今猶未洗，自慚無計慰雲霓！〔註135〕

再入長江之戰略乃以海上游擊方式，牽制江南形勢。眼前江濤滾滾，轟隆如戰鼓急催；披水犀甲的水軍，英勇前進。二張突襲清軍江防，深入長江，可謂孤軍作戰。現實政局之中清敵未滅，不可洗兵，張煌言深知父老所望王師，若大旱之望雲霓，忠貞之士不可心存偏安，故當奮起恢復中原之志，完成驅逐滿清，復我大明之業。然而煌言心中暗處自歎，單憑二張軍力實無法力挽狂瀾。審此，可見詩人雖充滿報國志節，但處境實爲艱難。

〔註132〕《明季南略》卷16〈張名振題詩金山〉，頁484。

〔註133〕廈門大學臺灣研究所，中國第一歷史檔案館滿文部主編《鄭成功滿文檔案史料選譯》（福州：福建人民出版社，1987年9月1版），順治十一年六月二十四〈噶達洪等題爲張名振部仍在稗沙等地事本〉，頁42～43。

〔註134〕〈舟次圖山〉，《張蒼水集》卷2《奇零草》（二），頁207下。

〔註135〕〈再入長江〉，《張蒼水集》卷2《奇零草》（二），頁208下。

（三）三入長江之役

二次深入長江，上游師遲遲未至，致軍事行動陷入困頓之局，煌言答名振以「十載冰霜誓枕戈，豈應歧路轉風波？」「孤臣獨有干將在，紫氣青雯自不磨。」〔註136〕只有再接再勵，不負兩河父老期望。

然而二張第三次向長江進軍，則沒有之前順利。五月十八日，張名振因兵餉不足，親自南下浙江溫州買米七船，又到廈門見鄭成功，得延平派忠靖伯陳輝統水兵五千、陸兵一萬、大船近百艘北上支援。〔註137〕九月初六日，張名振部抵上海城下。十二月張名振等乘船四百餘艘溯江而上，過圖山，十八日由三江營駛過焦山，直抵南京郊外燕子磯。其實清廷已記取前車之鑑，責令所有沿江隘口，皆派兵嚴守。張軍於層層疊疊火網中戰鬥，最後奮勇奪關，終下金陵燕子磯，煌言〈師次燕子磯〉云：

> 橫江樓櫓自雄飛，霜伏雲庬盡國威。夾岸火輪排疊陣，中流鐵鎖鬥
> 重圍。戰餘落日鮫人窟，春到長風燕子磯。指點興亡倍感慨，當年
> 此地是王畿！〔註138〕

南京燕子磯在幕府山，幕府山北濱大江，因東晉丞相王導開幕府於此山而得名。〔註139〕遠眺幕府山北東角，但見三面環水，一面連陸之臨江山丘，狀若凌空翱翔之飛燕，此乃自古兵家必爭之地燕子磯也，亦是登臨南京城之著名渡口。〔註140〕張軍突破清軍夾岸火輪砲陣、中流鐵鎖之江防重圍，第三次進入長江，軍隊抵燕子磯。眼見南京乃當年帝王故都，指點歷史興亡，使人倍感浩歎。

總之，二張三入長江，登金山，遙祭孝陵，三軍皆慟哭失聲，爝火通於

〔註136〕〈即事，柬定西侯張侯服二首〉其二，《張蒼水集》卷2《奇零草》（二），頁209下。

〔註137〕《鄭成功滿文檔案史料選譯》，順治十一年九月十一日〈馬國柱題為張名振部欲攻崇明事本〉，頁50～54。

〔註138〕〈師次燕子磯〉，《張蒼水集》卷2《奇零草》（二），頁209～210。

〔註139〕《讀史方輿紀要・直南・應天府・幕府山》云：「幕府山：府西北二十里神策門外。周三十里，高七十丈，有五峰相接。晉元帝過江，王導開幕府於此。因名。」清・顧祖禹：《讀史方輿紀要》（北京：中華書局，2005年3月1版，賀次君等點校本），卷20〈直南・應天府〉，頁944。

〔註140〕《讀史方輿紀要・直南・應天府・燕子磯》云：「燕子磯，在觀音門西。《金陵記》：幕府山東有絕壁臨江，梯磴危峻者，弘濟寺也；與弘濟寺對岸相望，翻江石壁，勢欲飛動，俱為江濱峻險處。」《讀史方輿紀要》卷20〈直南・應天府〉，頁948。

建業，題詩蘭若中。以上游師未至，左次崇明。頃之，再入長江，掠瓜、儀，抵燕子磯，南都震動；而師徒單弱，中原豪傑無響應者，遂乘流東下，聯營浙海。〔註141〕其聲勢雖壯，並無掠地佔城之功，如張煌言後來所檢討，因上游義師未至，「三入長江，登金山，掠瓜、儀；而師徒單弱，迄鮮成功」〔註142〕。張名振等三入長江之役儘管沒有取得多大實際戰果，然其深入虎穴之英勇獻身精神極堪稱道，南明史家顧誠認為不可低估其作用，指出其意義在於：「一是打擊長江下游清朝統治，暴露了清政府長江防務的脆弱。……二是以堂堂之陣、正正之旗，舳艫相接，金鼓齊鳴，直入長江數百里，對大江南北復明勢力在心理上是一不小的鼓舞。三是戰略上配合了李國進軍廣東，迫使清政府不敢抽調江南附近的軍隊赴援廣東。四是取得了入江作戰的經驗，後來鄭成功大舉進攻南京，由張煌言擔任前鋒乃是意料中的事。」〔註143〕

　　三入長江之役，因所約不至，而無功而返，二張復屯軍南田。永曆九年（順治十二年，1655）十二月張名振卒，遺言以所部歸煌言，蒼水為葬之蘆花嶼。至此魯王之師，僅存煌言一旅，繼續孤軍奮戰。隔年煌言〈哭定西侯墓〉詩云：

> 牙琴碎後不勝愁，絮酒新澆土一抔。冢上麒麟那入畫，江前鴻雁已分儔。知君遺恨猶瞠目，似我孤忠敢掉頭？來歲東風寒食節，可能重到翦青楸。〔註144〕

戰友凋零，知交永隔，展墓之際，蘆花寒月，祗有哀淚之潸潸，不勝愁。然二張終生為魯臣，又為義氣交，其百折不撓，愈挫愈奮，置個人死生於度外，盡瘁於反清復明之精神，實感天地、動鬼神。

四、北征紀略，開府蕪湖

（一）聯軍北伐

　　鄭成功北伐之動機，在牽制滿清分三路侵略永曆帝駐蹕之雲南，如王夫

〔註141〕黃宗羲：〈明兵部左侍郎蒼水張公墓誌銘〉，《黃宗羲全集》第 10 冊《南雷詩文集》上，頁 281～282。

〔註142〕《張蒼水集》卷 9〈北征得失紀略〉，頁 274 上。

〔註143〕見顧誠：《南明史》，第二十六章〈1654 年會師長江的戰略設想〉，第四節〈鄭成功與「三入長江」之役的關係〉，頁 839～840。

〔註144〕〈哭定西侯墓〉，《張蒼水集》卷 2《奇零草》（二），頁 213 下。

之《永曆實錄》載：「永曆十三年，上在雲南。孫可望、洪承疇請□兵大舉攻雲、貴。鄭鴻逵、朱成功、劉孔昭繇海道攻鎮江，破之，遂圍應天，已而敗退入海。」〔註145〕嘉慶、道光年間魏源《聖武記・國初東南靖海記》中記鄭成功北伐之動機云：

> 十四年（按：應是順治十五年），明桂王遣使自雲南航海，進封成功延平郡王，招討大將軍，成功分所部爲七十二鎮，設六官理事，假永明號，便宜封拜，遂議大舉入寇，戈船之士十七萬，以五萬習水戰，以五萬習騎射，五萬習步擊，以萬人往來策應，又有鐵人萬，披鐵甲，繪朱碧彪文，峙陣前，專斫馬足，矢銃不能入。時張名振已死，張煌言代領其軍爲嚮導，抵浙陷溫州、臺州，師次羊山，相傳其下龍宮，戒震驚，成功下令各舶盡礮，果颶發，挾雷電，水起立，碎巨艦數十，漂沒士卒數千，成功乃旋師。是年，成功將施琅復來降，授副將，成功聞王師三路攻永曆于雲南，乃大舉內犯江南，以圖牽制。〔註146〕

永曆十二年（順治十五年，1658）張煌言屢勸鄭成功取南京，日與偏裨較射鹿頸頭，神氣勃厲。羅致中土名士，商度方略，山陰葉振名三渡海從煌言。是年同成功北舉，煌言〈王師北發，草檄有感二首〉云：

> 似聞天地悔瘡痍，片羽居然十萬師。走檄故嫌阮瑀拙，射書正覺魯連遲。丸中但説明三表，麾下寧忘試六奇！要説遺民垂涕處，當年司隸有威儀。

> 期門取次出貔貅，首路軍聲胡騎愁。何獨止戈非廟算，還應聚米是邊籌。嚇蠻事往疑虛語，諭蜀才窮媿老謀！自古殊勳歸躍馬，幾人談笑得封侯！〔註147〕

詩人充滿雀躍之心，鄭、魯取得共識，聯軍北伐，草檄氣勢震天地，王師準備北進長江，必能敗敵滅寇，收復河山。七月，延平全軍北指，甲士一十七萬、習流五萬、鐵人八千、習馬五千，號十萬；戈船八千。張煌言亦以所部

〔註145〕明・王夫之：《永曆實錄》（長沙：嶽麓書社，1996 年 2 月 1 版，1998 年 11 月 2 刷，《王船山全集》，第 11 冊），頁 368。

〔註146〕清・魏源：《聖武記》（上海：上海古籍出版社，2002 年 3 月 1 版，《續修四庫全書》影清道光刻本，第 402 冊），卷 8〈國初東南靖海記〉，頁 331。

〔註147〕〈王師北發，草檄有感二首〉，《張蒼水集》卷 2《奇零草》（二），頁 218下。

併發，延平推煌言爲監軍。至浙江，攻陷樂清縣，次於羊山。羊山多羊，傳爲神物，不可烹；軍士不知而烹之，未熟風濤大起，海舶碎者百餘，軍士溺者無算，義陽王亦與其禍，鄭成功復還舟山整葺舟楫。〔註148〕

永曆十三年（順治十六年，1659）六月，張煌言正值四十歲壯年，成功以煌言知江上形勢，使前驅。鄭、張再次聯合北伐，聲勢雄壯，其〈會師東甌漫成〉云：

> 甌越江聲動鼓鼙，霸圖南北似雞棲；誰爲揖客稱司馬，獨將遊兵是水犀。著借自來非爲漢，瑟操猶恐未工齊。十年種蠡成何事，敢向人前說會稽！〔註149〕。

煌言、延平海上十年抗清不懈，自比越國文種、范蠡二大夫同心，必定能助勾踐復國。是年五月，復由溫州而上，大軍入長江，煌言建議，崇沙乃江海門戶，雖爲懸洲，其實可守，宜先定之爲老營。延平不聽。

（二）懸軍深入

金陵之役，張煌言爲鄭成功前軍，共議首取瓜州。清軍於金、焦間用鐵索橫江，所謂「滾江龍」，夾岸置西洋大砲，煌言出入其間，令善泅者截斷滾江龍，將奪上流木城。時風急流迅，且戰且卻，兩岸砲聲如雷、彈如雨，諸艘或折檣、或裂帆，水軍之傷矢石者，且骨飛而肉舞。煌言乃叱舟人鼓棹，逆入金山；同艅數百艘得入者，僅十七舟。次早，延平軍始至瓜城；清兵出禦，死者千餘人，乘勝克其城。〔註150〕。既下瓜城，延平即欲直趨江寧，煌言以鎮江實大江門戶，若不先下，則邏舟出沒，主客之勢異矣，力請先取鎮江。延平乃慮留都來援，煌言謂何不遣師先搗觀音門，則留都自守不暇矣。延平因即請煌言往，並以直達蕪湖爲約。煌言乃懸軍深入，舟次六合，得報延平已六月二十四日克鎮江，煌言恐後期，乃晝夜兼程而進，六月二十八日抵觀音門。其〈師次觀音門〉云：

> 樓船十萬石頭城，鍾阜依然拱舊京。弓劍秋藏雲五色，旌旗夜度月三更。中原父老還扶杖，絕塞河山自寢兵。不信封侯皆上將，前茅獨讓棄繻生。〔註151〕

〔註148〕請參閱本書第五章〈盧若騰島噫之詩〉，第三節〈喪亂流離實錄〉，二、〈議史事之寫〉，茲不贅述。

〔註149〕〈會師東甌漫成〉，《張蒼水集》卷3《奇零草》（三），頁223上。

〔註150〕參見〈北征得失紀略〉，《張蒼水集》卷9，頁274下。

〔註151〕〈師次觀音門〉，《張蒼水集》卷3《奇零草》（三），頁223下。

觀音門在江寧縣北、燕子磯之東，二張三入長江曾師次於此，今日率軍再臨，未至儀徵，吏民齎版圖迎降五十里外，張軍紀律甚嚴，瀕江小艇載瓜果貿易如織，若不知有兵者，闔郡士民焚香長跪雨中，邀煌言登岸。然而張煌言詩中不免掛念南京戰事；南京爲明之留都，自古爲王氣所在，今延平擁十萬武裝之眾，師抵石頭城下，眼前巍巍鍾山依然拱衛舊京，然清軍不敢出，另有所圖。煌言懇切貽書，勸延平應乘破竹之勢，疾趨留都。

（三）開府蕪湖

張煌言師次觀音門二日，待延平軍來，不至，乃發輕舟數十，先上安徽蕪湖，其〈師次蕪湖，時余所遣前軍已受降〉云：

> 元戎小隊壓江關，面縛長鯨敢逆顏。吳楚衣冠左衽後，蕭梁城郭暮笳間。王師未必皆無戰，胡馬相傳已不還。寄語壺漿休怨望，懸軍端欲慰民艱。〔註152〕

首聯「元戎小隊壓江關，面縛長鯨敢逆顏」，指七月朔日，煌言遣部曲七人掠江浦，清兵以不備，開門逃走，煌言軍乃扼浦口。五日，會捷書至，前軍已受蕪湖降矣。煌言於七月七日趕抵蕪湖，乃親按之，傳檄郡邑，大江南北多響應者，詩中寫出懸軍重復故土、撫慰民心，百姓簞食壺漿以迎王師，一解多年來對故國盼望之情。此誠隆武朝覆亡後，大漢旌旗第一次重揚蕪湖。緣此大好民氣可用，張煌言親率所部數千奮勇進擊，充滿必勝信念，如〈師入太平府〉云：

> 天驕取次奉冠裳，畿輔長驅鐵褲襠。王業昔誰開采石，霸圖古亦起丹陽。百年禮樂還豐鎬，一路雲霓載酒漿。此去神京原咫尺，龍蟠虎踞待重光！〔註153〕

太平，即古丹陽郡，今之當塗。此詩情辭俱壯，字裏行間洋溢著詩人之豪情，及一心報國之心切。今王師入安徽太平府，且前師已下蕪湖，誠抗清復國大業未有之舉，心中熱血激昂，眼見故國重光在望。詩中「一路雲霓載酒漿」即錢牧齋〈後秋興八首之二〉中所謂之「編戶爭傳歸漢籍」、「野老壺漿潔早秋」者也。〔註154〕煌言又有〈姑熟既下，和州、無爲州及高淳、溧水、

〔註152〕〈師次蕪湖，時余所遣前軍已受降〉，《張蒼水集》卷 3《奇零草》（三），頁223。

〔註153〕〈師入太平府〉，《張蒼水集》卷3《奇零草》（三），頁223～224。

〔註154〕清·錢謙益：《錢牧齋全集》（上海：上海古籍出版社，2003 年 8 月 1 版，錢

溧陽、建平、廬江、舒城、含山、巢縣諸邑相繼來歸〉云：

> 干將一試已芒寒，赤縣神州次第安。建業山川吳帝闕，皖城戈甲魏
> 軍壇。東來玉帛空胡虜，北望銅符盡漢官。猶憶高皇初定鼎，和陽
> 草昧正艱難。〔註155〕

從上引數首詩可見煌言師所過之處兵不血刃，吏民喜悅，爭持牛酒進勞；父
老扶杖炷香挈壺漿以獻者，終日不絕。百姓重見大明衣冠，莫不垂涕，煌言
則款顏安民，撫慰懇惻，神州故土有次第安定之局。詩中頸聯「東來玉帛空
胡虜，北望銅符盡漢官」，乃寫煌言進城入謁先聖廟，坐明倫堂，招諸生，勉
以忠孝大義，人人莫不思奮。長吏故官或青衣待罪、或角巾抗禮；煌言考察
黜陟，如州牧行部故事。而江、楚、魯、衛豪傑亦詣軍門，願受約束為響
應。當煌言趨蕪湖之時，軍不滿千、船不滿百，實為孤臣獨抱，草創艱難；
至是聲勢頗盛，有恢復中原之望，猶如當年太祖定鼎金陵之勢。煌言相度長
江中下游形勢，一軍下溧陽，以窺廣德；一軍鎮池郡，以絕上游；一軍拔和
陽，以固采石；一軍入寧國，以通徽州。江、楚豪傑多詣軍門，請歸，禡旗
以應。張煌言開府蕪湖，傳檄江北，相率來歸，凡得四府、三州、廿四縣。
〔註156〕其〈驛書至，偏師已復池州府〉云：

> 赤羽飛馳露布譁，銅陵西去斷胡笳。橫流錦纜空三楚，出峽霓旌接
> 九華。歌吹已知來澤國，樵蘇莫遣向田家！前驅要識王師意，劍躍
> 弓鳴亦漫誇。〔註157〕

蕪湖沿長江而上至池州府（貴池），煌言駐軍江上，最與居民相安。師行所
過，野人、童子或折名花以獻、或攜濁酒以迎。至是，益嚴軍士之禁，秋毫
無犯，有遊兵闌入剽掠者，即擒治如法，遠近翕然。〔註158〕乃有「歌吹已知

〔註155〕 仲聯標校本），第 7 冊《投筆集》卷上〈後秋興八首之二〉，頁 4、7。

〔註155〕 〈姑熟既下，和州、無為州及高淳、溧水、溧陽、建平、廬江、舒城、含山、
巢縣諸邑相繼來歸〉，《張蒼水集》卷 3《奇零草》（三），頁 224 上。

〔註156〕 《張蒼水集》卷 9〈北征得失紀略〉，頁 275 下。

〔註157〕 〈驛書至，偏師已復池州府〉，《張蒼水集》卷 3《奇零草》（三），頁 224
上。

〔註158〕 張煌言〈北征得失紀略〉云：「先是，余之按蕪也，兵不滿千、船不滿百；惟
以先聲相號召、大義為感孚，騰書搢紳、馳檄守令。所過地方，秋毫不犯；
有遊兵闌入剽掠者，余擒治如法，以故遠邇壺漿恐後。即江、楚、魯、衛豪
雄，多詣軍門受約束，請歸禡旗相應。余相度形勢，一軍出溧陽，以窺廣
德；一軍鎮池郡，以扼上游；一軍拔和陽，以固采石；一軍入寧國，以偪新
安。而身往來姑熟間，名為駐節鳩茲，而其實席不暇暖也。」《張蒼水集》

來澤國，樵蘇莫遣過田家」之句。

然其〈師入寧國，時徽郡來降，留都尙未克復〉則透露不祥之兆：

> 千騎東方出上遊，天聲今喜到宣州。威儀此日驚司隸，勳業何人愧
> 徽侯！舊闕烽煙須早靖，新都版籍已全收。遺民莫道來蘇好，猶恐
> 瘡痍未可瘳！〔註159〕

初煌言馳書成功，謂頓兵堅城，師老易生他變，宜分兵盡取畿輔諸郡；若金
陵出援，可邀擊殲之。結果成功不聽，之後清兵援軍至，梁化鳳軍盡出而戰，
成功大敗，造成整個深入長江戰役功虧一簣。江寧師挫，「緣士卒釋戈而嬉，
樵蘇四出，營壘爲空；虜諜知，用輕騎襲破前營，延平倉卒移帳。質明，軍
灶未就，虜傾城出戰；軍無鬥志，竟大敗。」〔註160〕

（四）突圍生還

張煌言在寧國方部署諸軍，思直取九江，而南京敗書聞。煌言得報急返
蕪湖，思彈壓上游，與瓜、鎭犄角，鎭江書生羅子木亦勸成功乘敗出不意轉
帆復西。成功遽退師，並棄瓜、鎭，上游兵因遂潰。張煌言不得已散眾，與
麾下數百人至無爲州，焚舟登岸，歷桐城黃金棚，入霍山界，走英山，爲追
騎所及，將士疲困，皆竄山谷。煌言突圍，得士人爲導，乘月變服，夜行兩
日，至高河埠，投逆旅。有徽豪金某、徐某揣知煌言，乃匿煌言於家數日，
由樅陽出江，渡黃溢，走徽、嚴，山行道東陽、天台以達海壖。時關津戒嚴，
甬上忠義之士李文纘遇於途中，以死士衛煌言，煌言得以復入林門。其〈間
行雜感二首〉道出逃亡路途之艱辛：

> 鐵幢纏解又芒鞋，姓氏逢人且自埋。夜踏巉巖驚伏虎，朝披霧露避
> 群豺。乾坤蒼莽投金瀨，徑路蕭涼阻玉階。贏得風衣兼雨帽，相看
> 不是舊形骸！
>
> 一椎可奈誤秦車，蕭瑟秋風坏上書。伏匿那能忘鐵馬，潛遊猶覺負
> 銀魚。荒村雲擾難欹枕，單裌霜深已散裾。總是姓名隨地變，任呼
> 牛馬亦何如！〔註161〕

卷9〈北征得失紀略〉，頁275下。

〔註159〕〈師入寧國，時徽郡來降，留都尙未克復〉，《張蒼水集》卷3《奇零草》（三），
　　　　頁224上。

〔註160〕《張蒼水集》卷9〈北征得失紀略〉，頁276上。

〔註161〕〈間行雜感二首〉，《張蒼水集》卷3《奇零草》（三），頁224。

海濱人傳張兵部得生還,相與悲喜久之,因有「落魄鬚眉在,招魂部曲稀。
生還非眾望,死戰有誰歸!蹈險身謀拙,包羞心事違。江東父老見,一一問
重圍」〔註162〕。「本以揚旌去,胡爲棄甲旋!名城空繡錯,故老盡株連。百折
終何補,千秋倘復憐!亦知收燼易,蕭索愧金錢」之歎〔註163〕。故其〈海濱
居民聞予生還,咸爲手額;且以壺漿相餉。余自慚無似,何以得此於輿情也〉
詩云:

> 虛名浪說逐群雄,垂翅何心得楚弓。每把金魚羞父老,豈應竹馬笑
> 兒童!衣冠不改秦時俗,雞黍相遺晉代風。正覺漁樵多厚道,不將
> 白眼看途窮。〔註164〕

十月,張煌言聚兵復屯於天台之長亭鄉,「復樹纛鳴角,故部漸集,成功聞煌
言還,遣兵來助」〔註165〕。海濱父老「衣冠不改秦時俗,雞黍相遺晉代風」,
居民淳樸善良,張煌言巡視天台海上,見長亭鄉多田而苦潮,乃募諸義民築
塘以捍之,至今猶蒙其利。〔註166〕

　　縱觀張煌言十九年抗清史事,自甲申國變投筆從戎,護衛魯王至舟山建
立抗清基地,成爲一方勁旅。永曆五年舟山之陷,隨魯依鄭,其間以督張名
振軍三入長江,後更組成鄭、張聯軍,北征金陵;此在南明抗清史上,皆爲
可歌可泣之偉大詩篇。可惜永曆十八年抗清勢全然瓦解之後,張煌言解軍,
隱於南田懸嶴,七月被執,九月杭州就義。審此,張煌言一生以海上長城自
許,步艱難之世,從亡海島,履危蹈險,志在中興,鞠躬盡瘁,千古爲昭。

第三節　孤海忠烈采薇吟

　　《采薇吟》乃張煌言在永曆十八年(康熙三年,1664)甲辰六月,解散
部眾後至九月七日湖上就義之作。全祖望〈張督師畫像記〉記其族母(張
煌言獨女)之言云:「壬寅(1662)而後,先公貽書汝諸祖,以事不可爲,欲

〔註162〕〈生還四首〉其一,《張蒼水集》卷3《奇零草》(三),頁225上。

〔註163〕〈生還四首〉其四,《張蒼水集》卷3《奇零草》(三),頁225上。

〔註164〕〈海濱居民聞予生還,咸爲手額;且以壺漿相餉。余自慚無似,何以得此於
　　　　輿情也〉,《張蒼水集》卷3《奇零草》(三),頁225下。

〔註165〕清・李聿求:《魯之春秋》(上海:上海古籍出版社,2002年3月1版,《續
　　　　修四庫全書》影清咸豐刻本,第444冊),卷14〈義旅三・張煌言傳〉,頁574
　　　　下。

〔註166〕見〈山頭重築海塘碑記〉,《張蒼水集》卷5《冰槎集》,頁245～246。

散其軍；然日復一日，以王在也。直至甲辰（1664）王薨，而後決計入山，故《采薇》之吟自此而始。」〔註167〕可知《采薇吟》乃煌言取伯夷、叔齊，義不食周粟，寧入西山采薇，以示不降之節。〔註168〕故〈追往八首〉其六云：「幾投珥筆幾賙戈，屈指滄桑意若何！金狄豈愁王氣盡，銅焦誰說死聲多？五千甲盾收餘燼，百二山河挽逝波。天夢到今疑未醒，沈吟轉憶〈採薇歌〉。」〔註169〕

一、英雄失路

　　張煌言何以會在永曆十八年（康熙三年，1664）六月，散軍解兵，隱居南田之懸嶴，其關鍵乃在永曆十六年（康熙元年，1662）相繼發生之噩耗。

　　其一，滇中淪陷。流離西南的桂王被吳三桂所弒，李定國隨後亦殉國。煌言〈驚聞行在之變，正值虜廷逮余親屬；痛念家國，心何能已〉云：

> 自分孤臣九死應，國仇家難轉相仍。埋名恨不同梅尉，誓旅知非擬駱丞。芳草王孫歸莫望，蒼梧帝子去無憑。枕戈此日將何待，仰視浮雲一撫膺！〔註170〕

永曆十五年（順治十八年，1661）秋，滇中事急，傳來警訊，此時延平有事於臺灣，而煌言亦無力勤王，蓋閩浙海上距離滇緬，間關萬里，不但交通困難，而且路隔華夷，「乃遣職方郎中吳鉏，挾帛書間道入鄖陽山中，欲說十三家之軍，使之撓楚以救滇，十三家已衰敝不敢出師。」〔註171〕當時張煌言〈送吳佩遠職方南訪行在，兼會師鄖陽〉有「鄖江稱斗絕，咫尺向夔門。雲棧凌霄起，霓旌插壁屯。金貂皆上將，鐵馬足中原。一見隨何檄，還應報國恩」之期望〔註172〕。永曆帝在十五年十二月被執，次年二月十三日送至滇，四月

〔註167〕清・全祖望撰、朱鑄禹校注：《全祖望集彙校集注・鮚埼亭集外編》（上海：上海古籍出版社，2000 年 12 月 1 版），卷 19〈張督師畫像記〉，頁 1113。

〔註168〕張煌言永曆十六年〈答偽安撫書〉云：「殊不知黃綺衣冠，必不輕出商山；夷、齊薇蕨，豈可頓易周粟。」明・張煌言撰、張壽鏞編：《張蒼水集》（臺北：新文豐出版公司，1988 年 4 月臺 1 版，《四明叢書》，第 2 集，總第 5 冊），卷 7〈外編・遺文〉，頁 269 上。

〔註169〕〈追往八首〉其六，《張蒼水集》卷 1《奇零草》（一），頁 203 下。

〔註170〕〈驚聞行在之變，正值虜廷逮余親屬；痛念家國，心何能已〉，《張蒼水集》卷 6《外編・遺詩》，頁 259 下。

〔註171〕《全祖望集彙校集注・鮚埼亭集》卷 9〈明故權兵部尚書兼翰林院侍講學士鄞張公神道碑銘〉，頁 190。

〔註172〕〈送吳佩遠職方南訪行在，兼會師鄖陽〉四首其三，《張蒼水集》卷 3《奇零

望日吳三桂以弓弦絞殺於昆明箆子坡。〔註173〕消息傳來煌言哭臨三日，軍中縞素，國仇家恨，齊湧心頭；帝崩親難，撫膺長歎。如此打擊，令煌言淚盡繼血，人何以堪。

其二，鄭成功在五月八日亦卒於臺灣。鄭成功於永曆十五年（1661）欲取臺灣以休士，張煌言極力反對，「辛丑（1661），引軍入閩，次於沙關，成功已抵澎湖；公遣幕客羅子木以書挽成功，謂軍有進寸無退尺，今入臺，則將來兩島恐并不可守，是孤天下之望也。成功不聽。」〔註174〕永曆十六年五月煌言驚聞延平猝卒，哭曰：「已矣！吾無望矣！」〔註175〕煌言有〈感懷兼悼延平王〉云：「擬將威斗卻居延，捧罷珠盤事渺然！龍鬥幾人開貝闕，鶴歸何處問芝田！引弓候月爭相賀，掛劍寒雲轉自憐。想到赤符重耀日，九原還起聽鈞天。」〔註176〕而煌言〈祭延平王文〉又讚其取臺之舉為「乾坤獨闢，夷夏咸康」，但望延平能「竚班師旅，終仗尊攘」，豈知「夫何月掩，忽焉星亡」。〔註177〕不堪平生同志零落殆盡，可不痛哉！定國與延平偕亡，僅剩煌言孤軍奮鬥，隻木難撐天下。再者，延平卒後，鄭氏內鬥，鄭經執政雖稍能克盡父業，繼揚反清之幟，然亦無功可言，最終以銅山大撤退為結束。如《臺灣通史·建國紀》云：

　　草》（三），頁 232 上。

〔註173〕黃宗羲《行朝錄》卷 5〈永曆紀年〉云：「壬寅（永曆十六年，1662）二月十三日，至滇城。蒙塵之後，事秘，必知崩日崩所。」黃宗羲《行朝錄》卷 5〈永曆紀年〉，見清·黃宗羲撰、沈善洪主編：《黃宗羲全集》（杭州：浙江古籍出版社，1986 年 5 月 1 版），第 2 冊，頁 167。而清·邵廷采《西南紀事》云：「壬寅，四月二十五日，王縊於滇都，並殺王子。晉王李定國死於猛臘。」清·邵廷采：《西南紀事》（臺北：臺灣銀行經濟研究室，1968 年 3 月 1 版，《臺灣文獻叢刊》第 267 種），卷 1〈桂王〉，頁 17。本文言「四月望日」取《南疆繹史》之說，其云：「戊申，緬人送王與王子至軍前。明年三月丙戌，至雲南府。夏四月望日戊午，王終，年三十又八；妃與王子俱從死。」清·李瑤恭：《南疆繹史》（臺北：臺灣銀行經濟研究室，1962 年 8 月 1 版，《臺灣文獻叢刊》第 132 種），卷 5〈粵中紀略·永明王下〉，頁 72。

〔註174〕《全祖望集彙校集注·鮚埼亭集》卷 9〈明故權兵部尚書兼翰林院侍講學士鄞張公神道碑銘〉，頁 190。張煌言極力反對鄭成功經略臺灣之事，請參本書第五章〈盧若騰島噫之詩〉，第二節〈盧若騰詩歌主題〉，五、臺金地理書寫，（一）想像臺灣。茲不贅。

〔註175〕《全祖望集彙校集注·鮚埼亭集》卷 9〈明故權兵部尚書兼翰林院侍講學士鄞張公神道碑銘〉，頁 190。

〔註176〕〈感懷兼悼延平王〉，《張蒼水集》卷 6《外編·遺詩》，頁 260 上。

〔註177〕〈祭延平王文〉，《張蒼水集》卷 7《外編·遺文》，頁 272 上。

永曆十八年二月，洪旭言曰：「金、廈新破，銅山難守，不如退保東
都，以待後圖。」經從之，命永華、錫範扈董夫人先行。宗室寧靜
王、瀘溪王、巴東王、魯王世子暨鄉紳王忠孝、辜朝薦、盧若騰、
沈佺期、郭貞一、李茂春悉扁舟從。〔註178〕

因知此時鄭經已無心於大陸，故全力轉進臺灣。

其三、魯王於十一月薨於金門。永曆十五年年底滇中失陷後，煌言「遺
書勸成功尊立魯王，以存明祀；成功有異志，托言以永曆記年，不更事二君」
〔註179〕。後延平卒，閩南諸老，謀復奉魯王監國，貽書來商，煌言枯木死灰
之心，遂燃起一絲希望，即以書約前兵部尚書盧若騰，勸以大舉，若騰亦自
以「年六十三，志意未憊，台臺幸勿以老而棄之」〔註180〕，冀有所作為。永
曆十六年八月十五日，煌言〈上監國魯王〉云：

以去冬緬甸之變，君亡臣死，天下已無復有明室矣；止海上猶存一
線。而主上尚在潛龍，真乃天留碩果；自當誓師討賊，以維繫人心，
以嗣續正統。昔莽移漢鼎，光武興師；丕廢山陽，昭烈踐祚；懷、
愍北狩，晉元稱制；徽、欽蒙塵，宋高繼立：以視今日，誰曰不然！
顧島上勳貴，罔識《春秋》大義；而臣實兵微將寡、金乏糧窮，孤
掌難鳴。既見宗國之亡而不能救，猶幸舊主之存而不能扶；所以中
夜椎心，淚盡而繼以血也。尚望諸搢紳或能旋乾轉坤，臣已在秣屬
以候。但得南國首為推戴，臣敢弗協力扈從！伏惟主上潛算雄圖，

〔註178〕連橫：《臺灣通史》（臺北：臺灣銀行經濟研究室，1962 年 2 月 1 版，《臺灣
　　　　文獻叢刊》第 128 種），卷 2〈建國紀〉，頁 37。按：連橫此則史料乃根據江
　　　　日昇《臺灣外記》而來。《臺灣外記》卷六云：「二月，忽報守南澳護衛左鎮
　　　　杜煇勾通潮州鎮海將軍王國化從揭陽港投誠。洪旭見日報諸將叛去，謂經
　　　　曰：『金、廈新破，人心不一，銅山必難保守。況王、院差官僕僕前來，非為
　　　　招撫，實窺探以敵人心。今各鎮紛紛離叛，日報無寧晷。當速過臺灣！苟遷
　　　　移時日，恐變起肘腋，悔無及矣』！經是之。令陳永華、馮錫范送董夫人眷
　　　　口先行。然後請宗室暨鄉紳商議：如欲相從過臺者，速當收拾，撥船護送；
　　　　若不願相從者，聽之。時有寧靖王、瀘溪王、魯王世子、巴東王諸宗室等同
　　　　鄉紳王忠孝、辜朝薦、沈佺期、郭貞一、盧若騰、李茂春，悉扁舟從行；惟
　　　　徐孚遠駕船歸華亭。」清・江日昇：《臺灣外記》（臺北：臺灣銀行經濟研究
　　　　室，1960 年 5 月 1 版，《臺灣文獻叢刊》第 60 種），卷 6〈康熙癸卯年至康熙
　　　　甲寅年共十二年〉，頁 230～231。
〔註179〕《西南紀事》卷 1〈桂王〉，頁 17。
〔註180〕盧若騰：〈與張煌言書〉，明・盧若騰撰、李怡來編：《劉庵詩文集》（金門：
　　　　金門縣文獻委員會，1969 年 9 月 1 版），卷下〈文集・書〉，頁 82。

以凝景命。〔註181〕

煌言上書魯王，勸其在此危疑之際，宜爭取閩海勳鎮，以爲擁護之資，然後速正大號，以存正統，則天下事尚可爲。又書約鄭經，勸以「亞子錦囊三矢」之業，於是厲兵束裝，以待閩中之問。

豈知是年十一月，魯王薨於金門，煌言哭曰：「孤臣之栖栖有待，徒苦部下相依不去者，以吾主上也。今更何所待乎！」〔註182〕煌言〈祭監國魯王表文〉更云：

> 方期再回靈武之鑾，誰意遽返蒼梧之駕！八音過密，百里震驚。臣才愧鄙、枚，任同種、蠡。十九年之旄節，屬國不殊；廿四郡之鼓旗，平原無恙。恨哭廷而未效，嗟掃墓以何時！〔註183〕

魯王一死，明祀全亡，時不我予，煌言遂籌散軍之計，其〈貽趙廷臣書〉自道散兵乃不得已之決定，「殊不知散兵者，憫斯民之塗炭；歸隱者，念先世之暴荒。……擁兵，則歲月猶存；解甲，則旦夕莫保」〔註184〕。永曆十七年（康熙二年，1663）十一月金廈兩島淪陷，隔年鄭經全員撤回臺灣之後，沿海抗清局勢更加險峻。基於身爲魯王之臣的立場，又肩負浙東抗清領袖之責任，張煌言既不可能降清，亦不願避敵東行投靠臺灣鄭氏。〔註185〕張煌言心中相當清楚自己「末路行藏關漢鼎」〔註186〕，既以英雄自許，衡以忠義氣節，最好之抉擇乃散軍，隱於海上孤島。

其實早在永曆十五年（順治十八年，1661）張煌言已有英雄失路之悲，尤以暮春時節最爲悵然，不斷感慨「雄圖誰復能窺足，雌節何如且息肩」

〔註181〕〈上監國魯王啓〉，《張蒼水集》卷5《冰槎集》，頁257下。

〔註182〕《全祖望集彙校集注・鮚埼亭集》卷9〈明故權兵部尚書兼翰林院侍講學士鄞張公神道碑銘〉，頁191。

〔註183〕〈祭監國魯王表文〉，《張蒼水集》卷7〈外編・遺文〉，頁271下。

〔註184〕〈貽趙廷臣書〉，《張蒼水集》卷7〈外編・遺文〉，頁273上。

〔註185〕查繼佐《罪惟錄・張煌言傳》論曰：「玄箸刻刻以扶鼎爲誓，自三沙離監國，十年不通謁，欲公其身于桂，以鼓鄭必往之氣。所云釋疑平忌是也。自緬甸報變，爲上詔書草，而又恐將扶不力，遂欲移蹕，通呼吸，養晦自愛。其所望于延平者，豈不孔急哉！迨上書東寧世子，顧及借枝之安，此託言同仇，非果夢寐在此。使但即休，初諫止臺灣，何諄諄舌敝繼之痛涕爲也！事不克就，死而後已，鞠躬之義，千古爲昭。」明末清初・查繼佐：《罪惟錄・傳》（杭州：浙江古籍出版社，1986年5月1版，方福仁等校點本），卷9〈抗運諸臣列傳下・張煌言傳〉，頁1565。

〔註186〕〈見友人「詠懷」詩有感，遂依韻和之二首〉其二，《張蒼水集》卷3《奇零草》（三），頁230下。

〔註187〕。詩人情以物遷，辭以情發，又道「梨花春雨半含秋，太息當年桑下謀！國事幾番眞似弈，人情到處盡如鈎」〔註188〕。然而春秋代序，草木零落，深秋物色更令人傷感。其〈愁心〉云：

> 一片秋明遠萬山，愁心似水轉相關。蚨羈空擬浮家去，雁足虛傳屬
> 國還。聲入鼓鼙龍自鬥，夢回砧杵鶴難攀。平原一旅眞孤掌，可有
> 天戈靈武間？〔註189〕

全篇除首聯歎時悲秋外，乃用借古慨今之筆觸，描繪出英雄末路之悲。無論蚨羈客浮家海外，或蘇武自北海還朝，追憶前史，都已成空。張煌言心中企盼以平原君、郭汾陽爲師，志在恢復明室。周赧王五十五年（西元前 260）趙長平之敗後，秦圍邯鄲，平原君用毛遂與楚定從約，又求救於魏信陵公子，遂復存趙。唐玄宗天寶十四載（755），安祿山起兵叛變，陷潼關，玄宗幸蜀。肅宗靈武即位，得郭子儀平定安史之亂，聯回紇征吐蕃，中興唐室。可見史上不乏中興故實，成功與否，事在人爲。審此，全詩在愁心悲秋聲中，透露出空懷復國之志的無奈。

永曆十五年〈三過沙關〉詩中，更表露張煌言孤軍自持於閩浙海外之悲，而遙懷楚國申包胥之忠藎：

> 五載眞如夢，秦川恨舊遊。地分山閩越，天闊水沈浮。鴻鵠難羈紲，
> 蛟龍空負舟！包胥洵國士，復郢便辭侯。〔註190〕

沙關是張煌言海上抗清老巢之一，詩人入閩駐軍所在地，當年舟山之敗奉魯王入閩時，君臣將相堪稱勁旅，氣勢何等雄壯。今三過沙關，義師消亡殆盡，鄭成功因江寧兵敗，轉進臺灣，抗清復國之希望至此愈加渺茫。難怪永曆十七年張煌言高歎「望鄉臺上分羹冷，建業城邊遺鏃黃。閩嶠秖今皆蔓草，不知三矢有誰囊！」〔註191〕目睹舊時風物，遙想當年風采，滿眼物是人非，三矢定天山之壯志成空。誠是「瓢泊終何濟，蕭然一撫襟」〔註192〕，英雄失路之情，不可言喻。

〔註187〕〈春暮悵然有作〉，《張蒼水集》卷 3《奇零草》（三），頁 231 上。

〔註188〕〈見友人「詠懷」詩有感，遂依韻和之二首〉其一，《張蒼水集》卷 3《奇零草》（三），頁 230 下。

〔註189〕〈愁心〉，《張蒼水集》卷 3《奇零草》（三），頁 233 上。

〔註190〕〈三過沙關〉，《張蒼水集》卷 3《奇零草》（三），頁 232 下。

〔註191〕〈有所思二首〉其二，《張蒼水集》卷 6《外編・遺詩》，頁 261 上。

〔註192〕〈沙關感懷〉，《張蒼水集》卷 3《奇零草》（三），頁 232 下。

綜此，張煌言在永曆十八年眞乃英雄失路，此時如孤鴻獨自漂泊閩浙沿海懸島之間，期待再起。然而桂、魯已薨，東南抗清勢力一一挫敗，加以清廷統治基礎日漸穩固，一統全國形勢抵定。誠是大廈已隳，隻立之木難擎以既倒，南明復國之時局如江河日下，孤臣亦無力可回天，煌言最終以懸嶴散軍作結，劃下十九年抗清之句點。

二、夷夏之防

張煌言申夷夏之防，以民族氣節自勵，堅持抗清復國，故絕不接受滿人入關統治中國之事實，試證如下：

> 建酋本我屬夷，屢生反側，爲乘多難，竊據中原，衣冠變爲犬羊，江山淪於戎狄，凡有血氣，未有不拊心切齒於奴酋者也。（〈海師恢復鎮江一路檄〉）〔註193〕

> 夫昔日之北庭，非本朝之屬國乎？建州之甲，已忘休屠之恩矣，遼左之烽胡爲乎？（〈答僞安撫書〉）〔註194〕

> 自遼事起，而征調日繁、催課益急；以故潰卒散而爲盜賊，窮民亦聚而弄干戈，是釀成寇禍者，清人也。乃乘京華失守，屬國興師；誠能挈舊物而還之天朝，則是吐蕃、回紇不足專美於前。奈何拒虎進狼，既收漁人之利於河北；長蛇封豕，復肆蠚蠆之毒於江南。（〈復僞總督郎廷佐書〉）〔註195〕

以上三文中皆氣憤墳膺，嚴正指出：建州女眞本爲明朝屬夷，乃夷狄之邦，卻利用中土闖賊之亂，趁虛而入，佔領河朔，蠚毒江南，實非王者之行徑。故煌言對於滿清入侵中國以致明祚斷絕，感到痛心疾首。

張煌言雖身處浙海孤島，外援日寡，形勢日下，仍希冀收復中原。故面對清人多次招降亦不爲所動，如：

> 英雄之士，明華夷之辨，莫不以被髮爲辱，雪恥爲懷，所恨力不從心，是以待時而動。（〈與僞鎮張維善書〉）〔註196〕

> 竊聞兩間自有正氣，萬古自有綱常，忠臣義士，惟獨行其是而已。不孝一介書生，遭逢國難，初學季眞避世，久同去病忘家。忠孝已

〔註193〕〈海師恢復鎮江一路檄〉（代延平王），《張蒼水集》卷5〈冰槎集〉，頁244上。

〔註194〕〈答僞安撫書〉，《張蒼水集》卷7〈外編・遺文〉，頁268下。

〔註195〕〈復僞總督郎廷佐書〉，《張蒼水集》卷5〈冰槎集〉，頁245上。

〔註196〕〈與僞鎮張維善書〉，《張蒼水集》卷5〈冰槎集〉，頁248上。

難兩全，華夷豈堪雜處？區區此志，百折彌堅。……總之，大明無
不中興之理，非晉元、宋高可比。我輩相晤，正自有期；不孝未便
以文文山自況，執事正不必以留夢炎輩自居耳！（〈復僞提督田雄、
僞鎮張杰、僞道王爾祿書〉）〔註197〕

讀此二書不但義正辭嚴，而且氣魄豪邁。蓋煌言深受傳統儒家思想影響，以
忠義自持，其身雖遭被髮之辱、亡國之恥，但相信「天道好還」、「人心思漢」
〔註198〕，自然期待一雪國仇，故在張煌言心目之中，夷夏之辨的觀念乃天經
地義之事〔註199〕。緣此，其詩作屢屢高舉「華夷之辨」：

華夷兩字書生辨，節義千秋史氏知。（〈輓華吉甫明經〉）〔註200〕

乾坤分正閏，夷夏辨《春秋》。（〈閏元宵排律十四韻〉）〔註201〕

雲物禨祥誰定得？且憑玉曆辨華夷。（〈甲辰元旦〉）〔註202〕

《春秋》之義尊王攘夷、撥亂反正，大漢子民當辨夷夏之防，反抗侵略，此
無可逃於天地之間的重責大任。而〈復趙都臺（廷臣）二首〉其二更是慷慨
激烈，曉以民族大義所寄爲何：

揶揄一旅尚圖存，吞炭吞氈可共論！敢望臣靡興夏祀，祇憑帝鑒答
商孫。衣冠猶帶雲霞色，旌旆長懸日月痕。贏得孤軍同碩果，也留
正氣在乾坤。〔註203〕

只因忠心義膽，不做僞臣，張煌言堅決不屈之民族氣節，誠如蘇武被拘北海，
以雪與氈毛並咽之處境艱難可比擬。世人或許揶揄非笑之，但張煌言堅持抗
清義師即使只剩一旅孤軍，對於救亡復國大業仍然奮鬥不懈。此乃忠貞之士
「其所持者天經地義，其所圖者國恨家仇，其所期待者豪傑事功、聖賢學問；
故每氈雪自甘、膽薪彌勵而卒以成功者，古今以來何可勝數？」〔註204〕故大

〔註197〕〈復僞提督田雄、僞鎮張杰、僞道王爾祿書〉，《張蒼水集》卷5〈冰槎集〉，
頁242～243。

〔註198〕〈海師恢復鎮江一路檄〉（代延平王），《張蒼水集》卷 5〈冰槎集〉，頁 243
下。

〔註199〕〈海師恢復鎮江一路檄〉云：「天經地義，華夷之辨甚明。」《張蒼水集》卷
5〈冰槎集〉，頁 244 上。

〔註200〕〈輓華吉甫明經〉，《張蒼水集》卷1《奇零草》（一），頁192上。

〔註201〕〈閏元宵排律十四韻〉，《張蒼水集》卷3《奇零草》（三），頁222上。

〔註202〕〈甲辰元旦〉，《張蒼水集》卷6《外編·遺詩》，頁261下。

〔註203〕〈復趙都臺（廷臣）二首〉其二，《張蒼水集》卷 6《外編·遺詩》，頁 261
下。

〔註204〕〈復僞總督郎廷佐書〉，《張蒼水集》卷5《冰槎集》，頁 244 下。

丈夫當存我道統，復我江山，雖犧牲身家性命無所反顧；此誠爲忠貞志士所以能長存青史汗編之故也。

明人稱滿州爲建州衛，貶稱建夷，張煌言有〈建夷宮詞十首〉寫清人宮中瑣事，其義在存諷諭事。〔註205〕其後鄭經有讀張公煌言「滿洲宮詞」之詩致意其間〔註206〕，另煌言又有禽言詩〈秦吉了〉云：

> 秦吉了，生爲漢禽死漢鳥。塞南、塞北越禽飛，悵望故山令人老。
> 載鳴鳴華音，載飛飛華土；翮折翅垂，夷敢我侮！生當爲鳳友，死
> 不作雁奴；我自名禽不可辱，莫待燕婉生胡雛！鳶猶嚇，鵲徒唶，
> 倉庚空格磔。哀哉不能飛，起視來禽嘗嘆息。〔註207〕

「秦吉了」是一種能說人類語言之禽鳥，據北宋邵伯溫《邵氏聞見錄》載：「瀘南之長寧軍有畜秦吉了者，亦能人言。有夷酋欲以錢伍拾萬買之，其人告以：『苦貧將賣爾。』秦吉了曰：『我漢禽，不願入夷中。』遂勁而死。嗚呼，士有背主忘恩與甘心異域而不能死者，曾秦吉了之不若也。」〔註208〕自此以降，以「秦吉了」爲主題之詩乃典型之禽言詩，如南宋遺民詩人林景熙〈秦吉了〉詩云：「爾禽畜於人，性巧做人語。家貧售千金，寧死不離主。桓桓李將軍，甘作單于鬼。」〔註209〕實諷刺今人怕死，人不如禽。而煌言詩中亦以禽言乃人言之投射，故禽言即人言。詩人以秦吉了自況，「生爲漢禽死漢鳥」意謂著「生爲漢人死漢魂」；「生當爲鳳友，死不作雁奴」，自是華夏龍族，不作亡國奴；「鳴華音」、「飛華土」則是一種身處異族統治下之堅持。詩中更以「秦吉了」爲諷喻：禽鳥尚知服節死義，不忍事異族，而「乾坤竟如此，刺

〔註205〕田中玉〈重刊十家宮詞序〉云：「宮詞者，風化所自開，溫柔之極致也。不獨〈關雎〉、〈麟趾〉諸什爲然，即屈騷宋賦，以至古詩十九首，莫不寄慨美人、託詞思婦，以閨幃燕婉之言，而發其悲天憫人之志。如是而後可以柔其氣，而厚其情，於是言憂者不流於哀屬，言樂者不極於奢淫，此古者言詩之微意，實後世宮詞所濫觴。」《十家宮詞‧序》（北京：中國書店，1990年7月1版），葉1～2。

〔註206〕〈讀張公煌言「滿洲宮詞」，足徵其雜採之實；李御史來東都，又道數事，乃續之〉，《延平二王遺集》，見《鄭成功傳》（臺北：臺灣銀行經濟研究室，1960年1月1版，《臺灣文獻叢刊》第67種），頁131。

〔註207〕〈秦吉了〉，《張蒼水集》卷1《奇零草》（一），頁196上。

〔註208〕北宋‧邵伯溫：《邵氏聞見錄》（北京：中華書局，1983年8月1版，李劍雄等點校本），卷17，頁189。

〔註209〕南宋‧林景熙撰、陳增杰校注：《林景熙詩集校注》（杭州：浙江古籍出版社，1995年12月1版），卷1〈秦吉了〉，頁4。

眼盡猴冠」〔註210〕，衰衰諸公，媚事新朝，卻不辨夷夏之防。故本詩在諷刺降清將相公卿，實禽獸不如也。

三、懸嶴日暮

張煌言在永曆十八年（康熙三年，1664）六月遭清廷嚴密擊剿，如福建總兵官李長榮等「出洋會剿逆寇張煌言，擊敗賊眾五千餘人，又擒偽總兵張賢等，并獲船隻器械」〔註211〕。之後張煌言散兵居於南田之懸嶴（今浙江象山南田花嶴島），懸嶴在海中，荒瘠無居人；山南多汊港，可通舟楫，而其北則是巉巖峭壁。煌言結茅其間，從者惟故參軍羅子木，門生王居敬，侍者楊冠玉，餘惟舟子、役人而已。自煌言〈入山〉一詩可見其歸隱之志：

> 大隱從茲始，悠然見古心。地非關勝覽，天不礙幽尋。石髮溪頭
> 長，雲衣谷口深。此中有佳趣，好作採薇吟。〔註212〕

懸嶴荒瘠無人，非有幽壑勝景，卻是煌言歸隱之地，其所憑藉只是一片悠然古心而已。既是散軍歸隱，且暫作神州袖手人，放懷賞此造物者之奇；眼前不是蘊藏著大自然之無限生意：長溪如髮，看流水有情常轉石；雲深谷幽，見白雲無心以出岫，此中佳趣，誠為《采薇吟》之絕好詩材。然而張煌言散軍歸隱，自是實踐忠貞明室之堅持，企盼完髮以終之歸宿，此當與隨波逐流者大異其趣，故〈擬古三首〉自道「豈識持晚節，獨有淩霜枝。寄言桃李子，慎勿恃芳菲」〔註213〕；「人生百歲間，炎涼候代謝。常憂時命乖，榮名不相借。時命亦何嘗，經綸貴權藉。所志豈顯榮，擔負容可卸」〔註214〕，可以見其志。

懸嶴荒瘠，山中屢空，飢荒如常，偶讀淵明〈乞食〉詩，意猶未盡，遂作〈反乞食〉詩，以和陶詩：

> 悲風變陵谷，余行將安之？浩然懷黃綺，燁燁紫芝辭。清聲在金
> 石，孤情獨往來；彭澤何人斯，東籬戀酒杯？微祿已不耽，沾沾乞
> 食詩。乞固自有意，可以觀其才。吾則愛吾鼎，白雲尚分貽。

〔註210〕〈武林獄中作又一首〉，《張蒼水集》卷4《采薇吟》，頁239下。
〔註211〕清・馬齊、張廷玉等修：《大清聖祖仁皇帝（康熙）實錄》（臺北：臺灣華文書局，1964年9月1版），卷12〈康熙三年閏六月一日福建總督李率泰疏〉，頁198上。
〔註212〕〈入山〉，《張蒼水集》卷4《采薇吟》，頁235下。
〔註213〕〈擬古三首〉其二，《張蒼水集》卷4《采薇吟》，頁237下。
〔註214〕〈擬古三首〉其三，《張蒼水集》卷4《采薇吟》，頁237下。

西山有餓夫，褰裳欲從之！或言舉世腴，君癯寧有辭？流水淡鬑眉，天眞所繇來。況也朝市改，志士寡深杯。療饑託薇蕨，寧識招隱詩！今古多肉食，誰爲天下才？珍重墨胎氏，靈龜幸見貽！

三旬九遇食，我聞古有之。不貪以爲寶，無受故無辭。奈何饕餮者，朵頤鼎鼎來。乞哀在暮夜，餘羹僅一杯。斟酌既飽滿，猶吟和陶詩。緬維珠樹鶴，高清未易才。芝田諒足耕，嘉穀聊自貽。〔註215〕

陶淵明晚年窮困饑餒，但本性眞率曠達，固不諱言因飢求食，故有〈乞食〉之作〔註216〕。煌言散軍歸隱之後，特喜陶淵明之清高人格，因連和三首〈乞食〉詩，心儀其高風亮節。

懸嶴山上蓄養兩隻猿猴，終日高踞山頂樹上，守候動靜。煌言有〈屯懸嶴，猿啼有感〉詩云：

黃葉秋風落木繁，雲峰日落憶寒山。橫流絕渡憑班馬，削壁枯藤亂叫猿。桂樹千秋懷故國，銅駝臥處泣中原。鰲江南望豈爲遠，吾欲乘槎赴楚門！〔註217〕

如此時序僅是六、七月之交，並非秋風飛掃黃葉之季節，然而煌言內心卻是悲秋無憑，遙憶故國銅駝荊棘，豈止黍離之悲可言喻者；此時孤島坐愁，聽猿實下三聲淚，難道是英雄氣短，無計可施；抑是靜待世變，乘時再起？又有〈小猿畜之久矣，以病抱樹而死，爲之惻然〉云：

升木何須教，奔林豈爲驚！胡然嬰一疾，不復聽三聲？腸斷巫山暗，魂歸楚水明。爭如孫供奉，能報主人情！〔註218〕

小猿畜養久亦有感情，其嬰疾而死，主人惻然傷感，作詩悼之。可知煌言在孤島有畜猿猴爲其示警守衛。

張煌言雖已息機遠遯懸島，清廷卻仍欲除之而後快，黃宗羲〈明兵部左侍郎蒼水張公墓誌銘〉云：「於時海內承平，滇南統絕，八閩瀾安，獨公風帆浪楫，傲岸於明、台之間，議者急公愈甚，係累其妻子族屬以俟。」〔註219〕

〔註215〕〈山中屢空，泊如也。偶讀淵明「饑驅」句，猶覺其未介；遂作反乞食詩，仍用陶韻〉，《張蒼水集》卷4《采薇吟》，頁237上。

〔註216〕東晉・陶淵明著、龔斌校箋：《陶淵明集校箋》（上海：上海古籍出版社，1996年12月1版），卷2〈乞食〉，頁93。

〔註217〕〈屯懸嶴，猿啼有感〉，《張蒼水集》卷4《采薇吟》，頁240上。

〔註218〕〈小猿畜之久矣，以病抱樹而死，爲之惻然〉，《張蒼水集》卷4《采薇吟》，頁235下。

〔註219〕黃宗羲：〈明兵部左侍郎蒼水張公墓誌銘〉，清・黃宗羲撰、沈善洪主編：《黃

全祖望〈明故權兵部尚書兼翰林院侍講學士鄞張公神道碑銘〉亦云:「於是浙
之提督張杰懼公終爲患,期必得公而後已。公之諸將孔元章、符瑞源等皆內
附,已而募得公之故校,使居翁洲之補陀爲僧,以伺公。」〔註220〕清廷展開
緝捕煌言之周密計劃,據《大清聖祖仁皇帝實錄》載:

> (康熙三年八月)甲戌(十五日),浙江總督趙廷臣疏報:「逆渠張
> 煌言盤踞浙海多年,其下僞官節次招降,獨張煌言抗不就撫。臣與
> 京口將軍劉之源,先後發書遣使,諭以禍福,勸其去逆效順。張煌
> 言之死不悔,雖將隨從兵弁船隻,起發進關,猶借名歸隱,徜徉海
> 外。臣即馳赴定海,會商水陸提督哈爾庫、張杰,分遣將士,配坐
> 船隻,由寧、台、溫三路出洋搜剿,毀其賊巢、殲其餘黨。偵知張
> 煌言披緇遠遁,密令驍勇將備徐元、張公午扮成僧民,隨帶健丁、
> 火器,潛伏普陀山一帶,仍撥將弁,扼守要路,以防奔竄。至七月
> 二十日,瞭望朱家尖,有趕繒船一隻,急舉火器前擊,獲有活口林
> 生、陳滿等,知張煌言見在懸山范澳。徐元等即駕所獲賊艘,尾隨
> 八槳兵船,令活口林生等仍扮差回原船,使之不疑。乘夜進一小港,
> 從山後覓路,突入帳房,遂擒張煌言及其親信餘黨,搜出僞『視師
> 兵部』銀方印一顆、僞關防九顆、槍礮盔甲旗纛等物。三省出沒之
> 渠逆,一旦生擒,凡經過寧、紹、杭各府,百姓聚觀如堵。從此奸
> 宄絕跡,海宇肅清,共仰天威震疊矣。」〔註221〕

懸嶴山上乏糧,不免常鬧饑荒,便須時冒危險駕舟到外島去採辦,因此行蹤
暴露。清廷毒手迅雷不及掩耳伸向煌言,黃宗羲〈墓誌銘〉中記載煌言被捕
經過,云:「會公告糴之舟至,糴人謂其僧也,昵之,小校出刀以脅糴人,令

宗義全集》(杭州:浙江古籍出版社,1993年10月1版),第10冊《南雷詩
文集・碑誌類》上,頁284～285。
〔註220〕《全祖望集彙校集注・鮚埼亭集》卷9〈明故權兵部尚書兼翰林院侍講學士
鄞張公神道碑銘〉,頁192。
〔註221〕《大清聖祖仁皇帝(康熙)實錄》卷13〈康熙三年八月〉,頁206。按:乾隆
時蔣良麒編《東華錄》據《康熙實錄》作「(康熙三年)八月,浙督趙廷臣疏:
『逆渠張煌言盤據浙海多年,抗不就撫,借名歸隱,徜徉海外。臣密令守備
徐元、張公午扮成僧民,獲活口林生、陳滿等,知張煌言見在懸山花澳,即
駕所獲賊艘,乘夜進一小港,從山後覓路,突入帳房,遂擒張煌言及其親信
餘黨,搜出僞「視師兵部」銀方印一顆、僞關防九顆。』清・蔣良麒:《東華
錄》(濟南:齊魯書社,2005年5月1版,鮑思陶等點校本),卷9〈康熙三
年八月〉,頁132。

言公處，擊殺數人，而後肯言。曰『雖然，公不可得也，公畜雙猿，以候動
靜，船在十里之外，則猿鳴木杪，公得爲備矣。』小校乃以夜半出山之背，
緣藤踰嶺而入，暗中執公，并及子木、冠玉、舟子三人。七月十七日也。」
〔註222〕門生王居敬以計得脫，後爲僧，名超遞，頗能傳煌言之遺事，亦不負
煌言者。〔註223〕

四、慷慨就義

（一）悲憤國事

張煌言於七月十九日（或云二十三日）送至寧波，浙江提督張杰以客禮
延之，以轎迎之，至公署，煌言歎曰：「此沈文恭故第也，而今爲馬廄乎？」
此萬曆年間宰輔四明沈一貫故第，今爲馬廄，眞是人事全非，八月逮解至杭
州。黃宗羲〈墓誌銘〉記其被羈押在寧波之事云：

> 方巾葛衣，轎而入。觀者如堵牆，皆歎息以爲畫錦。張帥舉酒屬公
> 曰：「遲公久矣」！公曰：「父死不能葬，國亡不能救，死有餘罪。
> 今日之事，速死而已。」後數日，送公至省，供帳如上賓。公南面
> 坐，故時部曲，皆來庭謁。司道郡縣至者，公但拱手不起，列坐於
> 側，皆視公爲天神。省中人略守者，得睹公面爲幸。翰墨流傳，視
> 爲至寶；每日求書者，堆積几案，公亦稱情落筆。〔註224〕

張煌言被拘押在寧波，張杰待之以禮，但煌言以「父死不能葬，國亡不能救，
死有餘罪，今日之事，速死而已！」回應之。

煌言此時抱必死之心甚堅，當無疑慮，然驚覺鄉里父老不免有各種不同
之觀感，煌言因作〈被執歸故里〉以示己志：

> 蘇卿仗漢節，十九歲華遷；管寧客遼東，亦閱十九年。還朝千古
> 事，歸國一身全。予獨生不辰，家國兩荒煙；飄零近廿載，仰止愧
> 前賢！豈意避秦人，翻作楚囚憐！蒙頭來故里，城郭尚依然；彷彿
> 丁令威，魂歸華表巔。有靦此面目，難爲父老言；智者哀我辱，愚

〔註222〕黃宗羲：〈明兵部左侍郎蒼水張公墓誌銘〉，《黃宗羲全集》第10冊《南雷詩
文集・碑誌類》上，頁285。

〔註223〕《全祖望集彙校集注・鮚埼亭集》卷9〈明故權兵部尚書兼翰林院侍講學士
鄞張公神道碑銘〉，頁196。

〔註224〕黃宗羲：〈明兵部左侍郎蒼水張公墓誌銘〉，《黃宗羲全集》第10冊《南雷詩
文集・碑誌類》上，頁285。

者笑我頑。或有賢達士，謂此勝錦旋。人生七尺軀，百歲寧復延！

所貴一寸丹，可與金石堅。求仁而得仁，抑又何怨焉！〔註225〕

本詩感慨我輩義不帝秦，今作楚囚，落得家國兩荒煙，有愧前賢。蘇武、管寧執節海上十九年，歸國贏得世人之讚賞；我亦海外飄零近二十載，志挽狂濤，詎料無成，是否有賢達之士，體會我抗清之志節，謂此勝過錦衣旋歸。眼前山川依舊，人事全非，而今飄海十八年後，重回故鄉寧波，真如丁令威化鶴歸來。煌言心中坦然無愧，心想人生有此結局，誠如先師所謂：「求仁而得仁，又何怨乎」〔註226〕。審此煌言金石丹心，真是難為父老言。

又八月在獄中作〈宿官亭〉感慨云：

漫道詩書債未償，滿身枷鎖夢魂香；可憐今夜官亭月，無數清光委

路傍！〔註227〕

立身正大光明，縱然滿身枷鎖，心安理得，夢魂亦香。心中惋惜光風霽月之人，未見其用，一任其凋零，造成國破家亡，猶如今夜官亭月色，清光徒委路旁，無人見賞一般。

張煌言在甲辰之前未見詞作存世，於獄中有詩餘六首，最為凄切感慨，其〈柳梢青〉詞云：

無數江山，何人斷送，雨暗煙巒；故國鶯花、舊家燕子，一樣闌

珊。　　此身原是天頑，夢魂到處也間關。白髮鏡中、青萍匣裏，

和淚相看。〔註228〕

煌言自起義抗清以來，或提師北伐，或避虜南閩，或率旅入海，或身竄懸島，風雨飄搖，波濤震蕩，對明朝可謂一片忠心，早將生死置之度外。然而運移漢祚終難復，孤臣無力可回天，煌言自言「轉眼書生成故老，慚無媧石補江山」〔註229〕，狂濤畢竟難挽，大明錦繡江山已斷送，如今卻籠罩在一片瘴嵐煙雨之中，內心異常激憤，遂斥責腐敗之朝廷中究竟是何人壞了國家。「故國鶯花、舊家燕子」，用南朝梁丘遲〈與陳伯之書〉與劉禹錫〈烏衣巷〉詩之典故，不管是故苑鶯花，舊家燕子，都無一例外地凋零、衰落，煌言用這些春

〔註225〕〈被執歸故里〉，《張蒼水集》卷4《采薇吟》，頁238。

〔註226〕《論語・述而》，見清・劉寶楠：《論語正義》（北京：中華書局，1990年3月1版，高流水點校本），頁262。

〔註227〕〈宿官亭〉，《張蒼水集》卷4《采薇吟》，頁238下。

〔註228〕〈柳梢青〉，《張蒼水集》卷4《采薇吟・附詩餘》，頁240下。

〔註229〕〈追往八首〉其一，《張蒼水集》卷1《奇零草》（一），頁203下。

天之意象，塑造興亡離合之悲，寄寓深沉的亡國之痛。國破誠然甚可悲，但百姓流離失所更是無辜，其〈辛丑秋，虜遷閩浙沿海居民；壬寅春，余艤棹海濱，春燕來巢於舟，有感而作〉云：「最憐尋常百姓家，荒煙總似烏衣巷。君不見，晉室中葉亂五胡，煙火蕭條千里孤；春燕巢林木，空山啼鷓鴣。只今胡馬復南牧，江村古木竄鼪鼯；萬戶千門空四壁，燕來亦隨簷上烏。海翁顧燕三太息，風簾雨幙胡為乎？」〔註230〕如此景況令人悲痛萬分。此闋詞上片藉傷春來感慨亡國之痛，下片轉寫己身，以自傷之詞明報國之志，卻正話反說，表面反諷自己天賦愚鈍，不能順時應世，如今南明抗清已然瓦解，更遑論秦關、漢關，自嘲中更批露其志節之忠貞不貳。明朝運勢已去，誠如煌言在永曆十七年（1663）〈復趙督臺二首〉其一所云：「難挽龍髯空問鼎，獨留螳臂強當輪」〔註231〕，明知不可為而為之。張煌言自二十六歲（1645）起義抗清，迄今（永曆十八年，1664）已歷十九年。而隨扈魯王至舟山，離家泊海亦逾十八載之久，多少年頭過去，鏡中徒添白髮，然海上長城空自許，平生志業又如何？心中有說不出之感慨，如其〈復盧牧舟司馬若騰書〉中所云「國瘁人亡，何能無淚」〔註232〕，念腰間青萍寶劍，黯然無功，烈士暮年，和淚看劍，真是英雄失路，日暮淒涼。

江山易主，衣冠改代，楚囚抗志，如〈長相思〉詠秋云：

秋山青、秋水明，午夢驚秋醒未醒？乾坤一草亭。　　故國盟、故國情，夜闌斜月透疏櫺，孤鴻三兩聲。〔註233〕

在初秋季節，秋山、秋水分明無恙，依舊山青水明，但一葉落而知秋，午夢未圓，或被落葉所驚，或被乍起之西風所驚，似醒非醒，或是夢裏不知身是客，一時未能意識到現今身在何處，半晌之後，確定已是秋天來到，不意竟身為楚囚，坐困草亭之中。如此江山風物已非明朝所有，因此在秋聲之中不得不驚，宇宙乾坤之大，何處可以栖身；茅屋草廬之小，暫寄餘生。「午夢驚秋醒未醒」明顯轉化自張先「午醉醒來愁未醒」〔註234〕。張先是淡淡地傷

〔註230〕〈辛丑秋，虜遷閩浙沿海居民；壬寅春，余艤棹海濱，春燕來巢於舟，有感而作〉，《張蒼水集》卷3《奇零草》（三），頁234下。

〔註231〕〈復趙督臺二首〉其一，《張蒼水集》卷6《外編・遺詩》，頁261下。

〔註232〕〈復盧牧舟司馬若騰書〉，《張蒼水集》卷7〈外編・遺文〉，頁267下。

〔註233〕〈長相思〉，《張蒼水集》卷4《采薇吟・附詩餘》，頁240下。

〔註234〕北宋・張先：〈天仙子〉，北宋・張先撰・吳熊和等校注：《張先集編年校注》（杭州：浙江古籍出版社，1996年1月1版），頁7～8。又見唐圭璋編：《全宋詞》（北京：中華書局，1965年6月1版，1992年10月1版5刷），第1

春，別是輕愁；煌言卻是悲秋無緒，充滿國仇家恨。煌言悲秋、悲國、悲身傷世，都凝聚於此中，豈是張仙傷春可比擬。故上片寫白晝之景、傷己之情；下片轉寫深夜之景，屬故國之思。夜深人靜是亡國遺民最容易打開故國之思的時刻，一彎斜月透過稀疏的窗櫺灑在輾轉未眠身上，靜夜中，不知何處傳來兩三聲失群孤鴻之淒厲悲鳴，引動愁人十九年來海上抗清的艱苦記憶，歷歷在目。張煌言在永曆十六年（1662）〈答僞安撫書〉中慷慨陳詞：「十洲三島，莫非生聚教訓之區；嘗膽臥薪，別有扶危定傾之計。恐臣靡尚在，天意未忘禹功；諸葛猶存，正統終歸漢冑。」〔註235〕而今只有慷慨赴義，留取青史身後名。

（二）志效武穆

張煌言師法精忠報國之岳飛，自〈滿江紅〉（步岳忠武王韻）這闋詞可見其心期與孤憤：

> 屈指興亡，恨南北，皇圖銷歇！更幾個，孤忠大義，冰清玉烈？趙信城邊羌笛雨，李陵臺畔胡笳月；慘模糊，吹出玉關情，聲淒切。　　漢苑露，梁園雪；雙龍游，一鴻滅。賸逋臣怒擊，唾壺皆缺。豪氣欲吞白鳳髓，高懷肯飲黃羊血！試排雲，待把捧日心，訴金闕！〔註236〕

岳飛一闋〈滿江紅〉寫得慷慨激烈，頗能激發人們之愛國熱情。〔註237〕煌言此詞既步岳飛原韻，一本又題「懷岳忠武」，足見張煌言對岳飛其人其詞至爲仰慕。岳飛當年抗金，南宋半壁江山猶存；而煌言抗清，連南明數個小朝廷皆先後覆亡，知其時情勢要比岳飛殘酷險峻，故煌言隨時有遇險身亡之可能，然其早置個人生死於度外。煌言在〈憶西湖〉詩中向世人宣告「高墳武穆連忠肅（即于謙），添得新墳一座無」〔註238〕？清楚表示其以岳飛爲師，誓死報國，此詞字面虛寫緬懷岳飛，其實在寄託其抗清復明之志節。煌言「屈指興亡」從沉痛亡國之憤恨中重新奮起，把一腔悲憤、滿懷豪情，訴諸詞

　　　　冊，頁70。
〔註235〕〈答僞安撫書〉，《張蒼水集》卷7〈外編·遺文〉，頁270下。
〔註236〕〈滿江紅〉（步岳忠武王韻），《張蒼水集》卷4《采薇吟·附詩餘》，頁241上。
〔註237〕岳飛〈滿江紅〉，宋·岳飛撰、郭光輯注：《岳飛集輯注·詞》（鄭州：中州古籍出版社，1997年5月1版），頁465。另見《全宋詞》，第2冊，頁1246。
〔註238〕〈憶西湖〉，《張蒼水集》卷4《采薇吟》，頁239上。

章，向世人表達其乾坤日月之心。屈指一算，自明太祖建都南京至崇禎亡於北京，將近三百年，雖福王等又於南方建立數個政權，仍挽救不了覆滅命運，此較之北宋亡後，南宋猶能支撐百年之久，更爲可悲。「恨南北，皇圖銷歇」，「皇圖」指版圖，「皇圖」前又著「南北」二字，明白道出南明小朝廷之滅亡。「恨」字下得極重。岳飛之「臣子恨，何時滅！」轉化成煌言心中之國仇家恨，恨明亡，恨清兵之入關，恨南明朝廷之腐敗，亦恨自己未能滅清復國。縱然處於最不利之情況下，其亦始終保持孤忠大義之節、冰清玉節之質，絕不屈膝投降。「幾個」、「孤忠」，言斯時抗清力量之單薄，亦唯其單薄，始更凸顯其「冰清玉烈」之高貴。趙信者，故胡小王降漢，漢武帝封之爲翕侯。又因擊匈奴有功，益封，後以前將軍擊匈奴，兵敗而降，匈奴於築城居之，其城在闐顏山（今蒙古杭愛山南面支脈）即「趙信城」。〔註239〕漢武帝時李陵提步卒五千，遇匈奴主力八萬軍，所殺過當，救兵不至，矢盡道窮而後降。李陵臺位大同府城北五百里，臺高二丈餘，蓋李陵不得歸，登此以望漢。〔註240〕趙信、李陵皆武帝時人，均爲降將，又均因兵敗而降，煌言似有所暗喻。據張煌言〈李陵論〉（刺叛臣洪承疇）指道：「迨矢盡力折而後降，其志亦可哀矣！夫陵之罪，在不能死耳。與棄師辱國者稍有間，與事仇噬主者更有間矣。」〔註241〕可見清兵長驅入關，自北而南，其勢銳而難擋，明朝將領兵敗而降者必不在少數，其中降將人在清營、心在漢室，與煌言暗通聲氣者亦復許多，如其〈有所思二首〉其一所云「寄語居夷諸將帥，秋風萬里待歸航」〔註242〕，如今抗清勢力已然瓦解，居夷諸將都慘模糊，聲淒切，空懷故國。下片「漢苑露，梁園雪」暗指明朝宮苑蒙露覆雪，殘破荒蕪。「雙龍」、「一鴻」即指唐王、桂王與魯王。「膽逋臣怒擊，唾壺皆缺」

〔註239〕漢・司馬遷撰、〔日〕瀧川龜太郎考證：《史記會注考證》（臺北：洪氏出版社，1983 年 10 月 2 版），卷 110〈匈奴列傳〉，頁 1196。

〔註240〕李陵事蹟見《史記・李將軍列傳》、司馬遷〈報任少卿書〉、《漢書・李廣傳》。分見《史記會注考證》卷 109〈李將軍列傳〉，頁 1182～1183。司馬遷〈報任少卿書〉，南朝梁・蕭統編、唐・李善注《文選》（上海：上海古籍出版社，1986 年 6 月 1 版），卷 41〈書上〉，頁 1857～1866。東漢・班固：《漢書》（臺北：鼎文書局，1991 年 9 月 7 版，影北京中華書局點校本），卷 54〈李廣傳〉，頁 2450～2459。李陵墓在山西介休縣，見清・王軒等纂修：《山西通志》（北京：中華書局，1990 年 11 月 1 版，李裕民點校本），卷 56〈古蹟考〉，頁 4064。

〔註241〕見〈李陵論〉，《張蒼水集》卷 7〈外編・遺文〉，頁 262 下。

〔註242〕〈有所思二首〉其一，《張蒼水集》卷 6《外編・遺詩》，頁 261 上。

句，「逋臣」爲煌言自指，道出憂傷國事，怒擊唾壺，空嘆無奈之情。末尾煌言自白：其排浮雲現紅日、滅清復國之豪氣自當不輸岳飛之壯志，但是今日被俘而囚於杭州，已無朝天之會，故決心就義，一死以盡忠。

又另一闋〈滿江紅〉（示同難賓從羅子慕於武陵獄邸）乃見煌言一腔正氣，時時以民族氣節自勵，視死如歸：

> 蕭瑟風雲，埋沒盡，英雄本色。最髮指，酡酥羊酪，故宮舊闕。
> 青山未築祁連冢，滄海猶銜精衛石。又誰知，鐵馬也郎當，珓弓
> 折。　　誰討賊？顏卿檄；誰抗虜？蘇武節。拚三臺墜紫、九京藏
> 碧。燕語呢喃新舊雨，雁聲嘹嚦興亡月。怕他年，西臺慟哭，人淚
> 成血！〔註243〕

羅子木性尚義，年少有奇氣，張煌言一見器之，其父爲清兵執去，誓欲爲父報仇，遂投張行營，相依不去以死。〔註244〕邵廷采《東南紀事・羅子木傳》云：

> 甲辰，煌言移桃花山，賓佐多散；子木朝夕敬護，不去左右，已同
> 被執，入定關。常進功款宴，問子木曰：海上知我名否？曰：但識
> 張司馬，何知常進功？他有問，大笑不爲語。至杭城會議府，不跪；
> 次煌言，席地坐。煌言與總督趙廷臣語次往復，子木抗聲曰：公先
> 後死耳，何必與若輩絮語？煌言初欲絕食，子木笑曰：大丈夫死忠，
> 任其處置可也。飲啖如平時。九月七日，死於弼教坊。〔註245〕

羅子木與張煌言同囚一室，煌言不斷以蘇武、顏眞卿不降氣節自勵，誠是古

〔註243〕〈滿江紅〉（示同難賓從羅子慕於武陵獄邸），《張蒼水集》卷4《采薇吟・附
　　　　詩餘》，頁240～241。
〔註244〕全祖望〈明故權兵部尚書兼翰林院侍講學士鄞張公神道碑銘〉云：「羅子木者，
　　　　名綸，以字行；溧陽人也。己亥，公在江上，子木挾策上謁。公以其少年而
　　　　負奇氣，有清河李蕚之目，欲留之幕中；以父老辭。及公之蕪關，子木之族
　　　　父蘊章故在成功軍中，引見成功。江寧之敗也，子木涕泣頓首，固請成功無
　　　　遽去；而不能得。成功因強子木奉父泛海；子木至海上，不欲參成功軍事。
　　　　旋奉父北行，將赴公營；卒與大兵遇，格鬥。子木墜水得救起，而其父被縛
　　　　去。子木展轉閩南，思出奇計以救父；逾時不得音問，嘔血幾死。復赴公營，
　　　　公勉以立功即爲報仇；遂相依不去以死。」清・全祖望撰、朱鑄禹校注：《全
　　　　祖望集彙校集注・鮚埼亭集》（上海：上海古籍出版社，2000年12月1版），
　　　　卷9，頁196～197。
〔註245〕清・邵廷采：《東南紀事》（臺北：臺灣銀行經濟研究室，1961年1月1版，
　　　　《臺灣文獻叢刊》第35種），卷9〈葉、羅二客傳〉，頁121。

道照顏色，留取丹心傳青史。詞中煌言感慨在滿清血腥統治中土下，英雄義士終無法改變歷史，復國重整舊山河，或報抱恨終身，或齎志以歿。反清復國的志士雖無法如霍去病馬踏匈奴，但矢志如精衛銜西山之木以填東海那樣，始終不移，意在效法其知其不可爲而爲之精神。「燕語呢喃新舊雨」比喻羅子木是持節守正、志同道合之同難志士，絕不與變節投降者爲伍。「雁聲嘹嚦興亡月」，則以孤雁淒厲哀鳴，自舒興亡之慨。詞末張煌言認爲留得正氣在乾坤，他年必有如謝翱西臺慟哭者，哀悼我們這些抗清志士。全篇表明對獻身反清復明志業之信念與堅持，深信歷史必然會銘記此頁英雄心史。

張煌言被捕將解送杭州，面對殺身，心中無畏，夙昔典型是我師法對象，能與岳飛、于謙一併埋骨西湖，實爲堪慰。其〈將入武陵二首〉云：

> 義幟縱橫二十年，豈知閏位在于闐！桐江空繫嚴光釣，震澤難迴范蠡船。生比鴻毛猶負國，死留碧血欲支天！忠貞自是孤臣事，敢望千秋青史傳！

> 國亡家破欲何之？西子湖頭有我師。日月雙懸于氏墓，乾坤半壁岳家祠。懇將赤手分三席，敢爲丹心借一枝。他日素車東浙路，怒濤豈必屬鴟夷！〔註246〕

張煌言義幟縱橫海上十九年，爲反清復明事業努力以赴，可是最後之歷史結局竟是閏位歸滿清，一生心血付之東流。義山所謂「永憶江湖歸白髮，欲迴天地入扁舟」〔註247〕，在我今生已是無法實踐之願望。煌言至此對生與死完全超然自在，自認個人性命輕如鴻毛，死不足惜，死雖有負國人所託，然而人間世道人心、公理正義乃是「天」，殉道於此，碧血可支天；最後乃將其十九年抗清心境，濃縮成「忠貞」二字而已。張煌言坦然面對殺身殉國之死，故能慷慨就義、不憂不懼。前頭不是有宋岳武穆與明于忠肅二公之墓，今日將再添吾一座新墳；誠是青山異代臣，英靈欣會此。審此，煌言在詩中暗示著世人，其塚將與岳墓于墳鼎立於西湖，長存在天地之間。另外，詩中更抒發人間不平之怒，相傳錢塘之怒潮即爲伍子胥之靈所化，特向世人發出不平之鳴；自今之後，年年浙東錢塘潮，亦爲吾人十九年來反清復明未成，而鳴

〔註246〕〈將入武陵二首〉，《張蒼水集》卷4《采薇吟》，頁238下。
〔註247〕李商隱：〈安定城樓〉詩，見唐·李商隱著、清·馮浩箋注：《玉溪生詩集箋注》（上海：上海古籍出版社，1979年10月1版，顧易生等點校本），卷1，頁115。

不平。〔註248〕換言之，煌言自言其死後必化爲錢塘潮，據清初朱溶《忠義錄‧張煌言傳》中載：「溶至錢塘，錢塘人言，張公死，天甚風塵，冥晦晝昏，江潮怒囓，石堤幾壞。」〔註249〕蓋不虛也。

（三）節烈文山

而自張煌言七月十七日丑時被執所作〈入定關〉，可以見煌言已抱寧死不屈之決心：

> 何事孤臣竟息機，魯戈不復挽斜暉！到來晚節慙松柏，此去清風笑蕨薇。雙鬢難容五岳住，一帆仍自十洲歸。疊山遲死文山早，青史他年任是非！〔註250〕

「定關」，即「定海關」（今之鎮海關），地處甬江口，煌言被執後由海道直接押解至定海關，此詩可以見煌言志效文山捨身成仁之志堅矣。南明抗清已日薄西山，世傳魯陽公之戈能返日，使西沉斜暉者再起〔註251〕，但今日孤臣已無力擎天。此時煌言就義之心既堅，期勉晚節猶似松柏凌霜，高義要勝西山採薇，眞是名山難容失路英雄。可堪孤獨一身，自浙海荒島被捕，仍逃不出清廷網羅搜捕，現只期凜然就義，殉道而死。煌言心中暗許效法前賢，豈無古道照顏色？南宋抗元就義之文山與絕食而死之疊山，不正是宿昔典型。謝枋得（1226～1289）與文天祥（1236～1283）在南宋理宗寶祐四年（1256）同科中進士，皆曾率兵抗元，疊山於信州城陷後變姓名流亡建陽，以賣卜教書度日，後元朝迫其出仕，福建行省參知魏天祐強之而北，至大都，乃絕食而死。而文山於廣東五坡嶺被俘，拒絕元將誘降，送至大都，囚禁三年，誓死不屈，終在柴市被害。謝枋得雖似遲死，文天祥亟早就義，但

〔註248〕鴟夷，爲皮囊，吳王夫差用以裝盛伍子胥之首，典出《戰國策‧燕二》：「昔者伍子胥說聽乎闔閭，故吳王遠跡至於郢，夫差弗是也，賜鴟夷而浮之江。」《戰國策》（上海：上海古籍出版社，1998年3月2版），卷30〈燕二〉，頁1107。鮑注：鴟夷，楮名，馬革爲其形，以斂骸骨。《史記‧伍子胥傳》：「吳王聞之大怒，乃取子胥尸，盛以鴟夷革，浮之江中，吳人憐之，爲立祠於江上，因命曰胥山。」《史記會注考證》卷66，頁874下。南朝宋‧裴駰《集解》：「應劭曰：取馬革爲鴟夷，鴟夷，楮形。」

〔註249〕清‧朱溶：《忠義錄》卷5〈張煌言傳〉，見《明清遺書五種‧忠義錄》（北京：北京圖書館出版社，2006年11月1版），頁647。

〔註250〕〈入定關〉，《張蒼水集》卷4《采薇吟》，頁238上。

〔註251〕《淮南子‧覽冥訓》云：「魯陽公與韓搆難，戰酣日暮，援戈而撝，日爲之反三舍。」漢‧劉安編、劉文典撰：《淮南鴻列集解》（合肥：安徽大學出版社，1998年8月1版，殷光熹點校本），卷6〈覽冥訓〉，頁193。

二者皆視死如歸，一也；正如文山〈過零丁洋〉所謂「人生自古誰無死，留
取丹心照汗青」〔註252〕。審本詩之表白，足見煌言守義之堅、殉道之篤，義
貫千古。

八月七日作〈放歌〉一章，書於杭州獄壁，凡二百六十七言，忠義千秋，
風骨凜然，足與文天祥〈正氣歌〉媲美：

> 吁嗟乎！滄海揚塵兮日月盲，神州陸沈兮陵谷崩！藐孤軍之屹立
> 兮，呼癸呼庚；予憫此子遺兮，遂息機而寢兵。方壺圓嶠兮，聊稅
> 駕以埋名；豈神龍魚服兮，罹彼豫且之罟！予生則中華兮，死則大
> 明；寸丹爲重兮，七尺爲輕。維彼文山兮，亦羈紲於燕京；黃冠故
> 鄉兮，非予心之所欣。欲慷慨以自裁兮，既束縛而嚴更；學謝公以
> 絕粒兮，奈群詠之相幷！等鴻毛于一擲兮，何難談笑而委形！憶唐
> 臣之嚼齒兮，視鼎鑊其猶冰！念先人之淺土兮，忠孝無成；嗟嗣子
> 於牢籠兮，痛宗祀之云傾！已矣乎！荀瓊、謝玉亦有時而凋零，予
> 之浩氣兮化爲風霆，余之精魂兮化爲日星。尚足留綱常於萬祀兮，
> 垂節義於千齡，夫何分孰爲國祚兮孰爲家聲！歌以言志兮，肯浮慕
> 乎箕子之貞；若以擬夫〈正氣〉兮，或無愧乎先生！〔註253〕

本詩悵憶故國家園，回首崢嶸歲月，抒發壯志豪情，慷慨激昂，堪與屈原
《離騷》、岳飛《滿江紅》同愁。從中可見，身遭家國之痛之張煌言既生爲中
華人，死則爲大明魂，決心以文天祥捨生取義爲榜樣。篇中煌言更堅信浩氣
化爲風霆而長存，精魂變爲日星而不滅。又據全祖望載煌言被押解由鄞至杭
時云：

> 有防守卒史丙者，坐公船首，中夜忽唱蘇子卿〈牧羊曲〉，以相感動。
> 公披衣起曰：「汝亦有心人哉！雖然，吾志已定，爾無慮也。」扣舷
> 和之，聲朗朗然。歌罷，酌酒慰勞之。而公之渡江也，得無名氏詩
> 於船中，有云：「此行莫作黃冠想，靜聽先生〈正氣歌〉。」公笑曰：
> 「此王炎午之後身也。」〔註254〕

〔註252〕《指南後錄》卷1上〈過零丁洋〉，南宋·文天祥：《文山先生全集》（臺北：
臺灣商務印書館，1979年11月臺1版，《四部叢刊正編》影明萬曆胡應皋邵
武刻本），卷14，頁295。

〔註253〕〈放歌〉（時甲辰八月七日，書於杭之獄壁），《張蒼水集》卷4《采薇吟》，
頁238～239。

〔註254〕《全祖望集彙校集注·鮚埼亭集》卷9〈明故權兵部尚書兼翰林院侍講學士

據此知當時有無名氏投詩於船中，勸煌言不可降志辱身，應效文山成仁取義，煌言笑曰：「此王炎午之後身也」。王炎午（1252～1324），初名應梅，字鼎翁，號梅邊。廬陵安福人。咸淳間補太學生，臨安陷，謁文天祥，勸天祥盡毀家產以助軍餉，天祥留置幕府，已而以母病歸，未幾，天祥被執，王炎午作〈生祭文丞相〉文以勵其死〔註255〕，其忠烈之氣概，可與〈正氣歌〉同讀。國史評定人物，非但以張煌言媲美文天祥成仁取義，更增王炎午後身之人，乃於此時生祭煌言。

　　張煌言在杭州獄中，唯求速死，其〈貽趙廷臣書〉云：「是某之忠孝兩虧，死難塞責者矣。臨難苟免，非我本懷；偷存視息，更何所待！今羈留旅邸，被累賓從，並膺朝鑢鍊；以日為年，生不如死。伏冀臺下立賜處決，俾某乘風馭氣，翱翔碧落；或為明神，或為厲鬼：是誠臺下大有造於某也。」〔註256〕九月初七日，張煌言乘一竹輿，赴杭州弼教坊刑市。遙望鳳凰山一帶曰：「好山色。」口占〈絕命詩〉：「我年適五九，復逢九月七。大廈已不支，成仁萬事畢。」〔註257〕遂挺立受刑，羅子木等三人不屈，亦同殉焉。武林張文嘉、甬水萬斯大與僧超直葬煌言於西湖南屏山陰。〔註258〕呂留良（1629～1683）聞煌言死，設神主牌位以哭，壞牆裂竹，擬於西臺之慟。

　　　　鄞張公神道碑銘〉，頁193。
〔註255〕南宋・王炎午：《吾汶稿》（上海：上海書店，1986年1月1版，據商務印書
　　　　館1936年版《四部叢刊三編》影海鹽張氏涉園藏明鈔本），卷4〈生祭文丞
　　　　相〉，葉1～9。
〔註256〕〈貽趙廷臣書〉，《張蒼水集》卷7〈外編・遺文〉，頁273下。
〔註257〕〈絕命詩〉，《張蒼水集》卷4《采薇吟》，頁240上。
〔註258〕黃宗羲：〈明兵部左侍郎蒼水張公墓誌銘〉，《黃宗羲全集》第10冊《南雷詩
　　　　文集・碑誌類》上，頁280。張煌言死後遷葬於西湖南屏山事，據查繼佐《罪
　　　　惟錄・諸臣傳逸》載：「壬子（康熙十一年，1672），杭張仲嘉，名文嘉，以
　　　　蒼水之棺暴石塔西，迺擬改殮，向松場里人曹老買地一角，而懷怙與共事。
　　　　細檢其骨，骨紫絳不枯，入小棺堅緻。從死五骸，甕盛之。遂有投誠海弁，
　　　　共樹大碑於墓前，明書某墓。既葬訖，張、李疑淺露不如以為疑塚，更遷
　　　　之；于是還券曹，不取其值。曹老焚券，請埋此大碑壙中為世守，比于古人
　　　　葬衣冠之義。僧問石者，語張、李：蒼水詩有「于岳三席」之句，願承賣主
　　　　之名，向南屏覓地為一席。於是又潛合石門呂用晦，名光輪、武林沈甸華，
　　　　名蘭先，共覓地於印文□□□□三月襄事，□□□□□□地中書「明大司馬
　　　　蒼水張公墓」九字，碑不過尺許。左書「茂才子穆羅公」、右書「侍者貫
　　　　玉、義從三人」。後書石背：「歲次癸丑（康熙十二年，1673）辰月丁酉午時
　　　　遷葬於此」，共二十八字，字略小。」《罪惟錄・志》卷32〈諸臣傳逸〉，頁
　　　　1085～1086。

〔註 259〕有〈九日書感〉云：「九日常年話一樽，今年覆罩臥支門。亭隅獨下西臺淚，島畔誰招東郭魂。無復鶴猿依正〔統〕，猶憑蛟蜃記華元。腐儒自有傷心處，不共賓僚話舊恩。」〔註 260〕當時建議遷葬煌言墓於南屏山之僧問石〈哭大司馬〉一律云：「素車白馬漫相迎，豈是尋常風雨情？龍自逶迤來九曜，人從何處話三生？萇弘血染丹楓葉，蜀帝魂歸杜宇聲。成敗莫論今古事，波濤日夜吼長鯨。」〔註 261〕而與煌言有兩代世交之黃宗羲〈八哀詩〉亦云：「廿年苦節何人似？得此全歸亦稱情。廢寺醵錢收棄骨，老生禿筆記琴聲。遙空摩影狂相得，群水穿礁浩未平。兩世雪交私不得，只隨眾口一閒評。」〔註 262〕三詩悼亡，皆詞意凄惻，令人淚下。

綜此，張煌言就義西湖乃象徵浙東抗清歷史之落幕，也是東南沿海抗清之結束；是時海外僅剩臺灣鄭氏一旅尚存。然張煌言一生大節，殺身成仁、舍生取義，堪足「與文信國並峙千古」〔註 263〕；埋骨西湖又與武穆「同是丹心懸日月」〔註 264〕。緣此之故，道光五年（1825）鄭喬遷之評曰：「從來鼎革之際，殉難者惟勝國為盛，而於四明之產為獨多。蒼水張公，其尤從容就義者也。……跋涉山海至十有九年，甘喪元湛族而後已，蓋自古亡國大夫之所罕觀也。」〔註 265〕

總之，《采薇》之吟，乃張煌言甲辰散軍之後作，其取伯夷、叔齊義不食周粟，寧入西山采薇，以示不降之節操。七月十七日懸罍被執，即效文山舍

〔註 259〕呂留良之子呂葆中所作《行略》云：「甲辰歲，有故人死于西湖，先君為位以哭，壞牆裂竹，擬於西臺之慟，已而葬於南屏山石壁下。」見清・呂留良：《呂晚村先生文集・附錄・行略》（上海：上海古籍出版社，2002 年 3 月 1 版，《續修四庫全書》影清雍正三年天蓋樓刻本，第 1411 冊），頁 58 下。又據鄭亦鄒《鄭成功傳》中肯定指出此故人必是張煌言，其云：「又讀〈呂晚村行略〉云：『甲辰歲，有故人死，晚村為位以哭，壞牆裂竹，擬於西臺之慟。已而葬於西湖南屏山石壁下。』必煌言矣。」清・鄭亦鄒：《鄭成功傳》（臺北：臺灣銀行經濟研究室，1960 年 1 月 1 版，《臺灣文獻叢刊》第 67 種），頁 16。
〔註 260〕清・呂留良：《呂晚村詩・悵悵集》（上海：上海古籍出版社，2002 年 3 月 1 版，《續修四庫全書》影清禦兒呂氏鈔本，第 1411 冊），頁 19 上。
〔註 261〕《罪惟錄・志》卷 32〈諸臣傳逸〉，頁 1086。
〔註 262〕黃宗羲：《南雷詩曆》卷 2〈八哀詩・張司馬蒼水〉，《黃宗羲全集》第 11 冊《南雷詩文集》下，頁 261～262。
〔註 263〕清・費照：〈張蒼水遺稿跋〉，《張蒼水集・序》，頁 169 下。
〔註 264〕清・董懋遷：〈張蒼水集跋〉，《張蒼水集・序》，頁 171 上。
〔註 265〕清・鄭喬遷：〈奇零草跋〉，《張蒼水集・序》，頁 169 上。

身取義。黃宗羲〈明兵部左侍郎蒼水張公墓誌銘〉曰：

> 間嘗以公與文山並提而論，皆吹冷焰於灰燼之中，無尺地一民可據；
> 止憑此一線未死之人心，以爲鼓盪。然而形勢昭然者也，人心莫測
> 者也。其昭然者不足以制，其莫測則亦從而轉矣。惟兩公之心，匪
> 石不可轉，故百死之餘，愈見光彩。文山之《指南錄》、公之《北征
> 紀》，雖與日月爭光可也。文山鎮江遁後，馳驅不過三載；公丙戌航
> 海、甲辰就執，三度閩關、四入長江，兩遭覆沒，首尾十有九年。
> 文山經營者，不過閩、廣一隅；公提孤軍，虛喝中原而下之。是公
> 之所處爲益難矣。〔註266〕

黃宗羲言外之意，張煌言舍身取義，節烈於文山，洵千古完人，垂百世而不
朽也。而綜觀張煌言一生，以反清復明爲志業，文事武功，彪炳一時，義膽
忠肝，照耀千古，洵爲國家之英哲，人間之豪傑，後世稱頌爲民族英雄，不
爲過也。

結　語

　　張煌言洵爲國史之完人，其貞忠謀國，取義成仁，實爲南明第一人。其
道德功業得文山志節與武穆精忠，誠是民族正氣、大漢雄風所薈萃。

　　張煌言今存遺著整體風格，無一不在呈顯愛國情懷，全祖望〈張尚書集
序〉云：「尚書詩古文詞，皆自丁亥以後，才筆橫溢，藻采繽紛，大略出華亭
一派。明人自公安、竟陵狎主齊盟，王、李之壇，幾於阨塞。華亭陳公人中
子龍，出而振之，顧其於王、李之緒言，稍參以神韻，蓋以王、李失之廓落
也。人中爲節推於浙東，行其教，尚書之薪傳出於此。及在海上，徐都御史
闇公故與人中同主社事，而尚書壬午齊年也，是以尚書之詩古文詞，無不與
之合。」又稱「尚書之集，翁洲、鷺門之史事所徵也」〔註267〕，可見張煌言
之詩，既是晚明江浙閩海一帶抗清之實錄縮影，亦是其情志之流露。

〔註266〕黃宗羲〈明兵部左侍郎蒼水張公墓誌銘〉又云：「今公已爲千載人物，比之文
　　　　山，人皆信之。余屈身養母，炎炎自附於晉之處士，未知後之人其許我否
　　　　也？」黃宗羲認爲將張煌言比之文天祥，可謂公論；然自比爲陶淵明，不知
　　　　後之人如何評之。《黃宗羲全集》第 10 冊《南雷詩文集‧碑誌類》上，頁
　　　　286。
〔註267〕《全祖望集彙校集注‧鮚埼亭集外編》卷 25〈張尚書集序〉，頁 1210。

　　張煌言才情高逸，秉性忠義，無論是對自身所經歷歷史事件之描寫，抑是詠懷其慷慨悲壯之人格意志，時而正義凜然，時而沉鬱頓挫，皆蘊涵著強烈而悲愴之情感，此種爲千古憂之情感動力，遂將忠君愛國之憤慨和亡國離亂之哀痛，一齊反映在其詩作中，便是「其氣宏偉而昌高、其詞贍博而英多」〔註268〕，也正因這一強烈情感之流露與抒發，使得煌言雖無意爲詩而詩自工，自然無斧鑿痕，故在南明詩歌史上創造出愛國詩潮最高峰。

〔註268〕徐孚遠：〈奇零草序〉，《張蒼水集・序》，頁164。

第七章 結 論

　　傳統詩文評闡述文學風格受時代影響如〈毛詩序〉所云：「治世之音安以樂，其政和；亂世之音怨以怒，其政乖；亡國之音哀以思，其民困。」〔註1〕此即明顯指出詩歌是政治教化之反映，故藉由詩歌可以觀風問俗，知社會政治良窳。而從文學理論立論：作者創作文學作品乃受所處時代影響，相對地文學作品亦反映其時代特色。海外幾社文學屬於南明文學中之一環，更是南明海外抗清最具代表之文學群體。晚明之際已是風雨飄搖、天崩地裂；南明時代，滿清入主中原，漢民族國亡家破，四王抗清更是顛沛流離、蹈海履險。宏觀分析南明詩歌之寫作動機及類型，可約略歸納爲：描寫明朝滅亡之創痛，滿清侵逼之悲傷，抗清志節之艱辛，遺民心態之無奈。在此戰爭離亂社會當中，海外幾社三子詩歌想當然應是衰世之音，充滿蕭瑟衰敝之氣；然而事實剛好與之相反，三子詩所呈顯卻是慷慨悲壯之氣格。

　　如何解釋這種超乎時代文學規律之現象，誠如全祖望〈張尚書集序〉所指出：「古來亡國之大夫，其音必凄楚鬱結，以肖其身之所涉歷，蓋亦不自知其所以然者也。獨尚書之著述，噌吰博大，含鐘應呂，儼然承平廟堂巨手，一洗亡國之音。故閣公之序，欲以尚書所作而卜崷崒之可返，此其故良有不可解者。」〔註2〕其實海外幾社三子詩卻呈現出雄渾勁健風格，而非凄清悲涼之苦吟。蓋長期在東南沿海抗清海外幾社詩人，人人皆以天下爲己任，關懷

〔註1〕　〈毛詩序〉，清・陳奐：《詩毛氏傳疏》（臺北：學生書局，1978年9月1版5刷，影道光二十七年鴻章書局本），卷1，頁12。

〔註2〕　清・全祖望撰、朱鑄禹校注：《全祖望集彙校集注・鮚埼亭集外編》（上海：上海古籍出版社，2000年12月1版），卷25〈張尚書集序〉，頁1210。

民生經濟，積極投入抗清救國行列之中，其「沈星殞氣於窮荒絕島之間，猶能時出其光焰」〔註3〕，誠「有慷慨奮起之情，而無卑靡挫折之念」〔註4〕；詩誠爲心聲，正是他們艱苦卓絕之戰鬥生活寫照，往往直抒胸臆，不假儷辭，少受體裁法度束縛，以故全氏又云：「當是時，以蠣灘鰲背爲金湯，以鮫人蜑戶爲丁口，風帆浪楫，窮餓零丁；而司隸威儀，一線未絕，遺臣故吏相與唱和於其間。其遇雖窮，其氣自壯，斯其所以爲時地之所不能囿耶。」〔註5〕審此，乃見海外幾社於閩浙沿海從事抗清復國壯舉之艱難，而其詩歌主旋律不離愛國與民生之唱。

　　海外幾社三子生於明萬曆後期，經歷甲申之變，眼見北都、南都相繼淪亡。再而飄零海上，流離各島，堅決抗清，企圖匡復明室。然南明抗清處境之難，如計六奇〈明季南略自序〉中所云：

> 嗚呼！有明自南渡以後，小朝廷事難言之矣！當時北都傾覆，海內震驚，即薪膽彌屬，未知終始。乃馬、阮之徒，猶賄賂公行，處堂自喜，不逾載而金甌盡缺，罪勝誅哉！唐藩起閩中，勢如危卵，而鄭氏以驕奢貪縱輔之，日與魯藩爲難，唇亡齒寒之義謂何！桂藩立粵東，僻處海隅。一逼于成棟，再逼于三王，三逼于孫可望，遁走不常，舟居靡定。是時君不君、國不國矣；雖有瞿桂林留守四載，無濟時艱。至於杜允和、李定國輩，益難支矣。若成功、煌言出沒風濤，徒擾民耳；亦何益乎！〔註6〕

故全祖望〈徐都御史傳〉云：「明季海外諸公，流離窮島，不食周粟以死，蓋又古來殉難之一變局也。」〔註7〕此言可謂沉痛之至，亦可綜括海外幾社三子之志節：徐孚遠一心爲國，百折不回，至死不渝，蓋不負前志之約。《釣璜堂存稿》爲其海外之詩，呈現詩人參贊軍機與半隱自耕生命歷程，頗見海外遺老之無奈心態。盧若騰退居金門，關心民瘼，老而彌堅；詩中以關懷民生經濟爲主，譴責不義，不愧其菩薩心腸，其詩則以社會寫實詩見長。張煌言北

〔註3〕　姜宸英：〈奇零草序〉，明・張煌言撰、張壽鏞編：《張蒼水集・序》（臺北：新文豐出版公司，1988 年 4 月臺 1 版，《四明叢書》，總第 5 冊），頁 165。

〔註4〕　清・鄭溱：〈奇零草跋〉，《張蒼水集・序》，頁 168 上。

〔註5〕　全祖望：〈張尚書集序〉，《全祖望集彙校集注・鮚埼亭集外編》卷 25，頁 1210。

〔註6〕　計六奇：〈明季南略自序〉，清・計六奇：《明季南略・自序》（北京：中華書局，1984 年 12 月 1 版，任道斌等點校本），頁 1。

〔註7〕　《全祖望集彙校集注・鮚埼亭集外編》卷 12〈徐都御史傳〉，頁 963。

征有王師氣象，散軍後成仁取義，慷慨壯烈，實國史少有之典範。其詩一派
愛國主義主旋律，不斷反復詠嘆抗清戰鬥之雄深悲壯之樂章，然詩中卻不失
傳統文人用典深刻、詞藻繁富之風格。再者，因其文學秉賦卓絕，詩才高古，
又以忠義自許，在抗清復國中歷盡無數生死戰鬥，訴不盡顛沛流離，慷慨以
任氣使張煌言不僅是憂時念亂、感慨興亡之詩人，更是扶傾定危、倒轉乾坤
之民族英雄。

　　海外幾社成員其出處大節，實屬奮赴國難之志士又兼為流亡海外之遺民
〔註8〕，當明室既覆，民族瀕危，乃能奮起抗清，萬死不辭，其生命之歸
宿，或完志以終、或被俘不屈而死，此國史尊之為民族英雄，如張煌言堪稱
是此類型之典範。又從流亡海外之遺民觀察，當抗清局勢日蹙，由南京、浙
江、福建不斷撤退，最後轉進舟山群島、金廈及臺灣，圖謀復興，最終客死
海外，其志可嘉，其情可憫。分析海外幾社三子詩人類型，其身分堪稱英雄
型詩人，而其懷抱又不失為鬥士型詩人之人道主義精神。〔註9〕總結海外幾社
三子詩歌特色約略如下。

一、以詩存史，關懷社稷

　　杜甫詩被推尊為「詩史」，始於孟棨《本事詩》，其云：「杜逢祿山之亂，
流離隴蜀，畢陳於詩，推見至隱，殆無遺事，故當時號為「詩史」。〔註10〕北
宋歐陽脩等修《新唐書・杜甫傳》基本上乃繼承《本事詩》之說，認為杜詩
「善陳時事」〔註11〕。然而至明末黃宗羲又開展「詩史」之新義，黃宗羲「詩

〔註8〕　周全《宋遺民志節與文學》一書中將宋遺民出處行實，分為：（一）屬奮赴
　　　　國難之志士、（二）講學著述之儒士、（三）嘯咏山林之隱士、（四）流亡海
　　　　外之遺民。見周全：《宋遺民志節與文學》（臺北：東吳大學中國學術著作
　　　　獎助委員會，1991年3月1版），第一章〈緒論〉，三、宋遺民類述，頁29～
　　　　31。
〔註9〕　張健〈中國詩人的類型〉一文中將中國歷來詩人分為十一型，鬥士型指有理
　　　　想、抱負、民胞物與的胸懷者，不肯與世浮沉，在痛苦中仍不忘恕道，在危
　　　　難中仍處處為世人著想，有真正的人道主義精神。英雄型與鬥士型之別，在
　　　　英雄型為軍人或準軍人，鬥士型則無論文、武，凡堅毅不拔者均屬之。張健：
　　　　《文學概論》（臺北：五南圖書出版公司，1983年11月1版），下編，第二講
　　　　〈中國詩人的類型〉，頁121～130。
〔註10〕唐・孟棨：《本事詩》卷3〈高逸〉，見丁福保輯《歷代詩話續編》（北京：中
　　　　華書局，1983年8月1版，華文實點校本），頁15。
〔註11〕北宋・歐陽脩等撰：《新唐書》（臺北：鼎文書局，1992年1月7版，影北京：
　　　　中華書局校點本），卷201〈文藝上・杜甫傳〉，頁5738。

史」之核心在於「以詩補史之闕」這項特質。在喪亂亡國之際，史不備載，詩人關懷社稷民生，血心灑注，苦語難銷，發憤以詩，故「史亡而後詩作」，凡可補史料之不及者皆是「詩史」〔註12〕。至於張煌言〈奇零草序〉所謂「思借聲詩，以代年譜」〔註13〕，乃煌言在國破家亡之際，流離海上，仍自許爲杜陵詩史，更效淵明詩題甲子，表達義不降清之心，藉詩歌心聲傳萬古傷心之恨也。

　　魯監國六年（順治八年，1651）清人進攻舟山，時張煌言親身參與這場戰役，負責保衛魯王重責，最後舟山不敵清軍強攻而淪陷。張煌言翌年作〈翁洲行〉追記這場決定魯政權存亡之悲壯戰役，詩中云：「孤城聞警蚤登陴，萬騎壓城城欲夷；礮聲如雷矢如雨，城頭甲士皆瘡痍。雲梯百道凌霄起，四顧援師無螻蟻；裹瘡奮呼外宅兒，誓死痛苦良家子。斯時帝子在行間，吳淞渡口凱歌還；誰知勝敗無常勢，明朝聞已破巖關。又聞巷戰戈旋倒，闔城草草塗肝腦；忠臣盡葬伯夷山，義士悉到田橫島。」〔註14〕此爲舟山之陷之敘事史詩，誠爲慷慨激烈。

　　徐孚遠〈送張宮師北伐〉記錄隆武二年（順治三年，1646）正月，上隆武帝〈水師合戰之議〉及從大學士張肯堂由海道募舟師北征之史事，其詩云：「上宰揮金鉞，還兵樹赤旗。留閩紆勝略，入越會雄師。制陣龍蛇繞，應天雷雨垂。一戎扶日月，群帥奉盤匜。冒頓殘方甚，淳維種欲衰。周時今大至，漢祚不中夷。賜劍深鳴躍，星精候指麾。兩都須奠鼎，十亂待非羆。煙閣圖形偉，殷廷作楫遲。獨傷留滯客，落魄未能隨。」〔註15〕惜爲鄭芝龍所沮，不成行，此史事後世罕知〔註16〕。此則「欲傳萬古傷心恨，遺史成

〔註12〕黃宗羲：〈萬履安先生詩序〉，清・黃宗羲撰、沈善洪主編：《黃宗羲全集》（杭州：浙江古籍出版社，1993年10月1版），第10冊《南雷詩文集》上，頁47。

〔註13〕張煌言：〈奇零草序〉，《張蒼水集》卷5《冰槎集》，頁254下。

〔註14〕〈翁洲行〉，《張蒼水集》卷1《奇零草》（一），頁196。

〔註15〕明・徐孚遠：《釣璜堂存稿》（民國十五年金山姚光懷舊樓刻本），卷16〈送張宮師北伐〉，葉8。

〔註16〕據全祖望撰〈明太傅吏部尚書文淵閣大學士華亭張公神道碑銘〉云：「丙戌（隆武二年，順治三年，1646）正月，公累疏請兵。詔加公少保兼户部工部尚書，總制北征。雖奉旨賜劍，撫鎮以下許便宜從事，而不過空言。時公孫茂滋家居，方遣汝應元歸省之，而吳淞兵起，夏文忠公允彝、陳公子龍爲之魁。汝應元者，雄俊人也，以公命奉茂滋發家財助軍，閩中授應元御旗牌總兵官。已而兵敗，徐公孚遠浮海赴公，而茂滋亦與應元至。爲公言：吳淞雖事不克，

時鐵作函」〔註17〕，以詩存史。又《釣璜堂存稿》卷二中連作〈挽夏文忠宮允〉、〈挽宗伯金先生〉、〈挽文明先生〉、〈挽贈太僕何愨人〉四公詩傳，徐孚遠自言「自此四首，彷彿子美〈八哀詩〉」〔註18〕，即師法杜甫詩史之精神。〔註19〕

　　「詩史」之「善陳時事」絕不僅侷限於「陳時事之大者」，更要求詩人記錄時代廣大基層之生活面，並將歷史之哀感頑豔寄寓於詩中。張煌言詩中不乏描寫平常事、普通人，這些人或許無從考察其姓名，亦或許是歷史長河中最平凡之一員，其雖無法進入正史記載中，然煌言仍用詩以反映其生命苦難，寫出其悲慘遭遇與內心辛酸。如〈和秦淮難女宋蕙湘「旅壁」韻〉云：

　　　獵火橫江鐵騎催，六朝鎖鑰一時開。玉顏空作琵琶怨，誰教明妃出
　　　塞來！〔註20〕

宋蕙湘，金陵人，弘光朝宮女，年十五，南京既破，為清兵掠去，題詩古汲縣前潞王城東旅壁，感慨自己命運似文姬被擄別漢一般。〔註21〕煌言和詩則由小見大，可知清軍破江南，多少生靈塗炭、滅身喪家，多少如宋蕙湘少女被擄出塞，多少玉顏空作琵琶怨。又徐孚遠詩中反映義軍內部之矛盾衝突，

　　　　而敗卒猶保聚相觀望，倘有招之者，可一呼而集。公乃請王自親征由浙東，
　　　　而己以舟師由海道抵吳淞，招諸軍為犄角，所詔水師之議也。曹文忠公學佺
　　　　力贊之，謂徼天之幸，在此一舉，乃捐餉一萬以速其行，且言當乘風疾發。
　　　　公請以徐公孚遠、朱公永祐、趙公玉成參其軍，皆故吳淞諸軍領袖也。周公
　　　　之夔則故蘇推官，舊與東林有隙者，至是家居，起兵報國甚勇，且熟于海道，
　　　　故公亦用之。而以平海將軍周鶴芝為前軍，定洋將軍辛一根為中軍，樓船將
　　　　軍林習為後軍。」《全祖望集彙校集注・鮚埼亭內集》卷10〈明太傅吏部尚書
　　　　文淵閣大學士華亭張公神道碑銘〉，頁204～205。

〔註17〕《釣璜堂存稿》卷18〈題心史〉，葉14。

〔註18〕《釣璜堂存稿》卷2〈挽夏文忠宮允〉、〈挽宗伯金先生〉、〈挽文明先生〉、〈挽
　　　　贈太僕何愨人〉，葉4～7。

〔註19〕王嗣奭《杜臆》解〈八哀詩〉云：「此八公傳也，而以韻語紀之，乃老杜創格，
　　　　蓋法《詩》之《頌》，而稱為詩史，不虛耳！」明・王嗣奭：《杜臆》（臺北：
　　　　臺灣中華書局，1986年11月臺2版），卷7〈八哀詩〉，頁235。

〔註20〕〈和秦淮難女宋蕙湘「旅壁」韻〉，《張蒼水集》卷6《外編・遺詩》，頁261
　　　　上。

〔註21〕《張蒼水集・附錄六》，〈人物考略・宋蕙湘〉，頁413下。宋蕙湘題旅壁詩：
　　　　「風動江空羯鼓催，降旃飄颭鳳城開。將軍戰死君王繫，薄命紅顏馬上來。」
　　　　「廣陌黃塵暗鬢鴉，北風吹面落鉛華。可憐夜月篦簧引，幾度穹廬伴暮笳。」
　　　　「春花如繡柳如煙，良夜知心晝閣眠。今日相思渾是夢，算來可恨是蒼天。」
　　　　「盈盈十五及笄初，已作明妃別故廬。誰散千金同孟德，鑲黃旗下贖文姬。」

其〈閒居〉道出自從海外抗清後，親眼所見強者稱雄：「勢均乃相圖，往往互推刃。朝華暮已落，有似緣籬蕣。英人據要津，達士安微命。榮悴各有殊，所願寡緇磷。」〔註22〕此明爭暗鬥之種種黑暗現象，似乎是人性利欲薰心與貪婪無知之共相。

張煌言道：自甲申國變以後，滿清入主中國，沿海百姓「十餘年來，義旗遍海外，戎服繁興。海濱遺黎，朝秦暮楚，供億竭於兩國，民力用是益殫」〔註23〕。永曆十三年（順治十六年，1659）與鄭成功合攻長江失利後，張煌言自皖南間道回浙，駐節天臺緱城。此地之長亭鄉，枕山靠海，原爲鹽鹼瘠土，但經當地人民辛勤改造後，已變成膏腴之地。然而，自清軍將戰火延燒至浙江後，此地堤塘失修，海潮侵襲，辛勤開墾出之沃土復變成沼澤鹽鹼地，若不及時整治，一旦洪水爆發，不惟田地房屋不保，尚且會危及百姓性命。煌言聞訊惆悵萬分，曰：「國事固滄桑矣，而民事寧可緩乎？」〔註24〕遂在是年冬天，出金五十爲倡，鳩工整治，倡議加固舊堤、加高低處。在其帶領下，富者出錢，貧者出力，歷時三月，於永曆十四年春重新築起海塘。鄉人感其恩德，樹碑紀念，特地徵文於張煌言，煌言乃撰〈山頭重築海塘碑記〉記其緣起，以解決眼前民生疾苦，當先於政治爭奪，要長期抗清應以民爲本，即使甲辰散兵，乃在「憫斯民之塗炭」〔註25〕，可見詩人關懷民生經濟之情。

盧若騰在喪亂之時，人心道德崩潰之際，仍一本初衷，以忠厚傳家自勵，並服膺孔孟之道，樂道人之美，並不因習俗轉移而改其常度。人或笑其愚騃，然若騰「君子自信心，禮義無欠虧，雖有流俗謗，囅然付一嗤」〔註26〕，自許「獨有耿介士，不肯灰心血，念念與天知，誰能相毀缺」〔註27〕，可見其自存仁厚之心，面對流俗之毀謗，若騰自問於禮義無虧，則坦然而付之一笑。對儒家之倫理思想，若騰仍視其爲立學之宗旨，故對後學小友林霍能做到「文章字字關倫理，寤寐時時可往還，識得安身立命處，何妨辛苦寄人間」〔註28〕，

〔註22〕 《釣璜堂存稿》卷3〈閒居〉其二，葉7。

〔註23〕 〈山頭重築海塘碑記〉，《張蒼水集》卷5《冰槎集》，頁245下。

〔註24〕 〈山頭重築海塘碑記〉，《張蒼水集》卷5《冰槎集》，頁245下。

〔註25〕 〈貽趙廷臣書〉，《張蒼水集》卷7〈外編·遺文〉，頁273上。

〔註26〕 〈感歎〉，明·盧若騰：《島噫詩》（臺北：臺灣銀行經濟研究室，1968年5月1版，《臺灣文獻叢刊》第245種），〈五言古〉，頁11。

〔註27〕 〈識務〉，《島噫詩》〈五言古〉，頁11。

〔註28〕 〈林子濩別後見懷寄詩，次韻酬之，用相勉勵共保歲寒〉二首其二，《島噫

甚爲嘉許之，並期勉能共保歲寒。審此，皆源於詩人仁民愛物之胸懷，故「平生多悔事，尤多文字悔，樂道人之善，筆墨無匿彩，所期勵娉修，臭味芬蘭苣」〔註29〕，此乃「詩史」精神所寄也。《漢書‧藝文志‧詩賦略》曾指出樂府詩乃「感於哀樂，緣事而發，可以觀風俗、知薄厚」〔註30〕；而中唐元白新樂府運動，旨在繼承杜甫社會寫實精神。白居易主張「文章合爲時而著，歌詩合爲事而作」，詩文之創作，主旨乃在「救濟人病，裨補時闕」。〔註31〕海外幾社詩人所處之東南沿海政權因堅持抗清，居民長年處於戰火之中，實爲遭虜禍最烈之地，生民之苦，自盧若騰〈老乞翁〉一詩可盡知之。詩中主人翁乞喧祖孫原世居濱海之村，因義師不斷索餉及胡虜接連打劫，致食衣住無著，甚至爲贖回被綁架之親人而不得不賤賣田園。無食無產之身，尙有各種繁雜賦役臨身，眼見無法苟延殘喘，故「舉家遠逃徙，秋蓬不戀根。渡海事行乞，冀可活晨昏」〔註32〕，足見當時百姓極爲困頓無依之情景。詩人記離亂南徙之事，周詳惻愴；得失廢興之跡，心懷悲憫，故此類詩歌皆爲時而作、緣事而發，可以觀風俗、知得失也。

二、反對侵略，堅定抗清

　　海外幾社三子反對侵略，堅定抗清，以申夷夏之防爲中心思想。盧若騰自謂「士生世上，其可不擇所以自處也哉」〔註33〕，於春秋大義、內外之防致意最深，故於〈林子濩詩序〉中推許林濩「嚴《春秋》夷夏之辨、守〈屯爻〉不字之貞，富貴功名不以動其心，困窮十稔不以易其節。豈非性植於天，而識克於學者乎？凡所爲詩，皆根心爲言，不待外借；行幅之間，生氣勃然；蓋與《鐵函心史》、《晞髮集》並爲宇內眞文字。」〔註34〕此乃春秋之義不泯

詩》〈七言律〉，頁 37。
〔註29〕〈多悔〉，《島噫詩》〈五言古〉，頁 3～4。
〔註30〕東漢‧班固：《漢書》（臺北：鼎文書局，1991 年 9 月 1 版 7 刷，影北京中華書局點校本），卷 30〈藝文志‧詩賦略〉，頁 1756。其云：「自孝武立樂府而采歌謠，於是有代趙之謳，秦楚之風，皆感於哀樂，緣事而發，亦可以觀風俗、知薄厚云。」
〔註31〕唐‧白居易撰、朱金城箋校：《白居易集箋校》（上海：上海古籍出版社，1988年 12 月 1 版），卷 45〈與元九書〉，頁 2791～2792。
〔註32〕〈老乞翁〉，《島噫詩》〈五言古〉，頁 9。
〔註33〕〈丘釣磯詩序〉，李怡來編：《留庵詩文集》（金門：金門縣文獻委員會，1969年 9 月 1 版），卷下〈文集〉，頁 83。
〔註34〕〈林子濩詩序〉，《留庵詩文集》卷下〈文集〉，頁 86。

於人心也。盧若騰於〈又答張煌言書〉中期勉張煌言：「外島興屯，慮使不易，以弟所見，稠眾中尚多有心人；今以田橫之客五百，奮臂號召，可使雲集響應，因而分奮爲雄，未須便弭節荒裔也。」〔註35〕此時雖面臨對抗清局勢愈益嚴峻，但仍堅定抗清志節，懷抱復興之望，毫不放棄。

華夏衣冠象徵漢族文化，故張煌言自道「浮槎非我好，戀戀爲衣冠」〔註36〕。其闡揚夷夏之別當以〈秦吉了〉禽言詩最具形象魅力，「秦吉了，生爲漢禽死漢鳥。塞南、塞北越禽飛，悵望故山令人老。載鳴鳴華音，載飛飛華土；翮折翅垂，夷敢我侮！生當爲鳳友，死不作雁奴；我自名禽不可辱，莫待燕婉生胡雛！」〔註37〕詩中宣誓生爲漢民族，死當爲漢魂，絕對抗清到底。

年號紀歲是正統之象徵，故後人歌頌陶淵明恥事二姓，一心忠晉，稱其「甲子不數義熙前」〔註38〕。監國二年（永曆元年，順治四年，1647）十月，魯王頒監國三年曆於海上，監國三年張煌言〈和肅虜侯黃虎癡承制頒曆韻〉云：「駿馭遙巡斷赭鞭，孤臣頻歲紀星躔。曉籌冷落雞人唱，寒管驚回龍子眠。舊放梅花知漢臘，新添蓂葉是堯年。義熙何用陶潛載，日月中天正朗懸。」〔註39〕堯年舜日是天下太平之期盼，陶淵明以遺民身分，甲子不書義熙前，是對新朝消極抵抗，張煌言認爲唯有反對侵略，堅定抗清意志，大漢民族才有出路。即使到抗清尾聲，散軍之年，永曆十八年（康熙三年，1664）元旦，在江花島樹，海日晴開，萬象更新之際，亦云「正朔應非堯甲子，孤軍猶是漢威儀」，持節海嶠懸島，只有「且憑玉曆辨華夷」。〔註40〕七月，被

〔註35〕 〈又答張煌言書〉，《留庵詩文集》卷下〈文集〉，頁82。
〔註36〕 〈島居八首〉其六，《張蒼水集》卷3《奇零草》（三），頁227上。
〔註37〕 〈秦吉了〉，《張蒼水集》卷1《奇零草》（一），頁196。
〔註38〕 北宋・黃庭堅撰、任淵等注：《黃庭堅詩集注・山谷外集詩注》（北京：中華書局，2003年5月1版，劉尚榮校點本），卷2〈次韻謝子高讀淵明傳〉，頁796。此說法乃自《宋書・隱逸・陶潛傳》：「潛弱年薄宦，不潔去就之迹。自以高祖晉世宰輔，恥復屈身後代，自高祖王業漸隆，不復肯仕。所著文章，皆題其年月。義熙以前，則書晉氏年號，自永初以來唯云甲子而已。」南朝梁・沈約：《宋書》（臺北：鼎文書局，1990年7月6版），卷93〈隱逸・陶潛傳〉，頁2288～2289。按唐・李延壽：《南史・隱逸上・陶潛傳》亦全引此說，見唐・李延壽：《南史》（臺北：鼎文書局，1991年4月7版），卷75〈隱逸上・陶潛傳〉，頁1858～1859。
〔註39〕 〈和肅虜侯黃虎癡承制頒曆韻〉，《張蒼水集》卷1《奇零草》（一），頁191。
〔註40〕 〈甲辰元旦〉，《張蒼水集》卷6《外編・遺詩》，頁261下。

執押解回杭州，作〈將入武陵二首〉，明白指出「生比鴻毛猶負國，死留碧血欲支天！忠貞自是孤臣事，敢望千秋青史傳！」〔註41〕可見孤臣心中只在「忠貞」二字，個人生命輕如鴻毛，若能為世道人心之正義，盡瘁報國，雖死亦足矣。

滿清佔領中國，夷狄之入華夏也，張煌言〈追往八首〉其三描寫「長驅胡騎幾曾經，草木江南半帶腥」〔註42〕，乃見無盡之兵燹，殘酷之殺戮，連春風十里之江南，也陷入一片戰火硝煙之中。永曆十五年（順治十八年，1661）八月十三日，清廷下遷海令，尋自遼東至廣東，近海居民各移內地三十里。盧若騰〈虜遷沿海居民〉描寫遷海令殘害沿海百姓，「天寒日又西，男婦相扶攜。去去將安適，掩面道傍啼。胡騎嚴驅遣，剋日不容稽。務使濱海上，鞠為茂草萋。富者忽焉貧，貧者誰提撕。欲漁無深淵，欲耕無廣畦。內地憂人滿，婦姑應勃豀。聚眾易生亂，矧為飢所擠」〔註43〕清廷防海如防邊，沿海百姓燔宅舍、焚積聚、伐樹木、荒田地，婦泣嬰啼，流民塞路，民死過半，慘不可言。盧若騰盼豪傑趁機起事，拯其於水火。而張煌言〈辛丑秋，虜遷閩浙沿海居民；壬寅春，余艤棹海濱，春燕來巢於舟，有感而作〉：

去年新燕至，新巢在大廈；今年舊燕來，舊壘多敗瓦。燕語問主人，呢喃語盈把。畫梁不可望，畫艦聊相傍；肅羽恨依棲，銜泥嘆飄颻。自言昨辭秋社歸，比來春社添惡況；一片靡蕪兵燹紅，朱門那得還無恙。最憐尋常百姓家，荒煙總似烏衣巷。君不見晉室中葉亂五胡，煙火蕭條千里孤；春燕巢林木，空山啼鷓鴣。只今胡馬復南牧，江村古木竄鼪鼯；萬戶千門空四壁，燕來亦隨檐上烏。海翁顧燕三太息，風簾雨幔胡為乎？〔註44〕

詩中以充滿文學性之感傷，帶出國破家亡，任人宰割之悲痛。

魯監國二年（順治四年，1647）四月，清軍攻下福建之海口鎮，參謀林學舞、總兵趙牧殉難，徐孚遠〈海口城陷哭趙俠侯〉有「意氣凌雲枕玉戈，銀章綠鬢壯顏酡。胡塵一夜吹春草，毅魄千秋擁碧波」之句〔註45〕，歌誦趙

〔註41〕〈將入武陵二首〉其一，《張蒼水集》卷4《采薇吟》，頁238。
〔註42〕〈追往八首〉其三，《張蒼水集》卷1《奇零草》（一），頁203。
〔註43〕〈虜遷沿海居民〉，《留庵詩文集》卷上〈詩集·五言古〉，頁16。
〔註44〕〈辛丑秋，虜遷閩浙沿海居民；壬寅春，余艤棹海濱，春燕來巢於舟，有感而作〉，《張蒼水集》卷3《奇零草》（三），頁234。
〔註45〕《釣璜堂存稿》卷12〈海口城陷哭趙俠侯〉其二，葉18。

牧奮勇殺敵，無奈敵眾我寡，城陷之後，投海殉國；因作詩以告慰英靈。

　　監國四年九月，定西侯張名振迎魯王還浙，次舟山，十月，魯王復授其為左僉都御史，並特頒敕獎勞，令主事萬年英賚赴軍前，命其與勳臣鄭鴻逵、國姓鄭成功，協圖匡復，迅掃胡氛。〔註46〕徐孚遠乃作〈受事贈言〉展現「鷹秋方展翮，驥老便長途。馮客屢遷舍，齊庭更別竽。雷同羞苟得，拂拭啟良圖。叱馭分夷夏，酌泉試有無。矢心終帶髮，此腹不藏珠」〔註47〕，可見其矢志全髮，並以秋鷹展翮，老驥長途自喻，足見其志恪勤王，掃除殘虜之心。即使已近半百之年，「乘槎常效南冠哭，避地終懷北闕心」〔註48〕，更見其孤忠亮節。然而對於抗清意志不堅者，則大加撻伐，謂其「如何秉麾者，各自矜胸臆。所適迷其方，意南而更北」，感慨「蹈海雖可奇，柱天無由力」。〔註49〕徐孚遠〈秋盡〉又云：

秋盡蕭騷風浪顛，眼觀人事亦如然。歸朝無計腸千轉，耕野多閒手一編。每誦王言悲世難，暫開仕版愧官邊。此生已分煙霞老，看取松筠晚節堅。〔註50〕

徐孚遠書生報國，晚節彌堅，雖是半隱孤島，卻心懷抗清大業。復如其〈地軸〉云：

地軸倏已倒，淳維竊尊號。避居十四年，徒為世所笑。浪中魚龍翻，谷裏猿狄叫。相識眼前希，秉旄皆已傲。造門覘我顏，中坐仍自悼。所以流寓人，去之跡若掃。伊余尚逡巡，猶然槎上釣。悠悠日月馳，冉冉齒髮耄。幾時鈞天游，震雷呼未覺。移山志不移，愚公乃大巧。〔註51〕

徐孚遠自隆武二年（順治三年，1646）八月入海，避居海上十四年，此時年已逾六十，在廈門依鄭，魯鄭聯軍仍奮戰不懈，詩人雖身老滄海，但恢復之心，如愚公移山之志堅不能改。再者，徐孚遠自蹈海之後，已抱定為國捐軀之決心，故能做到鎮靜自若，如其於〈粵信至感懷〉詩中即表明自己心跡：

〔註46〕陳乃乾、陳洙纂輯：《徐闇公先生年譜》（臺北：臺灣銀行經濟研究室，1961年10月1版，《臺灣文獻叢刊》第123種），頁35。
〔註47〕《釣璜堂存稿》卷16〈受事贈言〉，葉13。
〔註48〕《釣璜堂存稿》卷13〈傳安昌自潚海北歸〉，葉5。
〔註49〕《釣璜堂存稿》卷3〈雜詩〉，葉18。
〔註50〕《釣璜堂存稿》卷15〈秋盡〉，葉19。
〔註51〕《釣璜堂存稿》卷4〈地軸〉，葉27。

久住顏眞峴，推車未有期。生涯隨瘴癘，死路總親知。骨朽名焉
用，神傷志不移。雖然無一就，所執亦非癡。（其一）

餘生眞可厭，必死反忘危。主聖天當祐，臣孤命未知。百王區宇
盡，一節日星隨。滄海非全地，三閭是我師。（其二）〔註52〕

雲淡風清之一句「必死反忘危」，誠有萬鈞之力，宣誓其抗清之心志。而其〈北
望〉則云：「獻歲出傳王氣開，孤臣回看重徘徊。中原貙虎今誰在，惟有樓船
海上來。」〔註53〕顯現海上孤臣冀盼恢復中原之殷。徐孚遠雖漂泊海外，仍
正義凜然，百折不回，其〈海居〉云：「三山渺渺水濺濺，日月衣冠又一天，
不是六鼇相拄得，便流西極已多年。」〔註54〕即使南明抗清運動屢屢敗退，
不斷轉進，但只要東南沿海衣冠一絲尚存，則復國有望。

反對侵略，在國亡家破之際，只有堅定抗清一途，張煌言雖「仗劍浮身
幾度秋，關河遍誓客孤舟，一尊酒盡千山曉，七字詩成華谷謳」，但更激勵自
己「浩氣填胸星月冷，壯懷裂髮鬼神愁，龍池一日風雲會，漢代衣冠舊是
劉」。〔註55〕三入長江後，定西侯張名振卒，遺言以所部付煌言，其軍始盛，
永曆十年（1656）其〈舟行阻風，口號二首〉其二更云：

敕水鞭潮勢自雄，此身原不畏蛟龍；明朝鷁首還東指，禁得誰傳萬
里風！〔註56〕

所謂英雄不氣短，當愈挫愈勇，張煌言在舟山再陷後，「軍於天臺，是冬，軍
於閩之秦川」〔註57〕；前年鄭成功貽書謀大舉，乃計劃北伐金陵，故有明朝
鷁首東指，誰禁萬里長風之氣概。即使在永曆十五年（1661）抗清局勢最嚴
峻之際，其〈辛丑長至，舟次祝聖二首〉其二亦云：

歲華方剝極，何意泰重來！國脈眞如線，天心亦似灰。山呼愁節
脫，海宴待槎回！賴有黃鐘動，梅花雪自開。〔註58〕

冬至是一年四季中最寒冷之時節，然而陰極陽復，亦是春回大地之起點。張

〔註52〕《釣璜堂存稿》卷11〈粵信至感懷〉，葉18。
〔註53〕《釣璜堂存稿》卷18〈北望〉，葉15。
〔註54〕《釣璜堂存稿》卷18〈海居〉，葉6。
〔註55〕〈海上二首〉其一，《張蒼水集》卷6《外編・遺詩》，頁258。
〔註56〕〈舟行阻風，口號二首〉其二，《張蒼水集》卷2《奇零草》（二），頁213。
〔註57〕《全祖望集彙校集注・鮚埼亭集》卷9〈明故權兵部尚書兼翰林院侍講學士鄞張公神道碑銘〉，頁183。
〔註58〕〈辛丑長至，舟次祝聖二首〉其二，《張蒼水集》卷3《奇零草》（三），頁234。

煌言從此一自然現象中受到啓示和鼓舞。義師們雖然清醒地意識到抗清形勢已越來越艱難，但並不因此而悲觀絕望，相信形勢最危急的時刻，轉機也即將出現。同時，他們也絕不願因現實環境惡化而改變自己之節操，有如傲雪而開的梅花，在苦寒中更顯示出其鐵骨冰心。

三、海洋文學，哀憫蒼生

在反清復明大業中，海外幾社成員行蹤，大都以海外島嶼為抗清基地，在明朝喪亂之後，鋪天蓋地而來之兵燹不斷，浙閩海上英豪勢力群起，海洋文學與島嶼戰鬥文學亦因此而大規模浮現。南明之知識份子，基於民族大節，投入抗清行列，海上島嶼淪為戰場，橫被戰禍，詩人身履災難現場，目擊刻劃，議論反思，形塑其海洋悲情。故海上征戰頻仍、沿海遍地烽火，造成之生民極度災禍之書寫，是此期海洋文學最大特徵。海外幾社成員文武相兼，兵戈之聲及遺民心態雙重交織，編成一頁曠古絕今之慘烈史詩。在此之際，詩人憂懷天下，為民族文化存亡而奮戰不息，詩格氣韻隨戰鬥人生而盤旋直上，心境與海界同開眼。

亂世烽火中是隱是戰，難免令人歧路忘機，如張煌言〈寒山〉云：

> 寒山一息影，歧路總忘機。敢望充藜藿，其如斷蕨薇！徘徊貪有髮，惆悵賦無衣。此地兼烽火，孤蹤何所依！〔註59〕

一生追隨魯王，飄零海上之孤臣張煌言，轉戰海疆，並一度與鄭成功成為閩浙勁旅，其詩篇中常見在風舟浪帆之間，戰鼓頻催，產生許多歷史興亡與時不待人之感。但其〈島居八首〉則是煌言人在海上，志在恢復，縱使江山多嬌，亦不及恢復華夏之使命重要。其一表達抗清英雄之猶豫：「天地勞何甚，空山足息機；玄黃悲鼎沸，蒼莽看帆飛。誤世芙蓉劍，撩人薜荔衣；迷途知未遠，還復臥黿磯？」〔註60〕其六則明示入世胸懷：「浮槎非我好，戀戀為衣冠。豫讓橋應近，田橫島正寬。蘆中長磬折，坮上獨盤桓。雖未成嘉遯，人呼管幼安。」〔註61〕然而時勢日下，戰爭殘酷，有滄海桑田之變，如舟山是為浙東魯王反清根據地，在反復易地攻防之爭中，讓一代英雄徒留「誰與海翁爭地主，到來卻讓白鷗閒」之嘆〔註62〕。在桂王昆明遇難，李定國殉國之

〔註59〕〈寒山〉，《張蒼水集》卷3《奇零草》（三），頁228。
〔註60〕〈島居八首〉其一，《張蒼水集》卷3《奇零草》（三），頁226。
〔註61〕〈島居八首〉其六，《張蒼水集》卷3《奇零草》（三），頁227。
〔註62〕〈舟山感舊四首〉其二，《張蒼水集》卷2《奇零草》（二），頁216。

後，鄭成功卒於臺灣、魯王復病逝於金門，在十九載飄零歲月之後只有散軍，隱於懸嶴。作為當時天下聞名之抗清領袖，張煌言作出如此抉擇，自會引來誤解，或猜測其「散兵在先、歸隱恐後，可以覘覦賒死」。對此，煌言坦率而又摯誠剖白：「殊不知散兵者，憫斯民之塗炭；歸隱者，念先世之暴荒。……原非隱忍偷生，自留賒死。」〔註63〕煌言為不重困一方之民，業已將個人得失毀譽，置之度外矣。

滿清佔領中土，漢民族國亡家破，清廷為消滅反清政權，漫天烽火，處處兵燹，東南沿海地區社會失序，強盜擄掠，兵連禍結，實分不出盜賊與義師之別。張煌言〈舴艋行〉寫實載錄海盜肆虐下之百姓心聲，記錄烽火戰亂中置身海隅之真實處境：

> 乘舴艋、載艅艎，槌鉦撾鼓走風檣。滿船兒郎抹額黃，人言若輩真鷹揚，饑則攫人飽則颺。江村雞犬絕鳴吠，老稺吞聲泣道旁：罄我瓶中粟，使我朝無糧；斷我機上苧，使我暮無裳。我亦遺民事耕織，當身不幸見滄桑。入海畏蛟龍，登山多虎狼；官軍信威武，何不恢城邑，願輸夏稅貢秋糧！〔註64〕

可見戰亂並不僅止於改朝換代時之兵鋒相對，社會秩序之崩壞亦讓海盜有機可趁。而爭戰頻仍之區，時則兵匪不分，強奪民生，生活物資往往被洗劫一空。

黎民百姓遭盜所賊乃司空見慣，更甚者，連落難魯王亦不得免，其〈聞監國魯王以盜警奔金門所〉詩道：「揮淚東南信，初聞群盜狂；扁舟哀望帝，匹馬類康王。流氓終何限，依斟倘不妨！只今謀稅駕，天地已滄桑。」〔註65〕山河失序，兵燹與人禍交加，天地何止變色，人事如何不滄桑悲哀。如此地天崩地裂，社會必然解組，經濟於是崩潰，生民焉不困頓，百姓無不遭殃。

覆巢之下豈有完卵，海外抗清更是人事滄桑，徐孚遠〈海上產一男，名之曰更生〉云：「投老婆娑得更生，傳經何處未分明。他年詩稿應收取，好到江南問姓名。」〔註66〕海上因有新生命誕生而帶來喜悅，然此兒生不三月即殤，旋生旋死，益凸顯戰火下生命之無常。另〈清明〉詩云：「清明上巳正同

〔註63〕〈貽趙廷臣書〉，《張蒼水集》卷7〈外編・遺文〉，頁273。
〔註64〕〈舴艋行〉，《張蒼水集》卷1《奇零草》（一），頁206。
〔註65〕〈聞監國魯王以盜警奔金門所〉，《張蒼水集》卷3《奇零草》（三），頁228。
〔註66〕《釣璜堂存稿》卷18〈海上產一男，名之曰更生〉，葉14。

時，不見江南楊柳枝。長男幼女皆黃土，孤身萬里淚成絲。」〔註 67〕顯現兵燹戰火下，家破人亡之慘劇。

當大多數明遺民企圖恢復漢室之時，亦有部份有識之士開始深思偏安保境，尋求和平之道，盧若騰於永曆十八年（1664）東渡澎湖，其〈東都行〉前半乃寫台灣地理風土；後半則寫鄭成功驅荷入臺，採取安定息兵之態度，詩末云：「相期適樂土，受廛各爲氓。而今戰血濺，空山燐火盈。浯島老杞人，聽此憂惇惇。到處逢殺運，何時見息兵？天意雖難測，人謀自匪輕。苟能圖匡復，豈必務遠征。」〔註 68〕詩人之靈魂最爲純淨，處處流露和平思想。

再者，盧若騰《島噫詩》亦不乏對亂世中移民社會衝突情形之實錄，實上繼杜甫〈三吏〉、〈三別〉社會寫實詩傳統，如其〈甘蔗謠〉譴責鄭彩所屬部隊軍紀敗壞，官兵強取島民甘蔗；〈抱兒行〉更指陳兵卒強入民房抱走小孩，勒索贖金之惡行；〈田婦泣〉則描述島民經兵丁橫暴之餘，復遭兵婦欺凌剝奪簪珥衣裳。另一方面，盧若騰對新來移民之遭遇亦深表同情，如〈將士妻妾汎海，遇風不任眩嘔，自溺死者數人；作此哀之〉一詩，乃傷悼將士妻妾汎海，遇風不堪眩嘔而竟至自溺之時代悲劇，其〈海東屯卒歌〉更唱出海外移民與農民屯卒初到臺灣之悲歌。

當明季流賊攻陷北都，神州陸沉，滿清再下南都，江南遍地狼煙，海外幾社三子起義幟於江東、聚兵南海，抱孤貞奔走海外，無日不以戮力中原爲念，以故三入長江，北伐南京，不幸未竟其功，卒不能申中興之志，以至流離困苦，或捨身、或投老而卒於海嶠。審此，海外幾社屬積極投入抗清戰鬥行列之文人團體，社人寧作海外遺民，志不降清，其躬遭國恤，飄泊海隅，冒難持危，齎志以沒，可見忠義抗節之行。誠如屈大均〈黎太僕集序〉中云：「自申酉以來，天下賢大夫之死國者類多文士，非文士之能死國也，其所以爲文者，固有以異乎人也。是故天能喪其人，而不能喪其文，其文蓋無物足以尚之。」〔註 69〕文中「其所以爲文者」乃指明清之際抗清完節者之民族氣節；其人盡懷殺身成仁之志，是皆有補於人倫；其詩文充滿民族氣節，貫注作者之眞實感情，所以具有傳之久遠的「詩史」價值。

〔註 67〕 《釣璜堂存稿》卷 18〈清明〉，葉 13。

〔註 68〕 〈東都行〉，《留庵詩文集》卷上〈詩集・五言古〉，頁 12。

〔註 69〕 清・屈大均撰、歐初等編：《屈大均全集・翁山文外》（北京：人民文學出版社，1996 年 12 月 1 版，第 3 冊），卷 2〈黎太僕集序〉，頁 54。

　　總之，海外幾社三子自大陸到海洋，歷兵燹，睹人禍，慷慨任氣，造懷指事，詩格一洗公安、竟陵卑弱習氣。其詩旨在備述民生疾苦、關心社稷安危與國家存亡，堪稱與杜甫「詩史」精神一脈相承，故能振民族之精神，揚芬芳於異代也。

參考書目

（古籍部分以本書直接徵引為限）

一、海外幾社三子詩文集（按書名筆劃排序）

1. 《交行摘稿》，明·徐孚遠，臺北：藝文印書館，1968 年 1 版，《百部叢書集成》影清吳省蘭輯《藝海珠塵》本。

2. 《島噫詩》，明·盧若騰，臺北：臺灣銀行經濟研究室，1968 年 5 月 1 版，《臺灣文獻叢刊》第 245 種。

3. 《島噫詩校釋》，明·盧若騰撰、吳島校釋，臺北：台灣古籍出版公司，2003 年 3 月 1 版。

4. 《留庵詩文集》，明·盧若騰撰、李怡來編，金門：金門縣文獻委員會，1969 年 9 月 1 版。

5. 《張忠烈公集》，明·張煌言撰、清·傅以禮編，上海：上海古籍出版社，2002 年 3 月 1 版，《續修四庫全書》影清傅氏長恩閣鈔本。

6. 《張蒼水先生專集》，明·張煌言撰、張行周編，臺北：臺北寧波同鄉月刊社，1984 年 11 月 1 版。

7. 《張蒼水全集》，明·張煌言、周冠明等編，寧波：寧波出版社，2002 年 7 月 1 版。

8. 《張蒼水集》，明·張煌言撰、張壽鏞編，臺北：新文豐出版公司，1988 年 4 月臺 1 版，《四明叢書》本。

9. 《張蒼水集》，明·張煌言，上海：上海古籍出版社，1985 年 10 月新 1 版。

10. 《張蒼水詩文集》，明·張煌言，臺北：臺灣銀行經濟研究室，1962 年 6 月 1 版，《臺灣文獻叢刊》第 142 種。

11. 《釣璜堂存稿》，明·徐孚遠，民國十五年金山姚光懷舊樓刻本。

二、經籍類（按書名筆劃排序）

1. 《十三經注疏整理本》，李學勤主編，臺北：臺灣古籍出版公司，2001年1月1版。

2. 《五燈會元》，南宋‧釋普濟編，北京：中華書局，1984年10月1版，蘇淵雷點校本。

3. 《老子正詁》，高亨正詁，臺北：新文豐出版公司，1981年1月1版影1940年6月重定本。

4. 《孟子正義》，清‧焦循正義，北京：中華書局，1987年10月1版，沈文倬點校本。

5. 《春秋左傳注》，楊伯峻編著，北京：中華書局，1990年5月2版，修訂本。

6. 《淮南鴻烈集解》，漢‧劉安撰、劉文典集解，合肥：安徽大學出版社，1998年8月1版，殷光熹點校本。

7. 《莊子集釋》，清‧郭慶藩集釋，北京：中華書局1961年7月1版，1993年3月6刷，李孝魚點校本。

8. 《景德傳燈錄》，北宋‧釋道原編，臺北：臺灣商務印書館，1981年2月臺1版，《四部叢刊廣編》影宋刻本。

9. 《詩毛氏傳疏》，清‧陳奐疏，臺北：學生書局，1978年9月1版5刷，影道光二十七年鴻章書局本。

10. 《論語正義》，清‧劉寶楠正義，北京：中華書局，1990年3月1版，高流水點校本。

三、歷史類

（一）二十五史之部（按時代排序）

1. 《史記會注考證》，西漢‧司馬遷撰、日‧瀧川龜太郎考證，臺北：洪氏出版社，1983年10月臺2版。

2. 《漢書》，東漢‧班固，臺北：鼎文書局，1991年9月7版。

3. 《後漢書》，劉宋‧范曄，臺北：鼎文書局，1991年9月6版。

4. 《三國志》，西晉‧陳壽，臺北：鼎文書局，1991年4月7版。

5. 《晉書》，唐‧房玄齡等，臺北：鼎文書局，1992年11月7版。

6. 《宋書》，南朝梁‧沈約，臺北：鼎文書局，1990年7月6版。

7. 《南史》，唐‧李延壽，臺北：鼎文書局，1991年4月7版。

8. 《隋書》，唐‧魏徵等，臺北：鼎文書局，1990年7月6版。

9. 《舊唐書》，後晉‧劉昫等，臺北：鼎文書局，1992年5月7版。

10. 《新唐書》，北宋・歐陽脩等，臺北：鼎文書局，1992 年 1 月 7 版。

11. 《宋史》，元・脫脫等，臺北：鼎文書局，1991 年 2 月 7 版。

12. 《明史》，清・張廷玉等撰，臺北：鼎文書局，1991 年 5 月 5 版。

13. 《清史稿》，趙爾巽等撰，北京：中華書局，1977 年 8 月 1 版。

（二）編年史、史論、其他（按書名筆劃排序）

1. 《廿二史箚記校證》，清・趙翼撰、王樹民校證，北京：中華書局，1984 年 1 月 1 版，2005 年 1 月 3 刷，訂補本。

2. 《文史通義校注》，清・章學誠著、葉瑛校注，北京：中華書局，1985 年 5 月 1 版。

3. 《日知錄集釋》，明・顧炎武著、黃汝成集釋，上海：上海古籍出版社，2006 年 12 月 1 版，欒保群等校點本。

4. 《宋論》，清・王夫之，北京：中華書局，1964 年 4 月 1 版，舒士彥點校本。

5. 《御批歷代通鑑輯覽》，清高宗敕撰，臺北：新興書局，1959 年 10 月 1 版，影同文版。

6. 《戰國策》，西漢・劉向集錄，上海：上海古籍出版社，1998 年 3 月 2 版。

7. 《讀通鑑論》，清・王夫之，北京：中華書局，1975 年 7 月 1 版，2002 年 6 月 5 刷，舒士彥點校本。

（三）明清史料、方志、筆記（按書名筆劃排序）

1. 《人海記》，清・查慎行，上海：上海古籍出版社，2002 年 3 月 1 版，《續修四庫全書》影清咸豐元年小嫏嬛山館刻本。

2. 《大清世祖章皇帝（順治）實錄》，清・巴泰等修，臺北：華文書局，1964 年 9 月 1 版。

3. 《大清聖祖仁皇帝（康熙）實錄》，清・馬齊、張廷玉等修，臺北：華文書局，1964 年 9 月 1 版。

4. 《小腆紀年》，清・徐鼒，臺北：臺灣銀行經濟研究室，1962 年 11 月 1 版，《臺灣文獻叢刊》第 134 種。

5. 《小腆紀年附考》，清・徐鼒，北京：中華書局，1957 年 5 月 1 版，王崇武校點本。

6. 《小腆紀傳》，清・徐鼒，臺北：臺灣銀行經濟研究室，1963 年 7 月 1 版，《臺灣文獻叢刊》第 138 種。

7. 《四友齋叢說》，明・何良俊，北京：中華書局，1959 年 4 月 1 版，1997 年 11 月 3 刷。

8. 《永曆實錄》，清·王夫之，長沙：嶽麓書社，1996 年 2 月 1 版，1998 年 11 月 2 刷，《王船山全集》第 11 冊。

9. 《行在陽秋》，不著撰者，臺北：臺灣銀行經濟研究室，1967 年 8 月 1 版，《臺灣文獻叢刊》第 234 種。

10. 《幸存錄》，明·夏允彝，臺北：臺灣銀行經濟研究室，1970 年 9 月 1 版，《臺灣文獻叢刊》第 235 種。

11. 《所知錄》，清·錢澄之，合肥：黃山書社，2006 年 12 月 1 版，諸偉奇校點本。

12. 《明末江陰守城紀事》，清·韓菼等撰、徐華根編，上海：上海古籍出版社，2007 年 1 月 1 版，《江陰文史叢書》本。

13. 《明末張忠烈公煌言年譜》，清·趙之謙編，臺北：臺灣商務印書館，1978 年 3 月 1 版。

14. 《明季北略》，清·計六奇，北京：中華書局，1984 年 6 月 1 版，魏得良、任道斌點校本。

15. 《明季南略》，清·計六奇，北京：中華書局，1984 年 12 月 1 版，任道斌、魏得良點校本。

16. 《明徐闇公先生孚遠年譜》，陳乃乾、陳洙纂輯，臺北：臺灣商務印書館，1980 年 11 月 1 版。

17. 《明清上海稀見文獻五種》，明·李紹文等撰，北京：人民文學出版社，2006 年 8 月 1 版劉永翔等校點本。

18. 《明清臺灣檔案彙編》，臺灣史料集成編輯委員會編，臺北：遠流出版事業公司，2004 年 3 月 1 版。

19. 《明清遺書五種·忠義錄》，清·朱溶，北京：北京圖書館出版社，2006 年 11 月 1 版。

20. 《明遺民錄彙輯》，謝正光、范金民編，南京：南京大學出版社，1995 年 7 月 1 版。

21. 《東山國語》，清·查繼佐，臺北：臺灣銀行經濟研究室，1963 年 2 月 1 版，《臺灣文獻叢刊》第 163 種。

22. 《東林本末》，明·吳應箕，臺北：藝文印書館，1971 年 3 月 1 版，《百部叢書集成》影《貴池先哲遺書》本。

23. 《東林列傳》，清·陳鼎編著，臺北：新文豐出版公司，1975 年 11 月 1 版。

24. 《東林始末》，清·蔣平階，揚州：江蘇廣陵刻古籍印社，1994 年 8 月 1 版，影清道光十一年六安晁氏《學海類編》本。

25. 《東林書院志》，清·高廷珍等輯，臺南縣：莊嚴文化事業公司，1996 年 8 月 1 版，《四庫全書存目叢書》影清雍正十一年刻本。

26. 《東林書院志》，清・高廷珍等輯，臺北：廣文書局，1968 年 7 月 1 版，影光緒七年重刻雍正本。

27. 《東林書院志》，清・高廷珍等輯，北京：中華書局，2004 年 10 月 1 版，《東林書院志》整理委員會點校本。

28. 《東林與復社》，諸家合刊，臺北：臺灣銀行經濟研究室，1968 年 12 月 1 版，《臺灣文獻叢刊》第 259 種。

29. 《東南紀事》，清・邵廷采，臺北：臺灣銀行經濟研究室，1961 年 1 月 1 版，《臺灣文獻叢刊》第 35 種。

30. 《東華錄》，清・蔣良麒，濟南：齊魯書社，2005 年 5 月 1 版，鮑思陶等點校本。

31. 《松下雜錄》，不著撰者，臺北：臺灣商務印書館，1916 年 8 月 1 版，1967 年 11 月臺 1 版，《涵芬樓祕笈》本。

32. 《松江府志》，清・孫星衍等纂，臺北：成文出版社，1970 年 5 月 1 版，影嘉慶二十二年刊本。

33. 《社事始末》，清・杜登春，臺北：藝文印書館，1968 年 1 版，《百部叢書集成》影清吳省蘭輯《藝海珠塵》本。

34. 《金門志》，清・林焜熿，臺北：臺灣銀行經濟研究室，1960 年 10 月 1 版，《臺灣文獻叢刊》第 80 種。

35. 《金門・馬祖地區現存碑碣圖誌》，何培夫主編，臺北：國立中央圖書館臺灣分館，1999 年 6 月 1 版。

36. 《金門縣志》，左樹夔修、劉敬纂，北京：九州出版社，2004 年 12 月 1 版，《臺灣文獻匯刊》影 1921 年鈔本，第 5 輯，第 1～2 冊。

37. 《金門縣志》，陳漢光等修，金門：金門縣文獻委員會，1967 年 2 月 1 版。

38. 《金門縣志》，郭堯齡等修，金門：金門縣文獻委員會，1979 年 6 月 1 版。

39. 《金門縣志》，郭堯齡等修，金門：金門縣政府，1992 年 1 版。

40. 《南天痕》，清・凌雪，臺北：臺灣銀行經濟研究室，1960 年 6 月 1 版，《臺灣文獻叢刊》第 76 種。

41. 《南吳舊話錄》，清・李延昰，臺北：廣文書局，1971 年 8 月 1 版。

42. 《南明史料》，周憲文等編，臺北：臺灣銀行經濟研究室，1963 年 5 月 1 版，《臺灣文獻叢刊》第 169 種。

43. 《南明野史》，清・三餘氏，臺北：臺灣銀行經濟研究室，1960 年 11 月 1 版，《臺灣文獻叢刊》第 85 種。

44. 《南疆繹史》，清・李瑤恭，臺北：臺灣銀行經濟研究室，1962 年 8 月 1

版，《臺灣文獻叢刊》第 132 種。

45. 《泉州府志》，清・懷蔭布修、郭賡武等纂，上海：上海書社，2000 年
10 月 1 版，《中國地方志集成・福建府縣志輯》影清光緒八年補刻本。

46. 《重修臺灣省通志》，劉寧顏等纂，南投市：臺灣省文獻委員會，1994
年 6 月 1 版。

47. 《香祖筆記》，清・王士禛，上海：上海古籍出版社，1982 年 12 月 1 版，
湛之點校本。

48. 《島夷誌略校釋》，元・汪大淵著、蘇繼廎校釋，北京：中華書局，1981
年 5 月 1 版。

49. 《徐闇公先生年譜》，陳乃乾、陳洙纂輯，臺北：臺灣銀行經濟研究室，
1961 年 10 月 1 版，《臺灣文獻叢刊》第 123 種。

50. 《晉江縣志》，清・方鼎等修、朱升元等纂，臺北：成文出版社，1967
年 2 月 1 版，影乾隆三十年刊本。

51. 《海上見聞錄》，清・阮旻錫，臺北：臺灣銀行經濟研究室，1958 年 8
月 1 版，《臺灣文獻叢刊》第 24 種。

52. 《海東札記》，清・朱景英，臺北：臺灣銀行經濟研究室，1958 年 5 月 1
版，《臺灣文獻叢刊》第 19 種。

53. 《海東逸史》，清・翁洲老民，臺北：臺灣銀行經濟研究室，1961 年 4
月 1 版，《臺灣文獻叢刊》第 99 種。

54. 《海紀輯要》，清・夏琳，臺北：臺灣銀行經濟研究室，1958 年 6 月 1
版，《臺灣文獻叢刊》第 22 種。

55. 《海濱大事記》，林繩武，臺北：臺灣銀行經濟研究室，1965 年 6 月 1
版，《臺灣文獻叢刊》第 213 種。

56. 《浙東紀略》，清・徐芳烈，臺北：臺灣銀行經濟研究室，1968 年 3 月 1
版，《臺灣文獻叢刊》第 268 種。

57. 《國榷》，清・談遷，北京：中華書局，1958 年 12 月 1 版，2005 年 8 月
3 刷，張宗祥校點本。

58. 《常熟縣志》，清・楊振藻等修、錢陸燦等纂，南京：江蘇古籍出版社，
1991 年 6 月 1 版，《中國地方志集成・江蘇府縣志輯》影康熙二十六年
刻本。

59. 《張溥年譜》，蔣逸雪，上海：商務印書館，1946 年 8 月 1 版。

60. 《從征實錄》，明・楊英，臺北：臺灣銀行經濟研究室，1958 年 11 月 1
版，《臺灣文獻叢刊》第 32 種。

61. 《清代臺灣檔案史料全編》，天龍長城文化藝術公司編，北京：學苑出版
社，1999 年 7 月 1 版。

62. 《清代臺灣關係諭旨檔案彙編》，臺灣史料集成編輯委員會編，臺北：行政院文化建設委員會、遠流出版事業公司，2004 年 10 月 1 版。

63. 《清史列傳》，不著撰人，北京：中華書局，1987 年 11 月 1 版，王鍾翰點校本。

64. 《清朝柔遠記選錄》，清‧王之春，臺北：臺灣銀行經濟研究室，1961 年 9 月 1 版，《臺灣文獻叢刊》第 126 種。

65. 《清稗類鈔》，徐珂編，北京：中華書局，1984 年 12 月 1 版，2003 年 8 月 3 刷。

66. 《野史無文》，清‧鄭達，臺北：臺灣銀行經濟研究室，1965 年 4 月 1 版，《臺灣文獻叢刊》第 209 種。

67. 《尊攘略》，清‧錢肅圖，北京：九州出版社，2004 年 12 月 1 版，《臺灣文獻匯刊》本。

68. 《復社姓氏傳略》，清‧吳山嘉，臺北：明文書局，1991 年 1 月 1 版，《明人傳紀叢編》本。

69. 《復社紀略》，清‧陸世儀，臺北：臺灣銀行經濟研究室，1968 年 12 月 1 版，《臺灣文獻叢刊》第 259 種。

70. 《揚州十日記》，清‧王秀楚，揚州：廣陵書社，2004 年 11 月 1 版。

71. 《紫隄村志》，清‧沈葵，上海：上海古籍出版社，2008 年 3 月 1 版，王孝儉等標點本。

72. 《黃道周年譜附傳記》，清‧洪思等撰，福州：福建人民出版社，1999 年 9 月 1 版，侯真平等校點本。

73. 《廈門志》，清‧周凱，臺北：臺灣銀行經濟研究室，1961 年 1 月 1 版，《臺灣文獻叢刊》第 95 種。

74. 《滄海紀遺》，明‧洪受，金門：金門戰地政惡委員會，1969 年 6 月 1 版，王秉垣、李怡來點校本。

75. 《滄海紀遺校釋》，明‧洪受撰、吳島校釋，臺北：台灣古籍出版公司，2002 年 9 月 1 版。

76. 《罪惟錄》，清‧查繼佐，杭州：浙江古籍出版社，1986 年 5 月 1 版，方福仁等校點本。

77. 《聖武記》，清‧魏源，上海：上海古籍出版社，2002 年 3 月 1 版，《續修四庫全書》影清道光刻本，第 402 冊。

78. 《靖海志》，清‧彭孫貽，臺北：臺灣銀行經濟研究室，1959 年 1 月 1 版，《臺灣文獻叢刊》第 35 種。

79. 《福建通志》，清‧陳壽祺等，臺北：華文書局股份有限公司，1968 年 10 月 1 版。

80. 《福建通志列傳選》，陳衍，臺北：臺灣銀行經濟研究室，1964 年 5 月 1 版，《臺灣文獻叢刊》第 195 種。

81. 《臺南縣志》，吳新榮等主修，臺南縣新營鎮：臺南縣政府，1980 年 6 月 1 版。

82. 《臺灣外記》，清・江日昇，臺北：臺灣銀行經濟研究室，1960 年 5 月 1 版，《臺灣文獻叢刊》第 60 種。

83. 《臺灣府志》，清・高拱乾，臺北：行政院文化建設委員會，2004 年 11 月 1 版。

84. 《臺灣府志》，清・蔣毓英纂修，南投市：臺灣文獻委員會，1993 年 6 月 1 版，《臺灣歷史文獻叢刊》本。

85. 《臺灣府志三種》，清・蔣毓英、高拱乾、范咸，北京：中華書局，1985 年 5 月 1 版。

86. 《臺灣省通志》，陳紹馨等編，台中市：臺灣省文獻委員會，1972 年 6 月 1 版。

87. 《臺灣省通志稿》，賴永祥等纂修，臺北：捷幼出版社，1999 年 9 月 1 版。

88. 《臺灣通史》，連橫，臺北：臺灣銀行經濟研究室，1962 年 2 月 1 版，《臺灣文獻叢刊》第 128 種。

89. 《臺灣鄭氏始末》，清・沈雲，臺北：臺灣銀行經濟研究室，1958 年 6 月 1 版，《臺灣文獻叢刊》第 15 種。

90. 《臺灣縣志》，清・陳文達，臺北：臺灣銀行經濟研究室，1961 年 6 月 1 版，《臺灣文獻叢刊》第 103 種。

91. 《裨海紀遊》，清・郁永河，臺北：臺灣銀行經濟研究室，1959 年 4 月 1 版，《臺灣文獻叢刊》第 44 種。

92. 《遜志堂雜鈔》，清・吳翌鳳，北京：中華書局，2006 年 12 月 1 版，吳格點校本。

93. 《閩海紀要》，清・夏琳，臺北：臺灣銀行經濟研究室，1958 年 4 月 1 版，《臺灣文獻叢刊》第 11 種。

94. 《閩海紀要》，清・夏琳撰、林大志校注，福州：福建人民出版社，2008 年 4 月 1 版。

95. 《閩海紀略》，不著撰人，臺北：臺灣銀行經濟研究室，1958 年 7 月 1 版，《臺灣文獻叢刊》第 22 種。

96. 《閩海贈言》，明・沈有容，臺北：臺灣銀行經濟研究室，1961 年 9 月 1 版，《臺灣文獻叢刊》第 126 種。

97. 《澎湖記略》，清・胡建偉，臺北：臺灣銀行經濟研究室，1961 年 7 月 1 版，《臺灣文獻叢刊》第 109 種。

98. 《澎湖續編》，清・蔣鏞，臺北：臺灣銀行經濟研究室，1961 年 8 月 1 版，《臺灣文獻叢刊》第 115 種。

99. 《澎湖廳志》，清・林豪，臺北：臺灣銀行經濟研究室，1963 年 6 月 1 版，《臺灣文獻叢刊》第 164 種。

100. 《諸羅縣志》，清・周鍾瑄，臺北：臺灣銀行經濟研究室，1962 年 12 月 1 版，《臺灣文獻叢刊》第 141 種。

101. 《鄭氏史料三編》，周憲文等編，臺北：臺灣銀行經濟研究室，1963 年 5 月 1 版，《臺灣文獻叢刊》第 175 種。

102. 《鄭氏史料初編》，周憲文等編，臺北：臺灣銀行經濟研究室，1962 年 9 月 1 版，《臺灣文獻叢刊》第 157 種。

103. 《鄭氏史料續編》，周憲文等編，臺北：臺灣銀行經濟研究室，1963 年 9 月 1 版，《臺灣文獻叢刊》第 168 種。

104. 《鄭氏關係文書》，周憲文等編，臺北：臺灣銀行經濟研究室，1960 年 2 月 1 版，《臺灣文獻叢刊》第 69 種。

105. 《鄭成功收復臺灣史料選編》，廈門大學鄭成功歷史調查研究組編，福州：福建人民出版社，1982 年 1 版。

106. 《鄭成功族譜四種》，廈門市鄭成功紀念館編，福州：福建人民出版社，2006 年 1 月 1 版。

107. 《鄭成功傳》，清・鄭亦鄒等諸家，臺北：臺灣銀行經濟研究室，1960 年 1 月 1 版，《臺灣文獻叢刊》第 67 種。

108. 《鄭成功滿文檔案史料選譯》，廈門大學臺灣研究所，中國第一歷史檔案館滿文部主編，福州：福建人民出版社，1987 年 9 月 1 版。

109. 《餘杭縣志》，清・張吉安修、朱文藻纂，上海：上海書店，1993 年 6 月 1 版，《中國地方志集成・浙江府縣志輯》影嘉慶十三年刻本。

110. 《魯之春秋》，清・李聿求，上海：上海古籍出版社，2002 年 3 月 1 版，《續修四庫全書》影清咸豐刻本。

111. 《魯春秋》，清・查繼佐，臺北：臺灣銀行經濟研究室，1961 年 10 月 1 版，《臺灣文獻叢刊》第 118 種。

112. 《續修臺灣府志》，清・余文儀，臺北：臺灣銀行經濟研究室，1961 年 4 月 1 版，《臺灣文獻叢刊》第 121 種。

113. 《續修臺灣縣志》，清・謝金鑾等，臺北：臺灣銀行經濟研究室，1962 年 6 月 1 版，《臺灣文獻叢刊》第 140 種。

114. 《蠡測彙鈔》，清・鄧傳安，臺北：臺灣銀行經濟研究室，1958 年 1 月 1 版，《臺灣文獻叢刊》第 9 種。

115. 《顧端文公年譜》，清・顧貞觀，上海：上海古籍出版社，2002 年 3 月 1 版，《續修四庫全書》影清刻本。

116. 《爝火錄》，清‧李天根，臺北：臺灣銀行經濟研究室，1963 年 10 月 1
版，《臺灣文獻叢刊》第 177 種。

117. 《讀史方輿紀要》，清‧顧祖禹，北京：中華書局，2005 年 3 月 1 版，賀
次君等點校本。

（四）明清史論著、臺灣史論著（按書名筆劃排序）

1. 《十七世紀江南社會生活》，錢杭、承載合著，臺北：南天書局，1998
年 6 月 1 版。

2. 《大航海時代的臺灣》，湯錦台，臺北：貓頭鷹出版社，2001 年 12 月 1
版。

3. 《中國的社與會》，陳寶良，臺北：南天書局，1998 年 6 月 1 版。

4. 《中國實學思想史》，葛榮晉主編，北京：首都師範大學，1994 年 9 月 1
版。

5. 《方豪教授臺灣史論文集》，方豪，臺北：捷幼出版社，1999 年 10 月 1
版。

6. 《日本學者研究中國史論文選譯第六卷明清》，劉俊文主編、南炳文等
譯，北京：中華書局，1993 年 9 月 1 版。

7. 《早期臺灣史》，方豪，臺北：臺灣學生書局，1994 年 8 月 1 版。

8. 《明史新探》，南炳文，北京：中華書局，2007 年 4 月 1 版。

9. 《明史講義》，孟森，北京：中華書局，2006 年 4 月 1 版。

10. 《明末清初日本乞師之研究》，〔日〕石原道博，〔日〕東京：富山房，昭
和 20 年（1945）11 月 1 版。

11. 《明末清初的學風》，謝國楨，上海：上海書店出版社，2004 年 1 月 1
版。

12. 《明季黨社考》，〔日〕小野合子著、李慶、張榮湄譯，上海：上海古籍
出版社，2006 年 1 月 1 版。

13. 《明延平三世》，黃玉齋，臺北：海峽學術出版社，2004 年 12 月 1 版。

14. 《明清之際黨社運動考》，謝國楨，上海：上海書店，1990 年 12 月 1
版，《民國叢書》第 2 編第 25 冊影上海商務印書館 1934 年版。

15. 《明清史》，陳捷先，臺北：三民書局公司，1990 年 12 月 1 版。

16. 《明清江蘇文人年表》，張慧劍，上海：上海古籍出版社，2008 年 1 月 1
版。

17. 《明鄭四世興衰史》，楊有庭，南昌：江西人民出版社，1991 年 5 月 1
版。

18. 《明鄭與南明》，黃玉齋，臺北：海峽學術出版社，2004 年 12 月 1 版。

19. 《東林書院與東林黨》，朱文杰，北京：中央編譯出版社，1996 年 1 月 1 版。

20. 《金門先賢錄》，金門縣文獻委員會編，金門：金門縣文獻委員會，1972 年 6 月 1 版。

21. 《長共海濤論延平——紀念鄭成功驅荷復台 340 周年學術研討會論文集》，楊國楨主編，上海：上海古籍出版社，2003 年 7 月 1 版。

22. 《南明史》，錢海岳，北京：中華書局，2006 年 5 月 1 版。

23. 《南明史》，〔美〕司徒琳，上海：上海古籍出版社，1992 年 7 月 1 版。

24. 《南明史》，南炳文，天津：南開大學出版社，1992 年 11 月 1 版。

25. 《南明史》，顧誠，北京：中國青年出版社，1997 年 5 月 1 版。

26. 《南明史略》，謝國楨，上海：上海人民出版社，1957 年 12 月 1 版，1988 年 3 月 2 刷。

27. 《南明史綱·史料》，柳亞子撰、柳無忌編，上海：上海人民出版社，1994 年 6 月 1 版。

28. 《南明史談》，毛一波，臺北：臺灣商務印書館，1970 年 3 月 1 版。

29. 《南明研究與臺灣文化》，楊雲萍，臺北：臺灣風物雜誌社，1993 年 10 月 1 版。

30. 《洪業——清朝開國史》，〔美〕魏斐德著、陳蘇鎮等譯，南京：江蘇人民出版社，2005 年 8 月 1 版 5 刷。

31. 《晚明史》，樊樹志，上海：復旦大學出版社，2003 年 10 月 1 版。

32. 《晚明思想史論》，嵇文甫，北京：東方出版社，1996 年 3 月 1 版。

33. 《清代通史》，蕭一山，臺北：臺灣商務印書館，1962 年 9 月修訂本臺 1 版。

34. 《清代臺灣移民社會研究》（增訂本），陳孔立，北京：九州出版社，2003 年 8 月 1 版。

35. 《清史講義》，孟森，北京：中華書局，2006 年 4 月 1 版。

36. 《細說明鄭》，陳澤，臺中市：臺灣省文獻委員會，1978 年 6 月 1 版。

37. 《當代中國史學》，顧頡剛，上海：上海古籍出版社，2002 年 4 月 1 版。

38. 《福建通史》，徐曉望主編，福州：福建人民出版社，2006 年 3 月 1 版。

39. 《臺灣史事概說》，郭廷以，臺北：正中書局，1954 年 3 月臺 1 版，1996 年 12 月重排 1 版。

40. 《臺灣社會經濟史研究》，林仁川、黃福才，廈門：廈門大學出版社，2001 年 3 月 1 版。

41. 《閩南史研究》，徐曉望，福州：海鳳出版社，2004 年 9 月 1 版。

42. 《閩臺文化交融史》，林仁川等撰，福州：福建教育出版社，1997 年 6 月 1 版。

43. 《劍橋中國明代史》，〔美〕牟復禮、〔英〕崔瑞德等編，北京：中國社會科學出版社，1992 年 2 月 1 版。

44. 《增訂晚明史籍考》，謝國楨，上海：上海古籍出版社，1981 年 2 月新 1 版。

45. 《鄭成功史實研究》，黃典權，臺北：臺灣商務印書館，1974 年 6 月 1 版，1996 年 9 月 2 版。

46. 《鄭成功研究》，許在全主編，北京：中國社會科學出版社，1999 年 5 月 1 版。

47. 《鄭成功研究國際學術會議論文集》，廈門大學臺灣研究所歷史研究室編，南昌：江西人民出版社，1989 年 8 月 1 版。

48. 《鄭成功研究論文選續集》，鄭成功研究學術討論會學術組編，福州：福建人民出版社，1984 年 10 月 1 版。

49. 《鄭成功與金門》，郭堯齡，金門：金門縣文獻委員會，1969 年 9 月 1 版。

50. 《鄭成功與臺灣》，黃玉齋，臺北：海峽學術出版社，2004 年 10 月 1 版。

51. 《鄭成功歷史研究》，陳碧笙，北京：九州出版社，2000 年 8 月 1 版

52. 《魯王與金門》，郭堯齡，金門：金門縣文獻委員會，1971 年 1 月 1 版。

四、文學類

（一）先秦至宋元詩文集（按書名筆劃排序）

1. 《丁卯集箋註》，唐·許渾著、清·許培榮箋註，上海：上海古籍出版社，2002 年 3 月 1 版，《續修四庫全書》影清乾隆二十一年許鍾得等刻本。

2. 《元好問全集》，金·元好問著、姚奠中主編，太原：山西人民出版社，1990 年 6 月 1 版。

3. 《文山先生全集》，南宋·文天祥，臺北：臺灣商務印書館，1979 年 11 月臺 1 版，《四部叢刊正編》影明萬曆胡應皋邵武刻本。

4. 《文文山指南錄》，南宋·文天祥，臺北：臺灣中華書局，1972 年 2 月臺 1 版。

5. 《文選》，南朝梁·蕭統編、唐·李善注，上海：上海古籍出版社，1986 年 6 月 1 版。

6. 《方鳳集》，南宋·方鳳撰、方勇輯校，杭州：浙江古籍出版社，1993

年 12 月 1 版。

7. 《世說新語箋疏》，劉宋・劉義慶著、余嘉錫箋疏，上海：上海古籍出版社，1993 年 12 月修訂 1 版，周祖謨整理本。

8. 《玉谿生詩集箋注》，唐・李商隱著、清・馮浩箋注，上海：上海古籍出版社，1998 年 2 月 1 版，蔣凡校點本。

9. 《白居易集箋校》，唐・白居易著、朱金城箋校，上海：上海古籍出版社，1988 年 12 月 1 版。

10. 《先秦漢魏晉南北朝詩》，逯欽立輯校，北京：中華書局，1983 年 9 月 1 版。

11. 《全宋詞》，唐圭璋編，北京：中華書局，1965 年 6 月 1 版，1992 年 10 月 1 版 5 刷逯。

12. 《全唐詩》，清・曹溶等編，北京：中華書局，1960 年 4 月 1 版，1992 年 10 月 5 刷，王仲聞點校本。

13. 《吾汶稿》，南宋・王炎午，臺北：臺灣商務印書館，1981 年 2 月臺 1 版，《四部叢刊廣編》影海鹽張氏涉園藏明鈔本。

14. 《杜詩詳註》，唐・杜甫著、清・仇兆鰲注，北京：中華書局，1979 年 10 月 1 版。

15. 《杜詩鏡銓》，唐・杜甫著、清・楊倫注，臺北：華正書局，1976 年 6 月臺 1 版，影志古堂校刊本。

16. 《岳飛集輯注》，宋・岳飛撰、郭光輯注，鄭州：中州古籍出版社，1997 年 5 月 1 版。

17. 《林景熙詩集校注》，南宋・林景熙撰、陳增杰校注，杭州：浙江古籍出版社，1995 年 12 月 1 版。

18. 《范仲淹全集》，北宋・范仲淹，成都：四川大學出版社，2002 年 9 月 1 版，李勇先等校點本。

19. 《韋莊集箋注》，唐・韋莊著、聶安福箋注，上海：上海古籍出版社，2002 年 4 月 1 版。

20. 《庾子山集注》，北周・庾信撰、清・倪璠注，北京：中華書局，1980 年 10 月 1 版，許逸民校點本。

21. 《張先集編年校注》，北宋・張先撰、吳熊和、沈松勤校注，杭州：浙江古籍出版社，1996 年 1 月 1 版。

22. 《御定佩文齋詠物詩選》，清・張玉書等編，臺北：臺灣商務印書館，1986 年 3 月 1 版，影印文淵閣《四庫全書》。

23. 《陶淵明集校箋》，東晉・陶淵明著、龔斌校箋，上海：上海古籍出版社，1996 年 12 月 1 版。

24. 《黃庭堅全集》，北宋・黃庭堅，成都：四川大學出版社，2001 年 5 月 1 版，劉琳等校點本。

25. 《黃庭堅詩集注》，北宋・黃庭堅撰、任淵等注，北京：中華書局，2003 年 5 月 1 版，劉尚榮校點本。

26. 《楚辭補注》，戰國・屈原撰、南宋・洪興祖補注，北京：中華書局，1983 年 3 月 1 版，2002 年 10 月 1 版 4 刷，白化文等點校本。

27. 《劍南詩稿校注》，南宋・陸游著、錢仲聯校注，上海：上海古籍出版社，1985 年 9 月 1 版。

28. 《增訂湖山類稿》，南宋・汪元量，北京：中華書局，1984 年 6 月 1 版，孔凡禮輯校本。

29. 《稼軒詞編年箋注》，南宋・辛棄疾撰、鄧廣銘箋注，上海：上海古籍出版社，1993 年 10 月增訂 1 版。

30. 《蘇軾文集》，北宋・蘇軾，北京：中華書局，1986 年 3 月 1 版，1992 年 9 月 3 刷，孔凡禮點校本。

31. 《蘇軾詩集》，北宋・蘇軾著、清・王文誥等輯注，北京：中華書局，1982 年 2 月 1 版，1992 年 4 月 3 刷，孔凡禮點校本。

32. 《疊山集》，南宋・謝枋得，臺北：臺灣商務印書館，1981 年 2 月臺 1 版，《四部叢刊廣編》影明刊本。

（二）明清及近代詩文集（按書名筆劃排序）

1. 《七錄齋詩文合集》，明・張溥，上海：上海古籍出版社，2002 年 3 月 1 版，《續修四庫全書》影明崇禎九年刻本。

2. 《夕陽寮存稿》，清・阮旻錫，北京：九州出版社，2004 年 12 月 1 版，《臺灣文獻匯刊》何丙仲整理本。

3. 《大哀賦註釋》，明・夏完淳著、王學曾註釋，上海：上海古籍出版社，1997 年 5 月 1 版。

4. 《王陽明全集》，明・王陽明撰、吳光等編，上海：上海古籍出版社，1992 年 12 月 1 版。

5. 《丘逢甲集》，清・丘逢甲，長沙：嶽麓書社，2001 年 12 月 1 版。

6. 《田間文集》，清・錢澄之，上海：上海古籍出版社，2002 年 3 月 1 版，《續修四庫全書》影清康熙斠雉堂刻本。

7. 《田間文集》，清・錢澄之，合肥：黃山書社，1998 年 8 月 1 版，彭君華校點本。

8. 《田間詩集》，清・錢澄之，上海：上海古籍出版社，2002 年 3 月 1 版，《續修四庫全書》影清康熙斠雉堂刻本。

9. 《田間詩集》，清・錢澄之，合肥：黃山書社，1998 年 8 月 1 版，諸偉

奇校點本。

10. 《白茅堂集》，清·顧景星，臺南縣：莊嚴文化事業公司，1997 年 6 月 1 版，《四庫全書存目叢書》影清康熙刻本。

11. 《全祖望《鮚埼亭集》校注》，清·全祖望撰、詹海雲校注，臺北：國立編譯館，2003 年 12 月 1 版。

12. 《全祖望集彙校集注》，清·全祖望撰、朱鑄禹校注，上海：上海古籍出版社，2000 年 12 月 1 版。

13. 《全臺詩》（1～5），施懿琳主編，臺南市：國家文學館，2004 年 2 月 1 版。

14. 《列朝詩集》，清·錢謙益撰集，北京：中華書局，2007 年 9 月 1 版，許逸民等點校本。

15. 《安雅堂全集》，清·宋琬，上海：上海古籍出版社，2007 年 8 月 1 版，馬祖熙標校本。

16. 《安雅堂稿》，明·陳子龍，上海：上海古籍出版社，2002 年 3 月 1 版，《續修四庫全書》影明末原刻本，第 1387、1388 冊。

17. 《朱舜水集》，明·朱之瑜，北京：中華書局，1981 年 8 月 1 版，朱謙之整理本。

18. 《吳梅村全集》，清·吳偉業，上海：上海古籍出版社，1990 年 12 月 1 版，李學穎集評標校本。

19. 《呂晚村先生文集》，清·呂留良，上海：上海古籍出版社，2002 年 3 月 1 版，《續修四庫全書》影清雍正三年天蓋樓刻本。

20. 《呂晚村詩》，清·呂留良，上海：上海古籍出版社，2002 年 3 月 1 版，《續修四庫全書》影清禦兒呂氏鈔本。

21. 《改亭文集》，清·計東，上海：上海古籍出版社，2002 年 3 月 1 版，《續修四庫全書》影清乾隆十三年刻本。

22. 《沈光文全集及其研究資料彙編》，龔顯宗編，臺南縣：臺南縣立文化中心，1998 年 12 月 1 版。

23. 《沈光文斯庵先生專集》，侯中一編，臺北：臺北寧波同鄉月刊社，1977 年 3 月 1 版。

24. 《屈大均全集》，清·屈大均撰、歐初等編，北京：人民文學出版社，1996 年 12 月 1 版。

25. 《延平二王遺集》，明·鄭成功、鄭經，中央圖書館藏清鈔本。

26. 《明經世文編》，明·陳子龍等選輯，北京：中華書局，1962 年 6 月 1 版，1997 年 6 月 3 刷。

27. 《明詩別裁集》，清·沈德潛、周准編，上海：上海古籍出版社，1979

年 9 月 1 版。

28. 《明詩紀事》，清・陳田，上海：上海古籍出版社，2002 年 3 月 1 版，《續修四庫全書》影清貴陽陳氏聽詩齋刻本。

29. 《明詩綜》，清・朱彝尊選編，北京：中華書局，2007 年 3 月 1 版，據白蓮涇刻本點校本。

30. 《東井詩文鈔》，清・黃定文，臺北：新文豐出版公司，1988 年 4 月臺 1 版，《四明叢書》本。

31. 《東寧百詠》，蘇鏡潭，北京：九州出版社，2004 年 12 月 1 版，《臺灣文獻匯刊》影 1924 年泉州和平印刷公司刊本。

32. 《東壁樓集》，明・鄭經，日本內閣文庫本。

33. 《牧齋又學集》，清・錢謙益撰、錢曾箋注，上海：上海古籍出版社，1996 年 9 月 1 版，錢仲聯標校本。

34. 《牧齋初學集》，清・錢謙益撰、錢曾箋注，上海：上海古籍出版社，1985 年 9 月 1 版，錢仲聯標校本。

35. 《俞正燮全集》，清・俞正燮，合肥：黃山出版社，2005 年 9 月 1 版，于石等校點本。

36. 《姚光全集》，姚光撰、姚昆群等編，北京：社會科學文獻出版社，2007 年 6 月 1 版。

37. 《姚光集》，姚光撰、姚昆群等編，北京：社會科學文獻出版社，2000 年 6 月 1 版。

38. 《思復堂文集》，清・邵廷采，臺北：華世出版社，1977 年 6 月臺 1 版，影光緒十九年會稽徐友蘭鑄學齋刊本。

39. 《春浮園集》，明・蕭士瑋，北京：北京出版社，2000 年 1 月 1 版，《四庫禁燬書叢刊》影清光緒刻本。

40. 《秋室集》，清・楊鳳苞，上海：上海古籍出版社，2002 年 3 月 1 版，《續修四庫全書》影清光緒十一年陸心源刻本。

41. 《夏完淳集箋校》，明・夏完淳撰、白堅箋校，上海：上海古籍出版社，1991 年 7 月 1 版。

42. 《夏節愍公全集》，明・夏完淳，臺北：華文書局股份有限公司，1970 年 5 月 1 版，影清光緒二十年成都重刊本。

43. 《涇皋藏稿》，明・顧憲成，臺北：臺灣商務印書館，1986 年 3 月 1 版，影印文淵閣《四庫全書》。

44. 《袁宏道集箋校》，明・袁宏道著、錢伯城箋校，上海：上海古籍出版社，1981 年 7 月 1 版。

45. 《高子遺書》，明・高攀龍，臺北：臺灣商務印書館，1986 年 3 月 1 版，

影印文淵閣《四庫全書》。

46. 《清詩紀事》，錢仲聯主編，南京：江蘇古籍出版社，1987 年 2 月 1 版。

47. 《陳子龍文集》，明・陳子龍，上海：華東師範大學出版社，1988 年 11 月 1 版。

48. 《陳子龍詩集》，明・陳子龍，上海：上海古籍出版社，1983 年 7 月 1 版，施蟄存等點校本。

49. 《陳忠裕全集》，明・陳子龍撰、清・王昶輯、王鴻逵編，中央研究院傅斯年圖書館藏清嘉慶八年斡山草堂刻本。

50. 《彭燕又先生文集》，明・彭賓，臺南縣：莊嚴文化事業公司，1997 年 6 月 1 版，《四庫全書存目叢書》影清康熙六十一年彭士超刻本。

51. 《惠安王忠孝公全集》，明・王忠孝，南投市：臺灣省文獻委員會，1993 年 12 月 1 版。

52. 《湘眞閣稿》，明・陳子龍，上海：上海古籍出版社，2002 年 3 月 1 版，《續修四庫全書》影明末原刻本，第 1388 冊。

53. 《雅堂文集》，連橫，臺北：臺灣銀行經濟研究室，1964 年 12 月 1 版，《臺灣文獻叢刊》第 208 種。

54. 《雲間三子新詩合稿》，明・陳子龍、李雯、宋徵輿，臺北：新文豐出版公司，1997 年 3 月臺 1 版，《叢書集成三編》影《峭帆樓叢書》本。

55. 《雲間三子新詩合稿、幽蘭草、倡和詩餘》，明・陳子龍、李雯、宋徵輿等，瀋陽：遼寧教育出版社，2000 年 1 月 1 版，陳立校點本。

56. 《黃宗羲全集》，清・黃宗羲撰、沈善洪主編，杭州：浙江古籍出版社，1986 年 5 月 1 版等。

57. 《臺陽百詠》，清・周澍，清鈔本。

58. 《臺灣詩乘》，連橫，臺北：臺灣銀行經濟研究室，1960 年 1 月 1 版，《臺灣文獻叢刊》第 64 種。

59. 《臺灣詩鈔》，吳幅員編，臺北：臺灣銀行經濟研究室，1970 年 3 月 1 版，《臺灣文獻叢刊》第 280 種。

60. 《臺灣詩錄》，陳漢光編，臺中市：臺灣省文獻委員會，1971 年 6 月 1 版。

61. 《蓉州文稿》，清・季麒光，玉鑑堂藏清康熙刻本。

62. 《劉宗周全集》，明・劉宗周著、吳光主編，杭州：浙江古籍出版社，2007 年 4 月 1 版。

63. 《蓼齋集》，清・李雯，北京：北京出版社，2000 年 1 月 1 版，《四庫禁燬書叢刊》影清順治十四年石維崑刻本。

64. 《甌北集》，清・趙翼，上海：上海古籍出版社，1997 年 4 月 1 版，李

學穎校等校點本。

65. 《錢牧齋全集》，清‧錢謙益，上海：上海古籍出版社，2003 年 8 月 1 版，錢仲聯標校本。

66. 《鮚埼亭集》，清‧全祖望，臺北：台灣商務印書館，1979 年 11 月臺 1 版，《四部叢刊正編》影姚江借樹山房刊本。

67. 《歸莊集》，清‧歸莊，上海：上海古籍出版社，1984 年 6 月新 1 版。

68. 《瞿式耜集》，清‧瞿式耜，上海：上海古籍出版社，1981 年 11 月 1 版，余行邁等整理本。

69. 《藏山閣集》，清‧錢澄之，合肥：黃山書社，2004 年 12 月 1 版，湯華泉校點本。

70. 《續甬上耆舊詩》，清‧全祖望選輯，杭州：杭州出版社，2003 年 10 月 1 版，沈善洪等點校本。

71. 《顧亭林詩文集》，清‧顧炎武，北京：中華書局，1959 年 8 月 1 版，1983 年 5 月 2 刷，華忱之點校本。

72. 《顧亭林詩集彙注》，清‧顧炎武著、王蘧常輯注，上海：上海古籍出版社，1983 年 11 月 1 版。

73. 《歗雲山人文鈔》，清‧林樹梅，北京：九州出版社，2004 年 12 月 1 版，《臺灣文獻匯刊》影鈔本。

74. 《歗雲詩鈔》，清‧林樹梅，菲律濱宿務市：大眾印書館，1968 年 2 月重版，林策勳輯刊本。

（三）近人詩文集、全集（按書名筆劃排序）

1. 《陳寅恪集》，陳寅恪，北京：三聯書店，2001 年 7 月 1 版。

2. 《章太炎全集》，章太炎，上海：上海人民出版社，1986 年 2 月 1 版。

3. 《劉申叔遺書》，劉師培，南京：江蘇古籍出版社，1997 年 3 月 1 版。

（四）古典詩文評、詩話、筆記（按書名筆劃排序）

1. 《文心雕龍注》，南朝梁‧劉勰撰、范文瀾注，臺北：宏業書局，1975 年 2 月 1 版。

2. 《文心雕龍義證》，南朝梁‧劉勰撰、詹瑛義證，上海：上海古籍出版社，1989 年 8 月 1 版。

3. 《宋詩話輯佚》，郭紹虞輯，北京：中華書局，1980 年 9 月 1 版。

4. 《邵氏聞見錄》，北宋‧邵伯溫，北京：中華書局，1983 年 8 月 1 版，李劍雄等點校本。

5. 《容齋隨筆》，南宋‧洪邁，上海：上海古籍出版社，1978 年 7 月 1 版，上海師範大學古籍整理組校點本。

6. 《清詩話》，丁福保編，上海：上海古籍出版社，1999 年 6 月 1 版。

7. 《清詩話續編》，郭紹虞編選，上海：上海古籍出版社，1983 年 12 月 1 版，富壽蓀校點本。

8. 《雪橋詩話》，楊鍾羲，瀋陽：遼瀋書社，1991 年 6 月 1 版。

9. 《瑯嬛記》，元‧伊世珍，揚州：江蘇廣陵古籍刻印社，1990 年 10 月 1 版，《學津討原》。

10. 《詩品集註》，梁‧鍾嶸著、曹旭集注，上海；上海古籍出版社，1994 年 10 月 1 版。

11. 《歷代詩話》，清‧何文煥輯，北京：中華書局，1981 年 4 月 1 版。

12. 《歷代詩話續編》，丁福保輯，北京：中華書局，1983 年 8 月 1 版，華文實點校本。

13. 《蕙風詞話箋註》，清‧況周頤著、俞潤生箋註，成都：巴蜀書社，2006 年 12 月 1 版，《蕙風詞話‧蕙風詞箋註》合刊。

14. 《靜志居詩話》，清‧朱彝尊著、姚祖恩編，北京：人民文學出版社，1990 年 10 月 1 版，黃君坦校點本。

（五）文學史、文學批評史（按書名筆劃排序）

1. 《上海文學通史》，邱明正主編，上海：復旦大學出版社，2005 年 5 月 1 版。

2. 《中國文學批評史》，郭紹虞，臺北：臺灣商務印書館，1934 年 5 月 1 版，1970 年 10 月臺 2 版。

3. 《中國文學理論》，〔美〕劉若愚著、杜國清譯，南京：江蘇教育出版社，2006 年 2 月 1 版。

4. 《中國文學理論史》，成復旺、黃保真等，北京：北京出版社，1991 年 9 月 1 版。

5. 《中國文學理論批評史》，敏澤，吉林：吉林教育出版社，1993 年 3 月 1 版。

6. 《中國文學理論批評發展史》（下），張少康、劉三富，北京：北京大學出版社，1995 年 12 月 1 版。

7. 《中國文學理論批評發展史》（上），張少康、劉三富，北京：北京大學出版社，1995 年 6 月 1 版。

8. 《中國文學發展史》，劉大杰，上海：上海古籍出版社，1982 年 5 月修訂 1 版。

9. 《中國古代文學史》，郭預衡主編，上海：上海古籍出版社，1998 年 7 月 1 版。

10. 《中國古代文學通論‧明代卷》，郭英德主編，瀋陽：遼寧人民出版社，

2005 年 5 月 1 版。

11. 《中國古代文學通論・清代卷》，蔣寅主編，瀋陽：遼寧人民出版社，2005 年 5 月 1 版。

12. 《中國詩論史》，霍松林主編，合肥：黃山書社，2007 年 1 月 1 版。

13. 《中華愛國文學史》，徐培均主編，上海：上海社會科學出版社，2006 年 5 月 1 版。

14. 《明代文學史》，徐朔方、孫秋克，杭州：浙江大學出版社，2006 年 6 月 1 版。

15. 《明代文學批評史》，袁震宇、劉明今，上海：上海古籍出版社，1991 年 9 月 1 版。

16. 《明代詩學》，陳文新，長沙：湖南人民出版社，2000 年 11 月 1 版。

17. 《明清文學史》，吳志達、唐富齡，武昌：武漢大學出版社，1991 年 12 月 1 版。

18. 《明清文學批評》，張健，臺北：國家出版社，1983 年 1 月 1 版。

19. 《明清詩歌史論》，張松如，長春：吉林教育出版社，1995 年 12 月 1 版。

20. 《明詞史》，張仲謀，北京：人民文學出版社，2002 年 2 月 1 版。

21. 《清代文學批評史》，鄔國平、王鎮遠，上海：上海古籍出版社，1995 年 11 月 1 版。

22. 《清代詞學》，孫克強，北京：中國社會科學出版社，2004 年 7 月 1 版。

23. 《清代詞學發展史論》，陳水雲，北京：學苑出版社，2005 年 7 月 1 版。

24. 《清代詩學》，李世英、陳水雲，長沙：湖南人民出版社，2000 年 11 月 1 版。

25. 《清詞史》，嚴迪昌，杭州：浙江古籍出版社，1990 年 1 月 1 版，1999 年 8 月 2 版。

26. 《清詞叢論》，葉嘉瑩，北京：北京大學出版社，2008 年 4 月 1 版。

27. 《清詩史》，嚴迪昌，杭州：浙江古籍出版社，2002 年 12 月 1 版。

28. 《清詩流派史》，劉世南，北京：人民文學出版社，2004 年 3 月 1 版。

29. 《福建文學發展史》，陳慶元，福州：福建教育出版社，1996 年 12 月 1 版。

30. 《臺南縣文學史上編》，龔顯宗，新營市：臺南縣政府，2006 年 12 月 1 版。

31. 《臺灣文學史》，葉石濤，高雄：春暉出版社，1987 年 2 月 1 版，2000 年 10 月 2 版。

32. 《臺灣文學史下卷》，劉登翰等撰，福州：海峽文藝出版社，1993 年 11

月 1 版。

33. 《臺灣文學史上卷》，劉登翰等撰，福州：海峽文藝出版社，1991 年 11 月 1 版。

34. 《臺灣詩史》，廖一瑾，臺北：文史哲出版社，1999 年 3 月 1 版。

（六）文學論著（按書名筆劃排序）

1. 《2005 明代文學國際學術討論會論文集》，左東嶺主編，北京：學苑出版社，2005 年 12 月 1 版。

2. 《三臺詩傳》，李漁叔，臺北：學海出版社，1976 年 7 月 1 版。

3. 《山魂水魄——明末清初節烈詩人山水詩論》，時志明，南京：鳳凰出版社，2006 年 7 月 1 版。

4. 《中國文學流派意識的發生和發展》，陳文新，武昌：武漢大學出版社，2003 年 11 月 1 版。

5. 《中國文學精神‧明清卷》，孫之梅，濟南：山東教育出版社，2003 年 12 月 1 版。

6. 《中國古代文人集團與文學風貌》，郭英德，北京：北京師範大學出版社，1998 年 11 月 1 版。

7. 《中國的社與會》，陳寶良，臺北：南山書局有限公司，1998 年 10 月 1 版。

8. 《中國書院史》，鄧洪波，上海：東方出版中心，2004 年 7 月 1 版。

9. 《中國歷代賦選‧明清卷》，畢萬忱等編，南京：江蘇教育出版社，1998 年 11 月 1 版。

10. 《元明清詞鑒賞辭典》，錢仲聯等撰編，上海：上海古籍出版社，2002 年 12 月 1 版。

11. 《文學：地域的觀照》，陳慶元，上海：上海三聯出版社，2003 年 4 月 1 版。

12. 《文學概論》，張健，臺北：五南圖書出版公司，1983 年 11 月 1 版。

13. 《生與死：明季士大夫的抉擇》，何冠彪，臺北：聯經出版事業公司，1997 年 10 月 1 版。

14. 《地域文化與唐代詩歌》，戴偉華，北京：中華書局，2006 年 2 月 1 版。

15. 《宋元逸民詩論叢》，王次澄，臺北：大安出版社，2001 年 8 月 1 版。

16. 《宋元詩社研究叢稿》，歐陽光，廣州：廣東高等教育出版社，1996 年 9 月 1 版。

17. 《宋遺民志節與文學》，周全，臺北：東吳大學中國學術著作獎助委員會，1991 年 3 月 1 版。

18. 《宋遺民謝翱及其晞髮集研究》，周全，高雄：復文圖書出版社，1987年6月1版。

19. 《杜甫傳記唐宋資料考辨》，陳文華，臺北：文史哲出版社，1987年11月1版。

20. 《汪辟疆文集》，汪辟疆，上海：上海古籍出版社，1988年12月1版。

21. 《制度、言論、心態——《明清之際士大夫研究》續編》，趙園，北京：北京大學出版社，2006年11月1版。

22. 《明中後期文學思想研究》，黃卓越，北京：北京大學出版社，2005年11月1版。

23. 《明代文學復古運動研究》，廖可斌，上海：上海古籍出版社，1994年12月1版（《復古派與明代文學思潮》精要本）。

24. 《明代前後七子研究》，陳書錄，北京：江西人民出版社，1994年11月1版。

25. 《明代後期士人心態研究》，羅宗強，天津：南開大學出版社，2006年6月1版。

26. 《明代唐宋派研究》，黃毅，上海：上海古籍出版社，2008年3月1版。

27. 《明代復古派唐詩論研究》，陳國球，北京：北京大學出版社，2007年1月1版。

28. 《明末清初文人結社研究》，何宗美，天津：南開大學出版社，2003年1月1版。

29. 《明末清初文人結社研究續編》，何宗美，北京：中華書局，2006年12月1版。

30. 《明末清初詩論研究》，孫立，廣州：廣東高等教育出版社，1999年3月1版。

31. 《明末雲間三子研究》，姚蓉，廣州：廣東高等教育出版社，2004年9月1版。

32. 《明清之際士大夫研究》，趙園，北京：北京大學出版社，1999年1月1版。

33. 《明清之際江南詞學思想研究》，李康化，成都：巴蜀書社，2001年11月1版。

34. 《明清詞派史論》，姚蓉，桂林：廣西師範大學出版社，2007年7月1版。

35. 《明遺民的怨與群詩學精神》，謝明陽，臺北：大安出版社，2004年2月1版。

36. 《金元明清詞鑒賞辭典》，王步高主編，南京：南京大學出版社，1998

年 4 月 1 版。

37. 《南宋遺民詩人群體研究》，方勇，北京：人民出版社，2002 年 6 月 1 版。

38. 《後遺民寫作》，王德威，臺北：麥田出版社，2007 年 11 月 1 版。

39. 《泉州與臺灣關係文物史跡》，政協泉州市委員會編，廈門：廈門大學出版社，2005 年 10 月 1 版。

40. 《海洋文化與社會》，曲金良，青島：中國海洋大學出版社，2003 年 3 月 1 版。

41. 《婆娑之眼——國姓爺足跡文物特展》，吳建儀編，臺南：臺南市政府，2007 年 4 月 1 版。

42. 《張蒼水傳》，李振華，臺北：正中書局，1967 年 10 月 1 版。

43. 《從沈光文到賴和——臺灣古典文學的發展與特色》，施懿琳，高雄：春暉出版社，2000 年 6 月 1 版。

44. 《晚明士風與文學》，夏咸淳，北京：中國社會科學出版社，1994 年 7 月 1 版。

45. 《晚明社會變遷問題與研究》，萬明主編，北京：商務印書館，2005 年 12 月 1 版。

46. 《晚明詩歌研究》，李聖華，北京：人民文學出版社，2002 年 10 月 1 版。

47. 《清代文化與浙派詩》，張仲謀，北京：東方出版社，1997 年 8 月 1 版。

48. 《清代松江府望族與文學研究》，朱麗霞，上海：上海古籍出版社，2006 年 10 月 1 版。

49. 《清代前中期詞學思想》，陳水雲，武昌：武漢大學出版社，1999 年 10 月 1 版。

50. 《清代詩學研究》，張健，北京：北京大學出版社，1999 年 11 月 1 版。

51. 《清初杜詩學研究》，簡恩定，臺北：文史哲出版社，1986 年 8 月 1 版。

52. 《清初詩文與士人交游考》，謝正光，南京：南京大學出版社，2001 年 9 月 1 版。

53. 《清初詩歌》，趙永紀，北京：光明日報出版社，1993 年 5 月 1 版。

54. 《清初詩壇：卓爾堪與《遺民詩》研究》，潘承玉，北京：中華書局，2004 年 7 月 1 版。

55. 《清詞探微》，張宏生，上海：上海古籍出版社，2008 年 5 月 1 版。

56. 《陳子龍及其時代》，朱東潤，上海：上海古籍出版社，1984 年 1 月 1 版。

57. 《陳子龍與柳如是詩詞情緣》，孫康宜著、李奭學譯，臺北：允晨文化公司，1992 年 2 月 1 版。

58. 《竟陵派研究》，陳廣宏，上海：復旦大學出版社，2006 年 8 月 2 版。

59. 《復古派與明代文學思潮》，廖可斌，臺北：文津出版社，1994 年 2 月 1 版。

60. 《雲間文學研究》，劉勇剛，北京：中華書局，2008 年 2 月 1 版。

61. 《照隅室古典文學論集》，郭紹虞，上海：上海古籍出版社，1983 年 9 月 1 版。

62. 《臺灣文化論——主體性之建構》，莊萬壽，臺北：玉山社出版公司，2003 年 11 月 1 版。

63. 《臺灣文學家列傳》，龔顯宗，臺北：五南文化事業公司，2000 年 3 月 1 版。

64. 《閩臺文學的文化親緣》，朱雙一，福州：福建人民出版社，2003 年 7 月 1 版。

65. 《談藝錄》，錢鍾書，北京：中華書局，1984 年 9 月 1 版，1987 年 11 月 1 版補訂本。

66. 《歷史人物考辨》，余英時，桂林：廣西師範大學出版社，2006 年 4 月 1 版。

67. 《盧若騰故宅及墓園之研究》，許維民，金門：金門文史工作室，1996 年 4 月 1 版。

（七）西洋文學理論（按書名筆劃排序）

1. 《二十世紀西方文論研究》，郭宏安等著，北京：中國社會科學出版社，1997 年 6 月 1 版。

2. 《二十世紀西方美學名著選》，蔣孔陽主編，上海：復旦大學出版社，1987 年 11 月 1 版。

3. 《文學批評理論》，〔英〕拉曼・塞爾登編、劉象愚等譯，北京：北京大學出版社，2003 年 10 月 2 版。

4. 《文學理論》，〔美〕・韋勒克、沃倫著、劉象愚等譯，南京：江蘇教育出版社，2005 年 8 月 1 版。

5. 《文學理論》，梁伯傑譯，臺北：水牛出版社，1986 年 6 月 2 版。

6. 《文學閱讀學》，龍協濤，北京：北京大學出版社，2004 年 11 月 1 版。

7. 《比較文學方法論》，劉介民，天津：天津人民出版社，1993 年 7 月 1 版。

8. 《比較文學原理》，樂黛云，長沙：湖南文藝出版社，1989 年 2 月 1 版。

9. 《比較文學理論集》，王潤華編譯，臺北：成文出版社，1979 年 4 月 1 版。

10. 《法蘭西的特性・空間和歷史》，〔法〕費爾南・布羅代爾著、顧良等譯，

北京：商務印書館，1994 年 10 月 1 版。

11. 《接受美學譯文集》，劉小楓選編，北京：三聯書店，1989 年 1 月 1 版。

12. 《接受理論》，〔美〕R・C 霍拉勃撰、金元浦等譯，瀋陽：遼寧人民出版社，1987 年 9 月 1 版。

13. 《現代西方美學史》，朱立元主編，上海：上海文藝出版社，1993 年 11 月 1 版。

14. 《最新西方文論選》，王逢振、盛寧、李自修編，桂林：灕江出版社，1991 年 10 月 1 版。

15. 《當代西方文學理論》，〔英〕特里・伊格爾頓著、王逢振譯，北京：中國社會科學出版社，1988 年 6 月 1 版。

16. 《當代西方文藝理論》，朱立元主編，上海：華東師範大學出版社，1997 年 6 月 1 版。

17. 《對文學的藝術作品的認識》，〔波蘭〕羅曼・英登加撰、陳燕谷等譯，臺北：商鼎文化出版社，1991 年 12 月臺 1 版。

18. 《歌德談話錄》，〔德〕愛克曼輯錄、朱光潛譯，北京：人民文學出版社，1978 年 9 月 1 版。

19. 《審美經驗與文學解釋學》，〔德〕姚斯撰、顧建光等譯，上海：上海譯文出版社，1997 年 11 月 1 版。

20. 《閱讀活動》，〔德〕沃爾夫岡・伊瑟爾著、金元浦等譯，北京：中國社會科學出版社，1991 年 7 月 1 版。

21. 《讀者反應批評》，陸梅林等主編，北京：文化藝術出版社，1989 年 2 月 1 版。

五、期刊（以書中有直接引用為限）（按發表年代排序）

（一）晚明黨社

1. 朱倓：〈明季杭州讀書社考〉，北京大學《國學季刊》第 2 卷第 2 號（1929 年），頁 261～285。

2. 李元庚：〈望社姓名考〉，《國粹學報》第 6 年第 71 期（1910 年 9 月 20 日），葉 1～10。

3. 朱倓：〈明季南應社考〉，北京大學《國學季刊》第 2 卷第 3 號（1930 年），頁 541～588。

4. 胡懷琛：〈西湖八社與廣東詩社〉，《越風》第 14 期（1936 年 5 月 30 日），頁 8～9。

5. 胡懷琛：〈中國文社的性質〉，《越風》第 22、23、24 期合刊（1936 年 12 月 25 日），頁 7～9。

6. 陳豪楚：〈浙中結社考〉（一）（二）（三）（四），《越風》第 16 期（1936年 6 月 30 日），頁 12～13。第 17 期（1936 年 7 月 30 日），頁 12～17。第 18 期（1936 年 8 月 30 日），頁 25～27。第 19 期（1936 年 9 月 15 日），頁 23～27。

7. 賴子清：〈古今臺灣詩文社〉，《臺灣文獻》第 10 卷第 3 期，1959 年 9 月，頁 79～112。

8. 〈復社與幾社對臺灣文化的影響〉（盛成、毛一波、黃得時等座談會），《臺灣文獻》第 13 卷第 3 期，1962 年 9 月，頁 197～222。

9. 林麗月：〈「道」與「勢」——明末東林黨的政治抗爭〉，《國文天地》第 4 卷第 10（1989 年 3 月），頁 26～30。

（二）徐孚遠

1. 黃節：〈徐孚遠傳〉，《國粹學報》第 3 年第 8 期（1907 年 8 月 20 日），葉 7～10。

2. 葉英：〈徐孚遠行傳〉，《台南文化》新 17 期，1984 年 6 月，頁 1～50。

（三）盧若騰

1. 陳陞章、陳漢光：〈盧若騰之詩文〉，《臺灣文獻》第 10 卷第 3 期，1959 年 9 月，頁 65～69。

2. 陳漢光：〈盧若騰詩輯註〉，《臺灣文獻》第 11 卷第 3 期，1960 年 9 月，頁 53～73。

3. 一波：〈盧若騰的南澳詩〉，《中央日報》，1970 年 10 月 23 日第 9 版。

4. 吳言：〈盧若騰的澎湖詩〉，《中央日報》，1970 年 10 月 29 日第 9 版。

5. 鄧孔昭：〈從盧若騰詩文看有關鄭成功史事〉，《臺灣研究集刊》，1996 年第 1 期，頁 93～96。

6. 林俊宏：〈南明盧若騰詩歌風格研析〉，《臺灣文獻》第 54 卷第 3 期，2003 年 9 月，頁 250～273。

（四）張煌言

1. 董貞柯：〈張蒼水抗清始末〉，《越風》第 13 期（1936 年 5 月 15 日），頁 41～43。

2. 李振華：〈明末海師三征長江事考〉（上）（下），《大陸雜誌》第 6 卷第 9、10 期（1953 年 5 月 15、31 日），頁 1～5、18～22。

3. 李學智：〈重考李振華先生「明末海師三征長江事考」〉（上）（下），《大陸雜誌》第 7 卷第 11、12 期（民國 42 年 12 月 15、31 日），頁 7～8、21～27。

4. 劉藹如：〈民族詩人張蒼水〉，《人生》第 7 卷第 10 期（1954 年 4 月 11

日），頁 12～13 轉 22。

5. 〔日〕石原道博：〈張煌言之江南江北經略〉，《臺灣風物》第 5 卷第 11、12 期合刊（1955 年 12 月），頁 7～53。

6. 黃玉齋：〈明鄭成功北伐三百週年紀念〉戊戌篇，《臺北文物季刊》第 7 卷第 4 期，1958 年 12 月，頁 123～128。

7. 黃玉齋：〈明鄭成功北伐三百週年紀念〉己亥篇，《臺灣文獻》第 10 卷第 1 期，1959 年 3 月，頁 1～66。

8. 廖漢臣：〈魯王抗清與二張之武功〉，《臺灣文獻》第 11 卷第 1 期「明監國魯王特輯」，1960 年 3 月，頁 81～105。

9. 吳蕤：〈張煌言之忠節及其詩文〉（一）（二）（三）（四）（五），《暢流》第 37 卷第 11、12 期，第 38 卷第 1、2、3 期（1968 年 7 月 16 日，8 月 1、16 日，9 月 1、16 日），頁 6～8、11～13、12～15、19～22、14～18。

10. 冉欲達：〈評愛國詩人張蒼水〉，《遼寧大學學報》，1978 年第 5 期（1978 年），頁 104～113。

11. 金家瑞：〈垂節義於千齡——抗清英雄張煌言事略〉，《文史知識》，1982 年第 8 期（1982 年 8 月 13 日），頁 94～99。

12. 徐和雍：〈關於張煌言的評價〉，《杭州大學學報》第 13 卷第 4 期（1983 年 12 月），頁 109～116。

13. 周冠明：〈張煌言傳略〉，《鄞縣史志》，1989 年第 1 期（1989 年 1 月），頁 19～22。

14. 陳永明：〈論近代學者對張煌言的研究〉，《中國文化研究所學報》新第 1 期，1992 年，頁 55～67。

15. 陳永明：〈張煌言遺作的流傳及其史學價值〉，《中國文化研究所學報》新第 2 期，1993 年，頁 29～37。

16. 董郁奎：〈張煌言與浙江人文傳統〉，《浙江學刊》，1997 年第 6 期（總第 107 期，1997 年 11 月）。

17. 桂心儀、周冠明：〈張煌言蒙難事考〉，《寧波大學學報》第 2 卷第 1 期（1998 年 6 月），頁 30～37。

18. 江邊鳥：〈論張煌言蒙難南田花鰲島——兼與桂心儀、周冠明兩先生商榷〉，《寧波大學學報》（人文科學版）第 12 卷第 2 期（1999 年 6 月），頁 106～111。

19. 方牧：〈東海何處吊蒼水——張煌言在舟山遺跡考〉，《浙江海洋學院學報》第 16 卷第 3 期（1999 年 9 月），頁 13～20。

20. 張利民：〈關於張蒼水蒙難地點之我見——兼對《張煌言蒙難事跡考》一文質疑〉，《寧波教育學院學報》第 3 卷第 3 期（2001 年 9 月），頁 48～51。

21. 江邊鳥：〈再論張蒼水蒙難地〉，《寧波大學學報》（人文科學版）第 15 卷第 4 期（2002 年 12 月），頁 104～113。

22. 徐定寶：〈張蒼水被補於象山南田考論〉，《寧波大學學報》（人文科學版）第 16 卷第 1 期（2003 年 3 月），頁 139～141。

23. 徐水、徐良驥：〈張蒼水被執南田懸疑新証〉，《浙江海洋學報》（人文科學版）第 21 卷第 3 期（2004 年 9 月），頁 39～42。

24. 吳盈靜：〈南明遺民流亡情境考察——以張蒼水其人其文爲例〉，南華大學中文系編《文學新鑰》第 2 期（2004 年 7 月），頁 1～19。

25. 祝求是：〈張蒼水海上春秋編年輯箋〉（一）（二）（三），《寧波廣播電視大學學報》第 3 卷第 3 期（2005 年 9 月）、第 3 卷第 4 期（2005 年 12 月）、第 4 卷第 1 期（2006 年 3 月）。

26. 余安元：〈詩史之風，忠烈之情——張煌言詩歌分析〉，《寧波職業技術學院學報》第 10 卷第 4 期（2006 年 8 月），頁 79～82。

六、學位論文（按發表年代排序）

1. 王文顏：《臺灣詩社之研究》，國立政治大學中國文學研究所碩士論文，1979 年 6 月，劉述先教授指導。

2. 林麗月：《明末東林運動新探》，國立臺灣師範大學歷史研究所博士論文，1984 年 7 月，李國祁教授指導。

3. 劉兗兗：《復社與晚明學風》，國立政治大學中國文學研究所碩士論文，1985 年 6 月，李威熊教授指導。

4. 許淑玲：《幾社及其經世思想》，國立臺灣師範大學歷史研究所碩士論文，1986 年 6 月，李國祁教授指導。

5. 白芝蓮：《夏完淳詩詞研究》，東海大學中國文學研究所碩士論文，1995 年 4 月，汪中教授指導。

6. 鄒秀容：《雲間詞派研究》，國立中興大學中國文學研究所碩士論文，1998 年 6 月，徐照華教授指導。

7. 詹千慧：《雲間詞人與雲間詞派研究》，輔仁大學中國文學研究所碩士論文，2005 年 6 月，包根弟、林玫儀教授指導。

8. 宋孔弘：《張煌言詩「亂離書寫」義蘊之研究》，國立臺灣師範大學國文學系碩士論文，2005 年 6 月，陳文華教授指導。

後　記

　　本書乃筆者就讀國立中山大學中國文學系博士班期間，有幸承蒙本師龔顯宗教授指導，歷九年寒暑，於 2007 年完成的博士論文。「海外幾社」形成內因爲抗清復國，詩家地緣關係主要爲上海幾社詩人與浙東魯王海上抗清之臣。海外之社局，初聚於舟山，創立於廈門，實則金廈兩地是詩群活動最頻繁地區，然而隨著抗清局勢惡化，最後流播於臺灣，故其文學被視爲臺灣漢人文學之前沿。

　　本書侷限於傳世文獻之不足，僅以「海外幾社六子」中徐孚遠、盧若騰及張煌言三人爲主，然亦屬開創學術研究新領域之作。本論文完成數年之後，龔師復指導以盧若騰、徐孚遠等爲主題的博士論文數篇，其鉅著鴻論，亦可互補有無。今者適花木蘭文化出版社編輯《臺灣歷史與文化研究輯刊》，藉此機會增訂部分內容，補其罅漏，付梓之。然限於個人學殖不足，書中所論未能盡善，若有謬誤之處，敬請方家不吝指正。

郭秋顯於 2013 年元旦記於臺南府城